中华人民共和国行业推荐性标准

# 公路交通安全设施设计细则

# Guidelines for Design of Highway Safety Facilities

JTG/T D81—2006

主编单位:交通部公路科学研究院
批准部门:中华人民共和国交通部
实施日期:2006 年 09 月 01 日

人民交通出版社股份有限公司

**图书在版编目(CIP)数据**

公路交通安全设施设计细则：JTG/T D81—2006 / 交通部公路科学研究院主编. — 北京：人民交通出版社股份有限公司，2017.3

ISBN 978-7-114-12609-3

Ⅰ.①公… Ⅱ.①交… Ⅲ.①公路运输—交通运输安全—安全设备—安全设计 Ⅳ.①U491.5

中国版本图书馆 CIP 数据核字(2017)第 035271 号

**标准类型：中华人民共和国行业推荐性标准**
**标准名称：公路交通安全设施设计细则**
**标准编号：**JTG/T D81—2006
**主编单位：**交通部公路科学研究院
**责任编辑：**李 农
**出版发行：**人民交通出版社股份有限公司
**地　　址：**(100011)北京市朝阳区安定门外外馆斜街 3 号
**网　　址：**http://www.ccpress.com.cn
**销售电话：**(010)59757973
**总 经 销：**人民交通出版社股份有限公司发行部
**经　　销：**各地新华书店
**印　　刷：**北京市密东印刷有限公司
**开　　本：**880×1230 1/16
**印　　张：**11.75
**字　　数：**255 千
**版　　次：**2017 年 3 月 第 1 版
**印　　次：**2017 年 10 月 第 2 次印刷
**书　　号：**ISBN 978-7-114-12609-3
**定　　价：**50.00 元
(有印刷、装订质量问题的图书，由本公司负责调换)

# 中华人民共和国交通部

# 公　　告

2006 年第 17 号

## 关于发布《公路交通安全设施设计细则》(JTG/T D81—2006) 的公告

现发布《公路交通安全设施设计细则》(JTG/T D81—2006),自 2006 年 9 月 1 日起施行,作为公路工程行业推荐性标准,在公路行业内自愿采用。

该细则的管理权和解释权归交通部,日常解释和管理工作由编制单位交通部公路科学研究院负责。请各有关单位在实践中注意总结经验,若有修改意见请函告交通部公路科学研究院,以便修订时研用。

特此公告。

中华人民共和国交通部

二〇〇六年七月七日

**主题词:**发布　公路　细则　公告

交通部办公厅　　2006 年 7 月 10 日印发

# 前　言

为更好地适应公路建设的需要,交通部交公路发〔1999〕739 号文决定对 1994 年 6 月 1 日实施的《高速公路交通安全设施设计及施工技术规范》(JTJ 074—94)进行修订,并委托交通部公路科学研究院负责。

修订工作坚持"安全、环保、舒适、和谐"的公路建设理念,在全面总结 1994 年以来我国公路交通安全设施的使用经验、借鉴和吸收国外的相关标准和先进技术的基础上进行,充分体现了"以人为本、安全至上"的指导思想。修订后的规范分为《公路交通安全设施设计规范》、《公路交通安全设施施工技术规范》和《公路交通安全设施设计细则》三册。

本《公路交通安全设施设计细则》分为 11 章,分别是:1 总则、2 术语、3 护栏防撞性能、4 路基护栏、5 桥梁护栏、6 交通标志、7 交通标线、8 隔离栅和桥梁护网、9 防眩设施、10 轮廓标、11 活动护栏。与原规范相比,《公路交通安全设施设计细则》增补、修订内容如下:

1. 扩大了适用范围,由高速公路、一级公路扩大到新建和改建的各等级公路;

2. 进一步明确了公路护栏的防撞性能,调整、扩充了护栏的防撞等级,对各类型式护栏的设置原则作了较大修改,完善了护栏端部处理和过渡处理的内容;

3. 增加了交通标志、交通标线和活动护栏的内容;

4. 重点强调了设计原则和设计方法,并为新技术的开发和应用留有余地;

5. 引入了路侧安全净区、宽容设计、运行速度和安全性评价等概念。

各有关单位在使用过程中,若有意见和建议,请函告交通部公路科学研究院北京交科公路勘察设计研究院(地址:北京市海淀区西土城路 8 号,邮政编码:100088,电话:010-62062052,E-mail:hx. liu@ rioh. cn),以便下次修订时研用。

**主 编 单 位**:交通部公路科学研究院

**参 编 单 位**:北京交科公路勘察设计研究院

广东省交通集团有限公司

北京中路安交通科技有限公司

**主要起草人**:刘会学　李爱民　杨久龄　唐琤琤　黄　晨　贾日学

钟纪楷　汤文杰　程　宁　徐学敏　葛书芳　杨　峰

张　治　张巍汉　吴京梅

# 目　次

# 1 总则

**1.0.1** 为使公路交通安全设施设计安全合理、技术先进、确保质量、经济实用,制定本细则。

**1.0.2** 本细则适用于新建和改建公路。

**1.0.3** 公路交通安全设施设计内容包括护栏、交通标志、交通标线、隔离栅、桥梁护网、防眩设施、轮廓标和活动护栏等。

**1.0.4** 公路交通安全设施应结合路网与公路条件、交通条件、环境条件进行总体设计。同一条公路采用的交通安全设施设置原则和设计方案宜保持一致。交通安全设施之间、交通安全设施与公路主体工程和其他设施之间应互相协调、配合使用。

**1.0.5** 公路交通安全设施设计应坚持“安全、环保、舒适、和谐”的理念,注重公路出行的安全性、方便性、舒适性、愉悦性,体现“以人为本、安全至上”的指导思想。

**1.0.6** 公路交通安全设施设计应考虑路面加铺、罩面等因素的影响。

**1.0.7** 公路交通安全设施应结合交通量的增长、运营需求与技术发展状况等逐步补充、完善。

**1.0.8** 公路路侧安全净区内设置有交通标志、可变信息标志、照明灯、摄像机等,又不能采取能使车辆安全穿越的措施时,应按护栏设置原则设置路侧护栏。

**1.0.9** 在满足安全和使用功能的条件下,应积极而慎重地采用新技术、新材料、新工艺、新产品。

**1.0.10** 改建工程交通安全设施设计应结合改建后的公路、交通、环境条件进行。

**1.0.11** 公路交通安全设施设计除应符合本细则外,尚应符合国家现行有关标准、规范的规定。

# 2 术语

**2.0.1** 护栏 barrier

一种纵向吸能结构,通过自体变形或车辆爬高来吸收碰撞能量,从而改变车辆行驶方向、阻止车辆越出路外或进入对向车道、最大限度地减少对乘员的伤害。按其在公路中的纵向设置位置,可分为路基护栏和桥梁护栏;按其在公路中的横向设置位置,可分为路侧护栏和中央分隔带护栏;根据碰撞后的变形程度,可分为刚性护栏、半刚性护栏和柔性护栏。

**2.0.2** 路基护栏 subgrade barrier

设置于路基上的护栏。

**2.0.3** 桥梁护栏 bridge railing

设置于桥梁上的护栏。

(1)纵向有效构件 longitudinal effective element

桥梁护栏中能有效地阻挡失控车辆越出桥外的纵向受力构件。根据其承受碰撞荷载的大小,可分为主要纵向有效构件(如主要横梁)和次要纵向有效构件(如次要横梁)。

(2)纵向非有效构件 longitudinal ineffective element

桥梁护栏中不考虑承受车辆碰撞荷载的纵向非受力构件。

**2.0.4** 路侧护栏 roadside barrier

设置于公路路侧建筑限界以外的护栏,以防止失控车辆越出路外或碰撞路侧构造物和其他设施。

**2.0.5** 中央分隔带护栏 median barrier

设置于公路中央分隔带内的护栏,以防止失控车辆穿越中央分隔带闯入对向车道,并保护中央分隔带内的构造物。

**2.0.6** 刚性护栏 rigid barrier

一种基本不变形的护栏结构。混凝土护栏是其主要代表型式,由一定形状的混凝土块相互连接而组成墙式结构,通过失控车辆碰撞后爬高并转向来吸收碰撞能量。

**2.0.7** 半刚性护栏 semi-rigid barrier

一种连续的梁柱式护栏结构，具有一定的强度和刚度。波形梁护栏是其主要代表型式，由相互拼接的波纹状钢板和立柱构成连续梁柱结构，利用土基、立柱、波纹状钢板的变形来吸收碰撞能量，并迫使失控车辆改变方向。

**2.0.8**　柔性护栏 flexible barrier

一种具有较大缓冲能力的韧性护栏结构。缆索护栏是其主要代表型式，由数根施加初拉力的缆索固定于端柱上而组成钢缆结构，主要依靠缆索的拉应力来抵抗车辆的碰撞荷载、吸收碰撞能量。

(1)端部结构 end part

缆索护栏的起终点锚固装置，包括端柱、斜撑、索端锚具和混凝土基础。

(2)中间端部结构 middle end part

连续设置缆索护栏超过一定长度时所设置的中间延长锚固装置。

(3)中间立柱 middle post

设置于端部或中间端部之间用于固定缆索的立柱。

(4)托架 bracket

安装于立柱上支撑并固定缆索的装置。

(5)索端锚具 anchor device of cable

固定于端部或中间端部用来锚定缆索的装置。

**2.0.9**　护栏标准段 standard section of barrier

某种护栏断面结构型式保持不变并在一定长度范围内连续设置的结构段。

**2.0.10**　护栏过渡段 transition section of barrier

在两种不同护栏断面结构型式之间平滑连接并进行刚度或强度过渡的专门结构段。

**2.0.11**　护栏渐变段 flare section of barrier

设置于护栏外移端头与标准段之间进行线形平滑过渡的结构段。

**2.0.12**　护栏端头 barrier end

护栏标准段开始端或结束端所设置的端部结构。

**2.0.13**　路侧安全净区 roadside clear zone

公路行车方向最右侧车行道以外、相对平坦、无障碍物、可供失控车辆重新返回正常行驶路线的带状区域。

**2.0.14**　解体消能设施 breakaway device

设置于公路路侧安全净区内的标志立柱、照明灯杆、交通信号灯柱等各类路侧行车障碍物在受到车辆撞击时,通过自身的解体来吸收碰撞能量,从而减轻交通事故严重性的设施。

**2.0.15** 隔离栅 fence

用于阻止人、畜进入公路或沿线其他禁入区域,防止非法侵占公路用地的设施。

**2.0.16** 桥梁护网 overpass fencing facilities

安装于公路上跨桥梁两侧,用于阻止有人向公路内抛扔物品、杂物,或防止运输散落物等落到公路上的防护设施。

**2.0.17** 防眩设施 anti-glare facilities

防止夜间行车受对向车辆前照灯眩目影响的设施。

**2.0.18** 轮廓标 delineator

沿公路土路肩设置的,用以指示公路方向、车行道边界的视线诱导设施。

**2.0.19** 反射器 reflector

以互成直角的三个面组成的反射单元系列。

(1)观察角 observation angle

汽车或其他光源的灯光照射到反射器后反射到观察者眼睛所构成的角度。

(2)入射角 entrance angle

汽车或其他光源的灯光与反射器法线之间的角度。

(3)逆反射系数 $R'$ coefficient of retroreflection

平面逆反射表面上的发光强度系数 $R$ 与它的面积 $A$ 的商，即单位面积的发光强度系数。

$$R' = \frac{R}{A} = \frac{I}{EA}$$

式中:$R'$——逆反射系数($cd \cdot lx^{-1} \cdot m^{-2}$);

$R$——发光强度系数($cd \cdot lx^{-1}$);

$I$——发光强度(cd);

$E$——照度(lx);

$A$——试样表面的面积($m^2$)。

**2.0.20** 活动护栏 movable barrier

设置在中央分隔带开口处用以分隔对向交通的可移动护栏,在抢险、救援等紧急情况下,能及时、方便地开启,使车辆紧急通过。

# 3 护栏防撞性能

**3.0.1** 公路护栏按防撞等级可分为:路侧 B、A、SB、SA、SS 五级;中央分隔带 Am、SBm、SAm 三级。各等级护栏的碰撞条件和性能应满足表 3.0.1 的规定。

**表 3.0.1 护栏防撞性能**

| 防撞等级 | 碰撞条件 | | | 碰撞加速度*<br>($m/s^2$) | 碰撞能量<br>(kJ) |
|---|---|---|---|---|---|
| | 碰撞速度<br>(km/h) | 车辆质量<br>(t) | 碰撞角度<br>(°) | | |
| B | 100 | 1.5 | 20 | ≤200 | |
| | 40 | 10 | 20 | | 70 |
| A、Am | 100 | 1.5 | 20 | ≤200 | |
| | 60 | 10 | 20 | | 160 |
| SB、SBm | 100 | 1.5 | 20 | ≤200 | |
| | 80 | 10 | 20 | | 280 |
| SA、SAm | 100 | 1.5 | 20 | ≤200 | |
| | 80 | 14 | 20 | | 400 |
| SS | 100 | 1.5 | 20 | ≤200 | |
| | 80 | 18 | 20 | | 520 |

注:* 指碰撞过程中,车辆重心处所受冲击加速度 10ms 间隔平均值的最大值,为车体纵向、横向和铅直加速度的合成值。

**3.0.2** 在综合分析公路线形、设计速度、运行速度、交通量和车辆构成等因素的基础上,需要采用的护栏碰撞能量低于 70kJ 或高于 520kJ 时,应进行特殊设计。

# 4 路基护栏

## 4.1 一般规定

**4.1.1** 设计指导思想

(1)应采用宽容设计理念对路侧安全净区内的障碍物进行妥善处理;

(2)公路路侧安全净区的宽度得不到满足时,应按护栏设置原则进行安全处理;

(3)不同型式的路基护栏之间或路基护栏与桥梁护栏之间应进行过渡处理。

**4.1.2** 设计顺序

(1)收集公路平纵面线形、填挖方数据及运营车辆构成、交通量、运行速度和设计速度等数据;

(2)收集或调研公路两侧安全净区内的各种障碍物分布情况及与其他公路、铁路等交叉的资料;

(3)确定护栏防撞等级及选择护栏型式,其设计代号见附录 A。

## 4.2 设置原则

**4.2.1** 路侧护栏

(1)车辆驶出路外有可能造成二次特大事故的路段必须设置路侧护栏。

(2)凡符合下列情况之一、车辆驶出路外有可能造成单车特大事故或二次重大事故的路段必须设置路侧护栏:

①二级及以上等级公路边坡坡度和路堤高度在图 4.2.1 的 I 区方格阴影范围之内的路段;

②路侧有江、河、湖、海、沼泽、航道等水域的路段。

(3)凡符合下列情况之一、车辆驶出路外有可能造成重大事故的路段,应设置路侧护栏:

①二级及以上等级公路边坡坡度和路堤高度在图 4.2.1 的 II 区斜线阴影范围以内的路段;

②高速公路、一级公路路侧安全净区内设有车辆不能安全穿越的照明灯、摄像机、可变信息标志、交通标志、路堑支撑壁、声屏障、上跨桥梁的桥墩或桥台等设施的路段;

③二级及以上等级公路路侧边沟无盖板、车辆无法安全穿越的挖方路段;

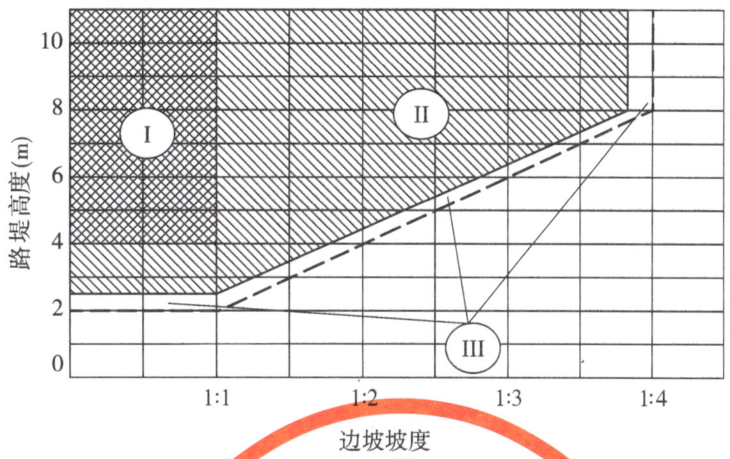


图 4.2.1 边坡坡度、路堤高度与设置护栏的关系

④三、四级公路路侧有悬崖、深谷、深沟等的路段。

(4)凡符合下列情况之一、经论证车辆驶出路外有可能造成一般或重大事故的路段宜设置路侧护栏：

①二级及以上等级公路边坡坡度和路堤高度在图 4.2.1 的 III 区内的路段，三、四级公路边坡坡度和路堤高度在图 4.2.1 中 I 区内；

②二级及以上等级公路纵坡大于或等于现行《公路工程技术标准》(JTG B01)规定的最大纵坡值的下坡路段和连续长下坡路段；

③二级及以上等级公路平曲线半径小于现行《公路工程技术标准》(JTG B01)一般最小半径的路段外侧；

④在高速公路、一级公路用地范围内存在粗糙的石方开挖断面、高出路面 30cm 以上的混凝土基础、挡土墙或大孤石等障碍物时；

⑤高速公路、一级公路互通式立体交叉出口匝道的三角地带及匝道小半径圆曲线外侧。

(5)根据车辆驶出路外有可能造成的交通事故等级，应按表 4.2.1-1 的规定选取路侧护栏的防撞等级。因公路线形、运行速度、填土高度、交通量和车辆构成等因素易造成更严重碰撞后果的路段，应在表 4.2.1-1 的基础上提高护栏的防撞等级。

**表 4.2.1-1 路基护栏防撞等级的适用条件**

<table>
<tr><th rowspan="2">公路等级</th><th rowspan="2">设计速度<br>(km/h)</th><th colspan="3">车辆驶出路外或进入对向车道有可能造成的交通事故等级</th></tr>
<tr><th>一般事故或<br>重大事故</th><th>单车特大事故或<br>二次重大事故</th><th>二次特大事故</th></tr>
<tr><td rowspan="2">高速公路</td><td>120</td><td rowspan="3">A、Am</td><td rowspan="2">SB、SBm</td><td>SS</td></tr>
<tr><td>100、80</td><td>SA、SAm</td></tr>
<tr><td>一级公路</td><td>60</td><td>A、Am</td><td>SB、SBm</td></tr>
<tr><td>二级公路</td><td>80、60</td><td rowspan="3">B</td><td>A</td><td>SB</td></tr>
<tr><td>三级公路</td><td>40、30</td><td rowspan="2">B</td><td rowspan="2">A</td></tr>
<tr><td>四级公路</td><td>20</td></tr>
</table>

(6)路侧护栏最小设置长度应符合表4.2.1-2的规定,相邻两段路侧护栏的间距小于表4.2.1-2中规定的最小长度时宜连续设置。

**表4.2.1-2 路侧护栏最小设置长度**

<table>
<tr><th>公路等级</th><th>护栏类型</th><th>最小长度(m)</th><th>公路等级</th><th>护栏类型</th><th>最小长度(m)</th></tr>
<tr><td rowspan="3">高速公路、一级公路</td><td>波形梁护栏</td><td>70</td><td rowspan="6">三、四级公路</td><td rowspan="2">波形梁护栏</td><td rowspan="2">28</td></tr>
<tr><td>混凝土护栏</td><td>36</td></tr>
<tr><td>缆索护栏</td><td>300</td><td rowspan="2">混凝土护栏</td><td rowspan="2">12</td></tr>
<tr><td rowspan="3">二级公路</td><td>波形梁护栏</td><td>48</td></tr>
<tr><td>混凝土护栏</td><td>24</td><td rowspan="2">缆索护栏</td><td rowspan="2">120</td></tr>
<tr><td>缆索护栏</td><td>120</td></tr>
</table>

**4.2.2** 中央分隔带护栏

(1)当整体式断面中间带宽度小于或等于12m时,必须设置中央分隔带护栏;大于12m时,应分路段确定是否设置中央分隔带护栏。

(2)公路采用分离式断面时,行车方向左侧应按路侧护栏设置;上、下行路基高差大于2m时,可只在路基较高的一侧按路侧护栏设置。

(3)高速公路和禁止车辆掉头的一级公路中央分隔带开口处,必须设置活动护栏。

(4)根据车辆驶入对向车道有可能造成的交通事故等级,应按表4.2.1-1的规定选取中央分隔带护栏的防撞等级。因公路线形、运行速度、交通量和车辆构成等因素易造成更严重碰撞后果的路段,应在表4.2.1-1的基础上提高护栏的防撞等级。

## 4.3 型式选择

**4.3.1** 根据碰撞后的变形程度,护栏可分为刚性护栏、半刚性护栏和柔性护栏。其主要代表型式分别为混凝土护栏、波形梁护栏和缆索护栏。钢背木护栏属于半刚性护栏的一种。

**4.3.2** 选择护栏型式时,应考虑下列因素:

(1)护栏的防撞性能

所选取的护栏型式必须能有效吸收设计碰撞能量,阻止相应失控车辆越出路外或进入对向车道并使其正确改变行驶方向。

(2)受碰撞后的护栏变形程度

受碰撞后护栏的最大动态变形量不应超过护栏与被防护对象之间容许的变形距离。

(3)护栏所在位置的现场条件

路肩和中央分隔带宽度、公路的边坡坡度等可影响某些型式护栏的使用。

(4)护栏材料的通用性

护栏及其端头、与其他型式护栏的过渡处理宜采用标准化材料。

(5)护栏的全寿命周期成本

除考虑护栏的初期建设成本外,还应考虑投入使用后的养护成本。

(6)护栏养护工作量的大小和养护的方便程度

应综合考虑常规养护、事故养护、材料储备和养护方便性等因素。

(7)护栏的美观、环境因素

应适当考虑护栏的美观因素,并充分考虑沿线的环境腐蚀程度、气象条件和护栏本身对视距的影响等因素。

(8)所在地区现有公路护栏使用的效果

应避免现有护栏使用中存在的缺陷。

**4.3.3** 对景观有特殊要求的公路可选择外观自然、与周围环境相融合的护栏型式,但不得降低护栏防撞等级。

## 4.4 缆索护栏

**4.4.1** 缆索护栏由端部结构、中间端部结构、中间立柱、托架、缆索和索端锚具等组成。路侧 B 级和 A 级缆索护栏一般构造见附录 B 图 B.1 和图 B.2。

**4.4.2** 缆索护栏的端部结构由三角形支架、底板和混凝土基础组成。端部结构各部分构造和尺寸应符合表 4.4.2 的规定。路侧 B 级端部结构图如图 4.4.2-1,A 级端部结构图如图 4.4.2-2。

**表 4.4.2 缆索护栏端部结构各部分构造和尺寸**

<table>
<tr><th rowspan="2">防撞等级</th><th colspan="4">端部立柱</th><th colspan="4">混凝土基础</th><th rowspan="2">最下一根缆索的高度(cm)</th><th rowspan="2">最大立柱间距(cm)(土中/混凝土中)</th></tr>
<tr><th>规格(mm)</th><th>地面以上高度(cm)</th><th>埋入深度(cm)</th><th>形式</th><th>深度(cm)</th><th>长度(cm)</th><th>宽度(cm)</th><th>体积($m^3$)</th></tr>
<tr><td>B</td><td>$\phi168\times5$</td><td>100</td><td>50</td><td>三角形</td><td>150</td><td>420</td><td>70</td><td>4.4</td><td>43</td><td>700/400</td></tr>
<tr><td>A</td><td>$\phi194\times5$</td><td>113</td><td>55</td><td>三角形</td><td>160</td><td>500</td><td>70</td><td>5.6</td><td>43</td><td>700/400</td></tr>
</table>

**4.4.3** 缆索护栏的中间端部结构由一对三角形支架、底板和混凝土基础组成,总长 21(12)m,各部分构造和尺寸应符合表 4.4.3 的规定。符合下列条件时,应设置中间端部结构:

(1)采用机械施工方式,路侧缆索护栏的设置长度超过 500m 时;

(2)采用人工施工方式,路侧缆索护栏的设置长度超过 300m 时。

附录 B 图 B.3 为 B 级中间端部一般构造图。

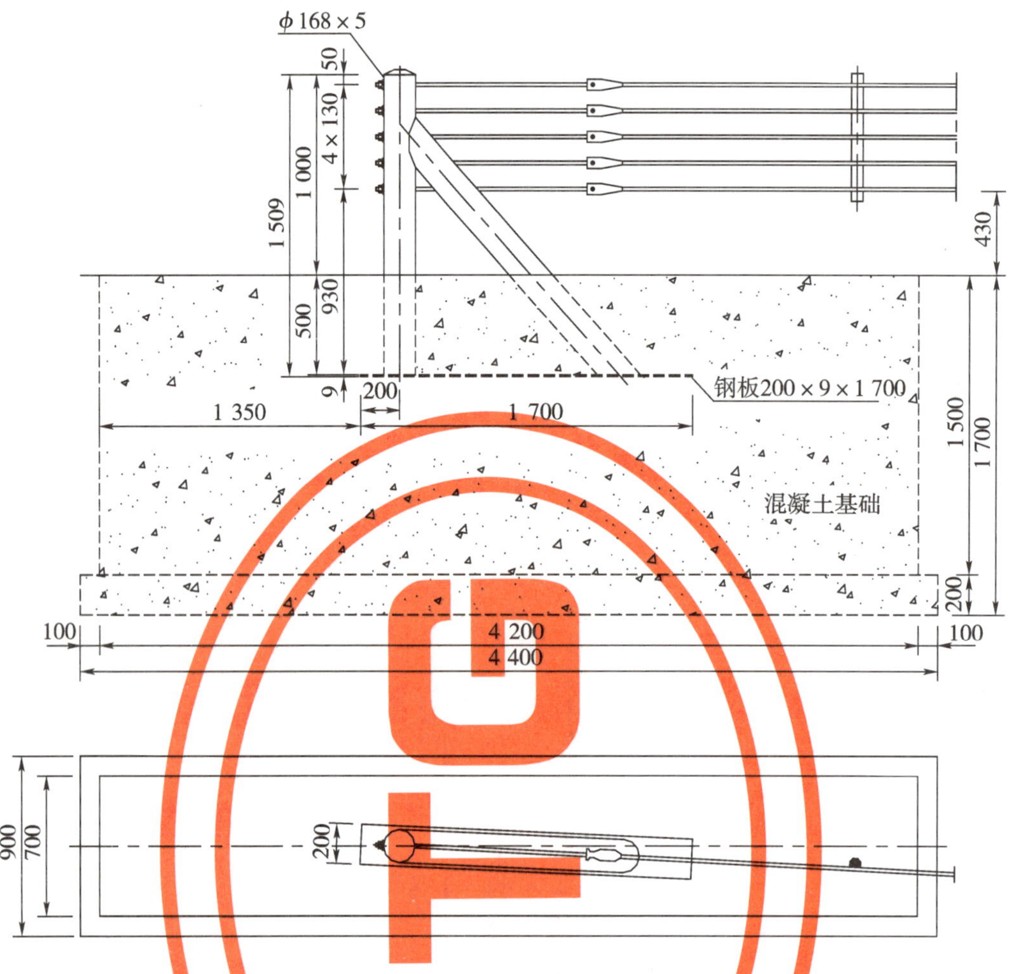


图 4.4.2-1　路侧 B 级端部结构图(尺寸单位:mm)

**表 4.4.3　路侧缆索护栏中间端部结构各部分构造和尺寸**

| 防撞等级 | 端部立柱 | | | | 混凝土基础 | | | | 最下一根缆索的高度(cm) | 最大立柱间距(cm)(土中/混凝土中) |
|---|---|---|---|---|---|---|---|---|---|---|
| | 规格(mm) | 地面以上高度(cm) | 埋入深度(cm) | 形式 | 深度(cm) | 长度(cm) | 宽度(cm) | 体积($m^3$) | | |
| B | ϕ168×5 | 100 | 50 | 三角形 | 150 | 420 | 70 | 4.4 | 43 | 700/400 |
| A | ϕ194×5 | 113 | 55 | 三角形 | 180 | 500 | 70 | 6.3 | 43 | 700/400 |

**4.4.4**　缆索护栏中间立柱的构造和尺寸应符合表 4.4.4-1 的规定。图 4.4.4-1 为路侧 B 级缆索护栏中间立柱的构造图,图 4.4.4-2 为路侧 A 级缆索护栏中间立柱的构造图。

**表 4.4.4-1　缆索护栏中间立柱的构造和尺寸**

| 防撞等级 | 中间立柱 | | | | | 最大立柱间距(cm) |
|---|---|---|---|---|---|---|
| | 埋置方式 | 埋入深度(cm) | 地面以上高度(cm) | 外径(mm) | 壁厚(mm) | |
| B | 土中 | 165 | 100 | ϕ140 | 4.5 | 700 |
| | 混凝土中 | 40 | 100 | | | 400 |

续上表

| 防撞等级 | 中　间　立　柱 | | | | | 最大立柱间距（cm） |
|---|---|---|---|---|---|---|
| | 埋置方式 | 埋入深度（cm） | 地面以上高度（cm） | 外径（mm） | 壁厚（mm） | |
| A | 土中 | 165 | 113 | $\phi$140 | 4.5 | 700 |
| | 混凝土中 | 40 | 113 | | | 400 |

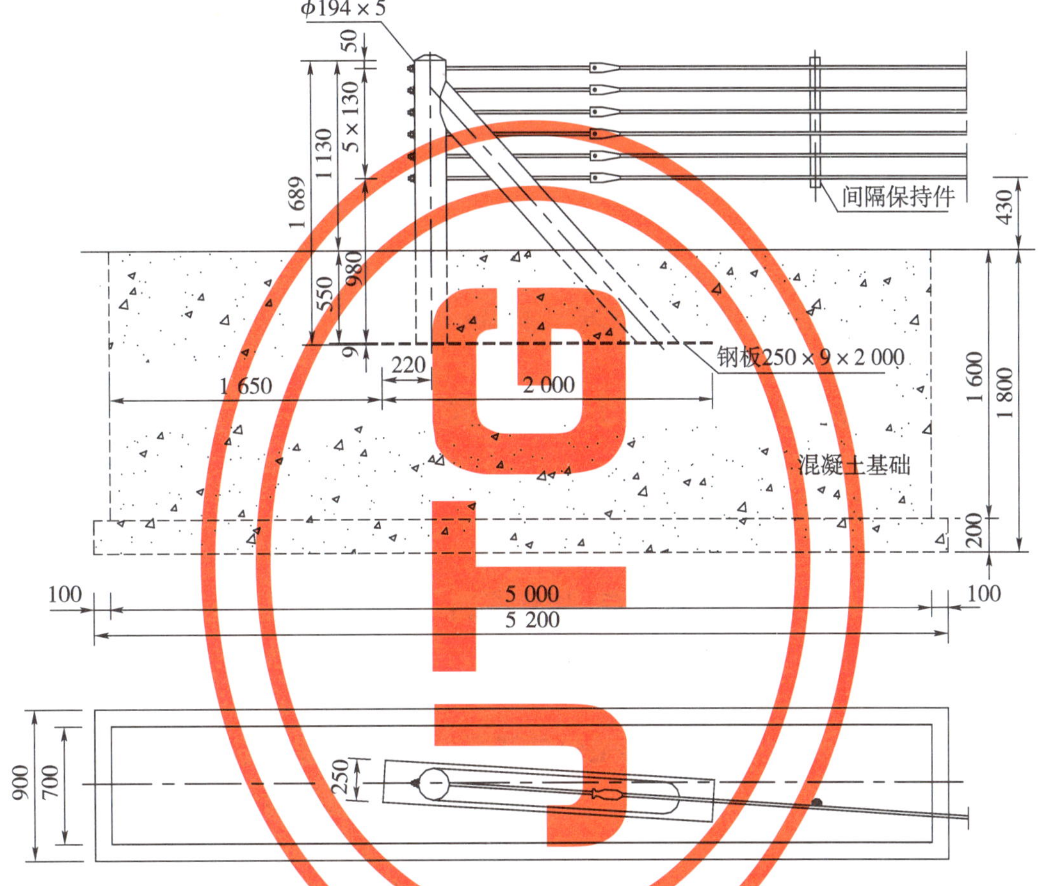


图 4.4.2-2　路侧 A 级端部结构图(尺寸单位:mm)

(1)在通过小桥、通道、明涵等无法打入的路段,有地下管线的路段或其他不能达到规定埋置深度的路段,中间立柱可设置于混凝土基础中。

(2)中间立柱的间距不宜大于 7m,设置于混凝土中的中间立柱间距不宜大于 4m。设置于曲线路段的缆索护栏,应根据表 4.4.4-2 的规定调整立柱间距。

**表 4.4.4-2　曲线部的立柱间距**

| 防撞等级 | B、A | | |
|---|---|---|---|
| 立柱间距(m) | 4 | 5 | 6 |
| 曲线半径 $R$(m) | $120 \leqslant R \leqslant 200$ | $200 < R \leqslant 300$ | $R > 300$ |

**4.4.5**　缆索护栏托架的编号和组合如图 4.4.5-1,各部分的尺寸代号如图 4.4.5-2,各部分的尺寸应符合表 4.4.5 的规定。

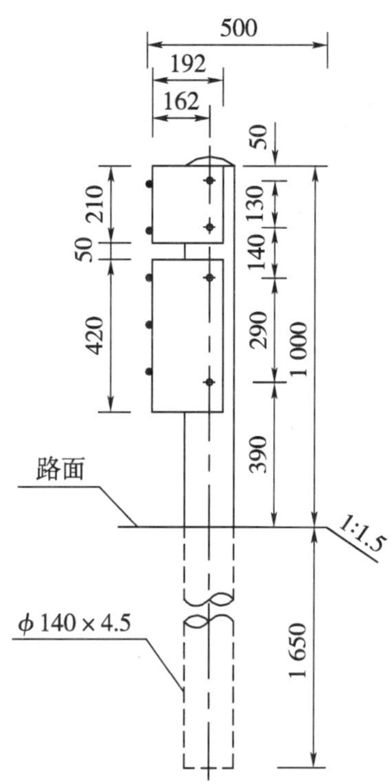


图 4.4.4-1　B级缆索护栏中间立柱的构造图
(尺寸单位:mm)

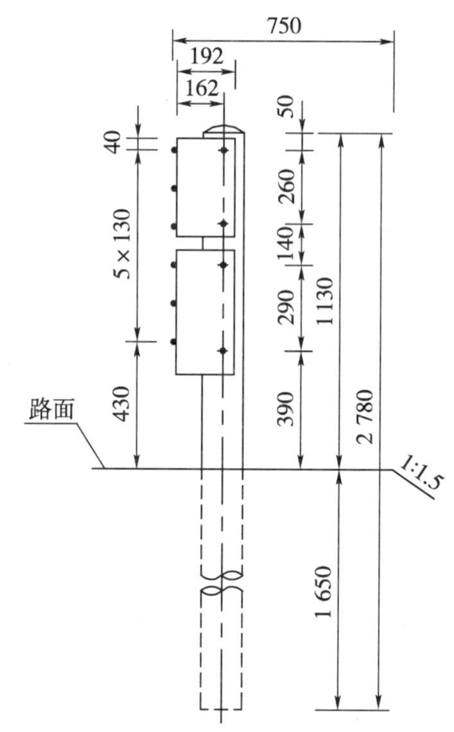


图 4.4.4-2　A级缆索护栏中间立柱的构造图
(尺寸单位:mm)

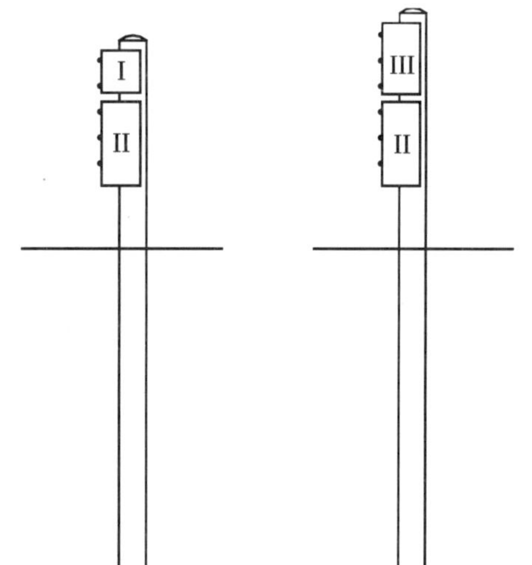


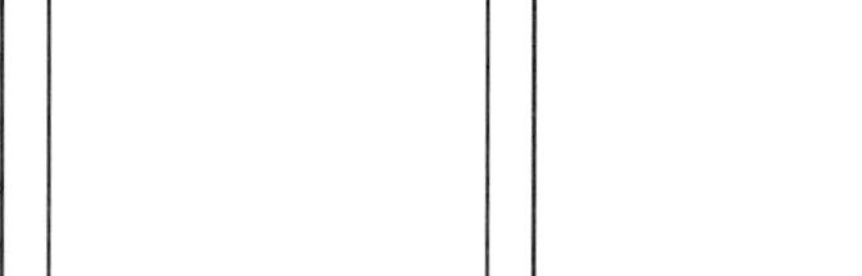

图 4.4.5-1　托架组合和编号

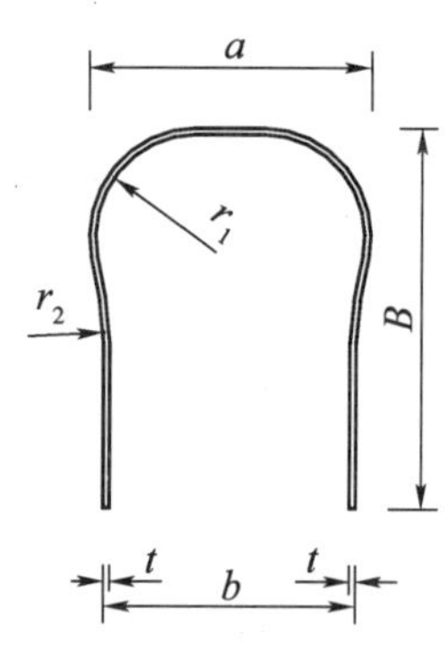


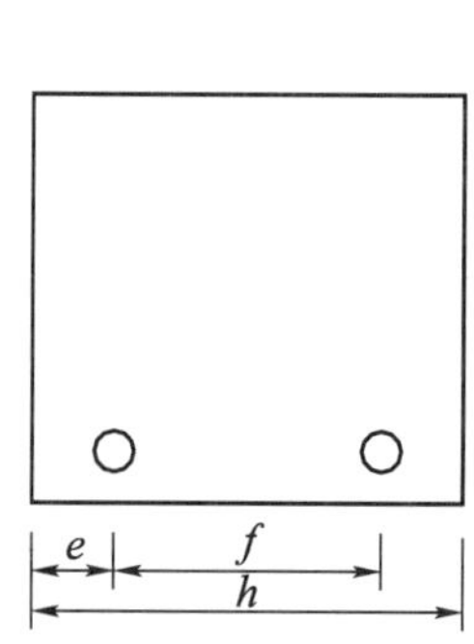


图 4.4.5-2　托架各部分的尺寸代号

**表 4.4.5　缆索护栏托架尺寸**

| 类型 / 代号名称 | B 级 | | A 级 | |
|---|---|---|---|---|
| | I 上托架 | II 下托架 | III 上托架 | II 下托架 |
| *A*　(mm) | 170 | 170 | 170 | 170 |
| *b*　(mm) | 148 | 148 | 148 | 148 |
| *e*　(mm) | 40 | 50 | 40 | 50 |
| 螺栓孔间距 *f*　(mm) | 130 | 290 | 260 | 290 |

续上表

| 代号名称 \ 类型 | | B 级 | | A 级 | |
|---|---|---|---|---|---|
| | | I 上托架 | II 下托架 | III 上托架 | II 下托架 |
| $h$ | (mm) | 210 | 420 | 340 | 420 |
| $r_1$ | (mm) | 55 | 55 | 55 | 55 |
| $r_2$ | (mm) | 120 | 120 | 120 | 120 |
| $B$ | (mm) | 192 | 192 | 192 | 192 |
| 壁厚 $t$ | (mm) | 3.2 | 3.2 | 3.2 | 3.2 |

**4.4.6** 缆索护栏的缆索和索端锚具应符合表 4.4.6 的规定。

**表 4.4.6 缆索护栏的缆索和索端锚具**

| 防撞等级 | 缆索 | | | | 索端锚具 | |
|---|---|---|---|---|---|---|
| | 缆索根数（根） | 初拉力（kN） | 缆索直径（mm） | 缆索间隔（mm） | 配件杆径（mm） | 全长（mm） |
| B | 5 | 20 | 18 | 130 | 25 | 1 200 |
| A | 6 | 20 | 18 | 130 | 25 | 1 200 |

**4.4.7** 缆索护栏沿公路横断面设置的位置应符合下列规定：

(1)路侧缆索护栏应位于公路土路肩内，护栏面可与土路肩左侧边缘线或路缘石左侧立面重合，立柱外侧土路肩保护层厚度不应小于 25cm。

(2)中央分隔带缆索护栏宜以公路中心线为轴对称设置。当公路中心线位置内有构造物、地下管线时，可适当调整护栏的横向设置位置。

(3)护栏的任何部分不得侵入公路建筑限界以内。

**4.4.8** 路侧、中央分隔带内路基土压实度不能满足现行《公路路基设计规范》(JTG D30)中对路基路床压实度的要求时，或路侧缆索护栏立柱外侧土路肩保护层厚度小于 25cm 时，宜设置加强板或混凝土基础。加强板为 310mm × 200mm × 10mm 的钢板，可与护栏立柱焊接或通过螺栓连接，固定在路缘石顶面或路面以下 50mm 的立柱外侧，与交通流前进方向成 0° ~ 15°夹角。中央分隔带采用混凝土基础时，宜将同一断面的两个立柱基础联成整体。

## 4.5 波形梁护栏

**4.5.1** 常用路侧波形梁护栏按防撞等级可分为 B、A、SB、SA、SS 五级，其一般构造详见附录 C 图 C.1 ~ 图 C.5；常用中央分隔带波形梁护栏按防撞等级可分为 Am、SBm、SAm 三级，其一般构造详见附录 C 图 C.6 ~ 图 C.9。

**4.5.2** 路侧波形梁护栏的构造应符合下列规定:

(1)B级路侧波形梁护栏由二波波形梁板(310mm×85mm×3mm)、立柱(ϕ114mm×4.5mm)和托架(300mm×70mm×4.5mm)等组成,如图4.5.2-1。

(2)A级路侧波形梁护栏由二波波形梁板(310mm×85mm×4mm)、立柱(ϕ140mm×4.5mm)和防阻块(196mm×178mm×200mm×4.5mm)等组成,如图4.5.2-2。

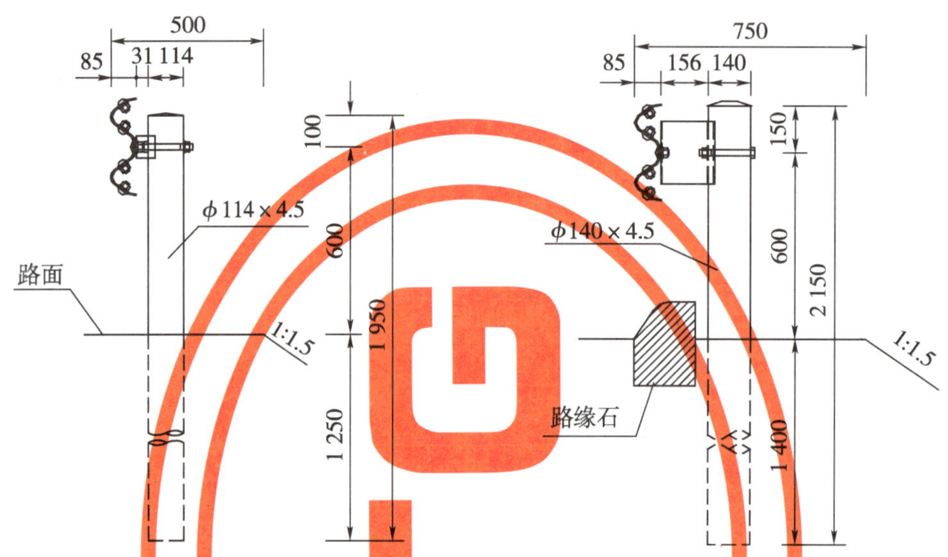


图4.5.2-1 路侧B级波形梁护栏构造(尺寸单位:mm)

图4.5.2-2 路侧A级波形梁护栏构造(尺寸单位:mm)

(3)SB级路侧波形梁护栏由三波波形梁板(506mm×85mm×4mm)、立柱(□130mm×130mm×6mm)和防阻块(300mm×200mm×290mm×4.5mm)等组成,如图4.5.2-3。

(4)SA级路侧波形梁护栏由三波波形梁板(506mm×85mm×4mm)、横梁(ϕ89mm×5.5mm)、立柱(□130mm×130mm×6mm和ϕ102mm×4.5mm)和防阻块(300mm×200mm×290mm×4.5mm)等组成,如图4.5.2-4。

(5)SS级路侧波形梁护栏由三波波形梁板(506mm×85mm×4mm)、横梁(ϕ89mm×5.5mm)、立柱(□130mm×130mm×6mm和ϕ102mm×4.5mm)和防阻块(350mm×200mm×290mm×4.5mm)等组成,如图4.5.2-5。

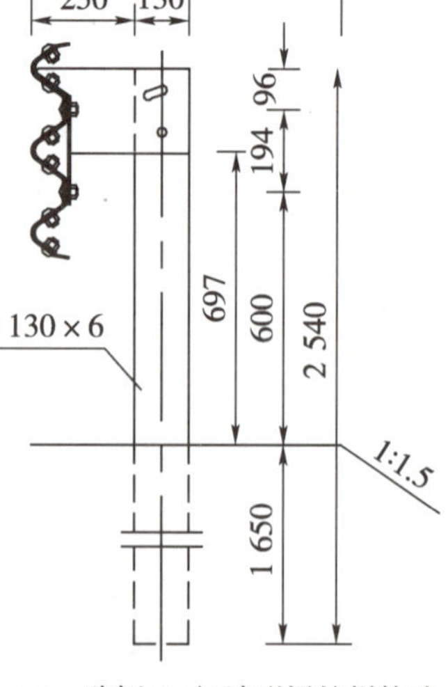


图4.5.2-3 路侧SB级波形梁护栏构造(尺寸单位:mm)

**4.5.3** 中央分隔带波形梁护栏的构造应符合下列规定:

(1)中央分隔带波形梁护栏可采用分设型或组合型,可根据中央分隔带的宽度、构造物和管线的分布加以确定。

(2)Am级中央分隔带分设型波形梁护栏由二波波形梁板(310mm×85mm×4mm)、立柱(ϕ140mm×4.5mm)和防阻块(196mm × 178mm × 200mm × 4.5mm)等组成,如图 4.5.3-1。

(3)Am 级中央分隔带组合型波形梁护栏由二波波形梁板[2(310mm × 85mm × 4mm)]、立柱(ϕ140mm × 4.5mm)和横隔梁(480mm × 200mm × 50mm × 4.5mm)等组成,如图 4.5.3-2。

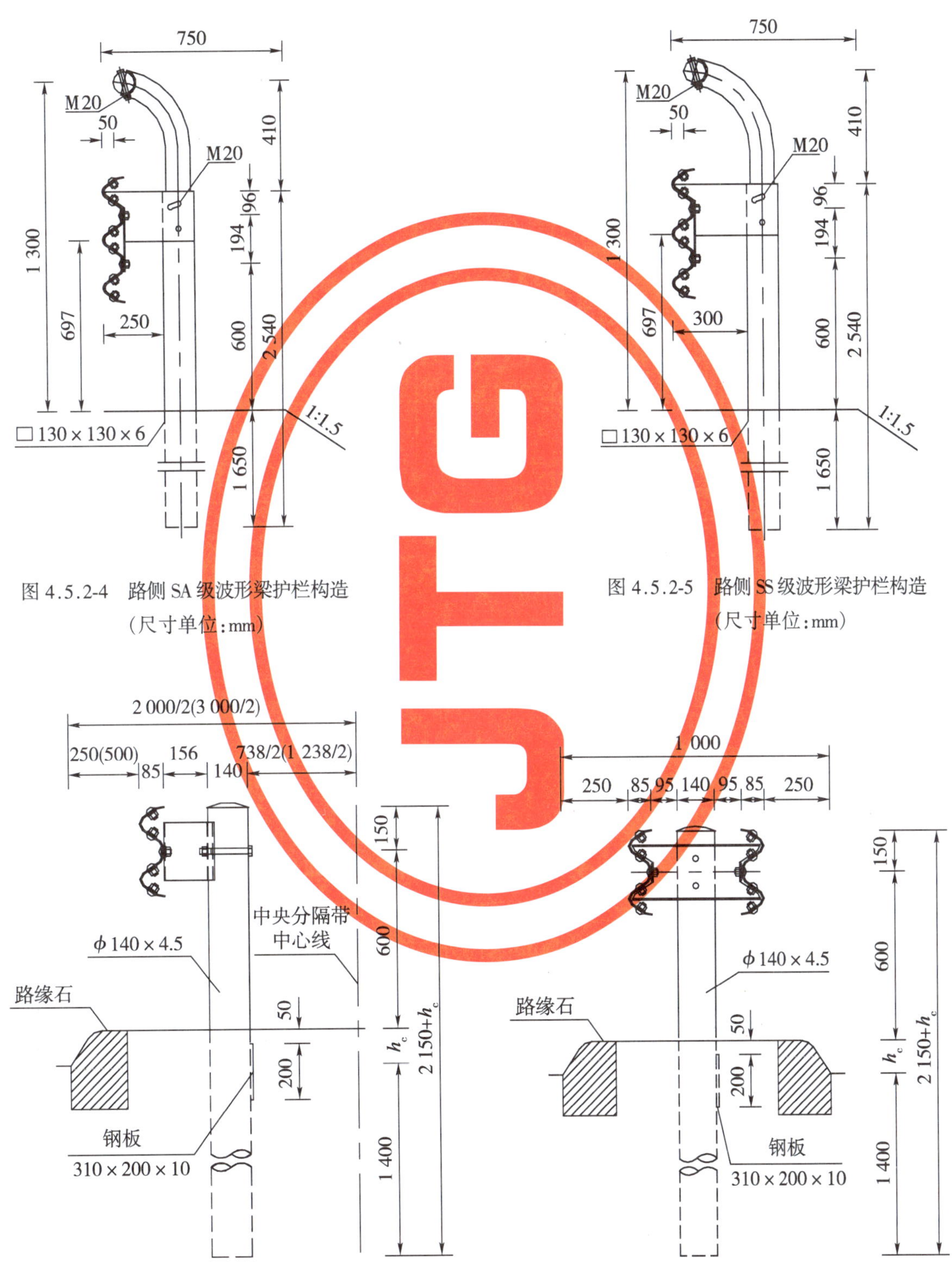


图 4.5.2-4　路侧 SA 级波形梁护栏构造(尺寸单位:mm)

图 4.5.2-5　路侧 SS 级波形梁护栏构造(尺寸单位:mm)

图 4.5.3-1　中央分隔带分设型 Am 级波形梁护栏构造(尺寸单位:mm)

注:$h_c$ 为路缘石高度。

图 4.5.3-2　中央分隔带组合型 Am 级波形梁护栏构造(尺寸单位:mm)

注:$h_c$ 为路缘石高度。

(4)SBm级中央分隔带波形梁护栏由三波波形梁板(506mm×85mm×4mm)、立柱(□130mm×130mm×6mm)和防阻块(300mm×200mm×290mm×4.5mm)等组成,如图4.5.3-3。

(5)SAm级中央分隔带波形梁护栏由三波波形梁板(506mm×85mm×4mm)、横梁($\phi$89mm×5.5mm)、立柱(□130mm×130mm×6mm和$\phi$102mm×4.5mm)和防阻块(300mm×200mm×290mm×4.5mm)等组成,如图4.5.3-4。

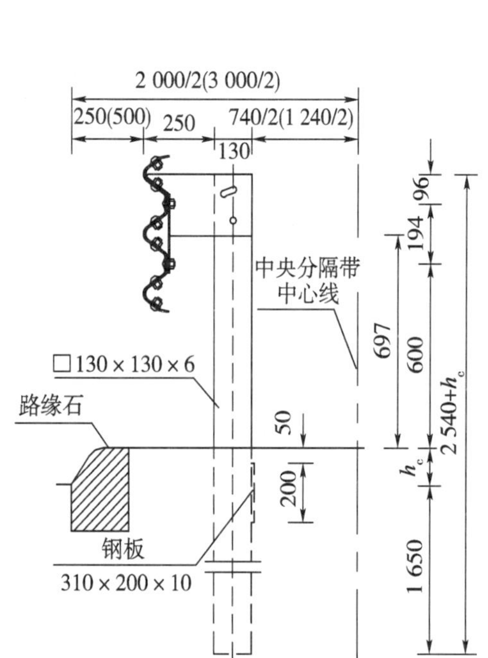


图4.5.3-3 中央分隔带SBm级波形梁护栏构造(尺寸单位:mm)

注:$h_c$为路缘石高度。

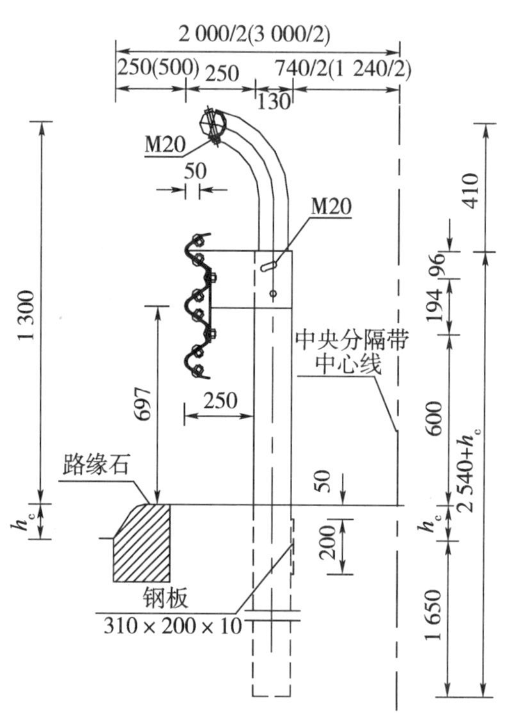


图4.5.3-4 中央分隔带SAm级波形梁护栏构造(尺寸单位:mm)

注:$h_c$为路缘石高度。

**4.5.4** 波形梁护栏沿公路横断面设置的位置应符合下列规定:

(1)路侧波形梁护栏应位于公路土路肩内,护栏面可与土路肩左侧边缘线或路缘石左侧立面重合,立柱外侧土路肩保护层厚度不应小于25cm。

(2)中央分隔带分设型和组合型波形梁护栏宜以公路中心线为轴对称设置。当公路中心线位置内有构造物、地下管线时,可适当调整护栏的横向设置位置或改变护栏型式。

(3)护栏的任何部分不得侵入公路建筑限界以内。

**4.5.5** 波形梁护栏横梁中心高度应符合下列规定:

(1)二波波形梁护栏(B级、A级、Am级)的横梁中心高度,从路面算起至连接螺栓孔中心的距离为600mm。

(2)三波波形梁护栏(SB级、SBm级、SA级、SAm级、SS级)的横梁中心高度,从路面算起至三波梁板中心的距离为697mm。

(3)护栏面与路缘石左侧立面不重合时,上述高度还应增加路缘石的高度。

**4.5.6** 从路面起算，波形梁护栏立柱的埋深应符合下列规定：

(1)设置于土基中的 B 级二波波形梁护栏，立柱埋置深度不应小于 125cm。

(2)设置于土基中的 A 级、Am 级二波波形梁护栏，立柱埋置深度不应小于 140cm。

(3)设置于土基中的 SB 级、SBm 级、SA 级、SAm 级和 SS 级三波波形梁护栏，立柱埋置深度不应小于 165cm。

(4)设置于小桥、通道、明涵等混凝土基础内的波形梁护栏，立柱埋置深度不应小于 30cm。

(5)设置于石方、地下有管线等路段混凝土基础内的波形梁护栏，立柱埋置深度不应小于 40cm。

**4.5.7** 路侧波形梁护栏的起、讫点应进行端头处理，并应符合下列规定：

(1)行车方向的上游端头宜设置为外展地锚式或圆头式，见附录 C 图 C.10、图 C.11，端头与护栏标准段之间应设置渐变段。

(2)行车方向下游端头可采用圆头式，见附录 C 图 C.1 ~ 图 C.5，并与标准段护栏成一直线设置。

(3)在填挖路基交界处护栏起点端头的位置，应从填挖零点向挖方延伸 20m，并设置为外展圆头式，见附录 C 图 C.11。

(4)当护栏立柱外侧保护土路肩宽度不足时，应设置加强板或设置混凝土基础，加强板的设置方法可按本细则第 4.5.12 条的规定采用。

**4.5.8** 设置于中央分隔带起点、终点及开口处护栏的端头处理，应符合下列规定：

(1)标准路段采用分设型波形梁护栏时，其圆形端头及过渡段线形应与中央分隔带相一致，立柱间距为 2m，见附录 C 图 C.12。

(2)标准路段采用组合型波形梁护栏时，可以圆形端头开始或结束，见附录 C 图 C.7。

**4.5.9** 交通分流处三角地带波形梁护栏的端头处理，应符合下列规定：

(1)交通分流处三角地带的护栏，其构造应与路侧波形梁护栏相一致，并根据三角地带的线形和地形进行布设，其中靠公路主线一侧的 8m 范围内和靠匝道一侧的 8m 范围内立柱间距应减半，并用圆形端头把三角地带两侧的护栏连接起来，见附录 C 图 C.13。

(2)在迎交通流方向的危险三角地带范围应设置缓冲设施。

**4.5.10** 路侧设有紧急电话处，护栏应留有开口并进行端头处理。开口处应位于行车方向下游距紧急电话 1 ~ 2m 处，见附录 C 图 C.14。

**4.5.11** 隧道出入口处波形梁护栏的端头处理应符合下列规定：

(1)隧道入口处的路侧波形梁护栏宜以抛物线型向洞口壁延伸，并设置满足隧道建筑限界要求的圆形端头,见附录 C 图 C.15。

(2)隧道出口处的路侧波形梁护栏可采用与隧道壁搭接的方式,端部护栏板应进行斜面焊接处理。

**4.5.12** 路侧、中央分隔带内路基土压实度不能满足现行《公路路基设计规范》(JTG D30)中对路基路床压实度的要求时,或路侧护栏立柱外侧土路肩保护层厚度小于 25cm 时,宜设置加强板或混凝土基础。加强板为 310mm × 200mm × 10mm 的钢板,可与护栏立柱焊接或通过螺栓连接,固定在路缘石顶面或路面以下 50mm 的立柱外侧,与交通流前进方向成 0° ~ 15°夹角。中央分隔带采用混凝土基础时,宜将同一断面的两个立柱基础联成整体。

## 4.6 混凝土护栏

**4.6.1** 常用路侧混凝土护栏按防撞等级可分为 A、SB、SA 和 SS 四级,常用中央分隔带混凝土护栏按防撞等级可分为 Am、SBm 和 SAm 三级。混凝土护栏的混凝土强度等级、配筋量和基础设置应通过设计计算确定,混凝土护栏所受碰撞荷载的分布如表 4.6.1。高速公路、一级公路混凝土强度等级不应低于 C30,其他公路混凝土强度等级不应低于 C20。

**表 4.6.1 混凝土护栏所受碰撞荷载的分布**

| 防撞等级 | 碰撞荷载标准值(kN/m) | 荷载分布长度(m) | 力的作用点 |
|---|---|---|---|
| A、Am | 53 | 4 | 距护栏顶面 5cm |
| SB、SBm | 91 | 4 | |
| SA、SAm | 86 | 5 | |
| SS | 104 | 5 | |

**4.6.2** 路侧混凝土护栏的构造应符合下列规定:

(1)路侧混凝土护栏按构造可分为 F 型、单坡型、加强型三种,应根据路侧危险情况选用。

(2)F 型混凝土护栏构造要求如图 4.6.2-1、表 4.6.2-1。

**表 4.6.2-1 F 型混凝土护栏构造要求**(单位:cm)

| 防撞等级 | $H$ | $H_1$ | $B$ | $B_1$ | $B_2$ |
|---|---|---|---|---|---|
| A | 81 | 55.5 | 46.4 | 8.1 | 5.8 |
| SB | 90 | 64.5 | 48.3 | 9 | 6.8 |
| SA | 100 | 74.5 | 50.3 | 10 | 7.8 |

(3)单坡型混凝土护栏构造要求如图 4.6.2-2、表 4.6.2-2。

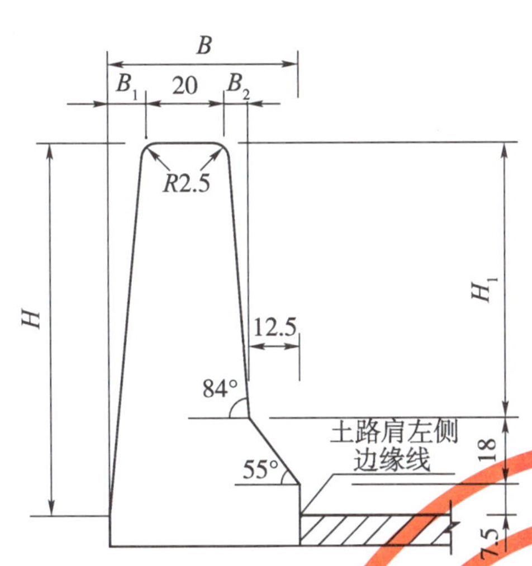


图 4.6.2-1 F 型混凝土护栏(尺寸单位:cm)

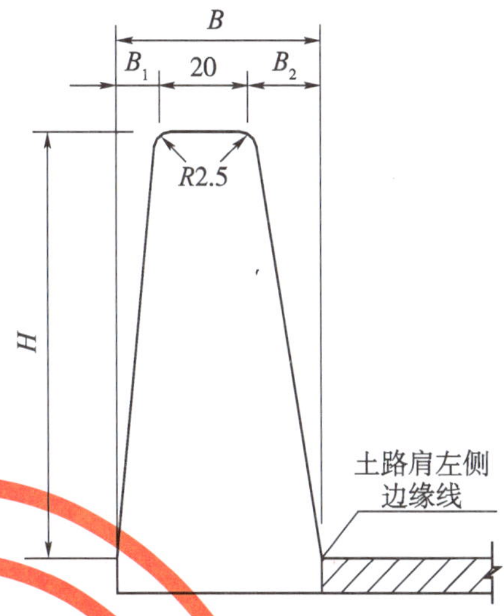


图 4.6.2-2 单坡型混凝土护栏(尺寸单位:cm)

**表 4.6.2-2 单坡型混凝土护栏构造要求**(单位:cm)

| 防撞等级 | $H$ | $B$ | $B_1$ | $B_2$ |
|---|---|---|---|---|
| A | 81 | 42.1 | 8.1 | 14.0 |
| SB | 90 | 44.5 | 9 | 15.5 |
| SA | 100 | 47.2 | 10 | 17.2 |

(4)加强型混凝土护栏构造要求如图 4.6.2-3、表 4.6.2-3。

**表 4.6.2-3 加强型混凝土护栏构造要求**(单位:cm)

| 防撞等级 | $H$ | $H_1$ | $B$ | $B_1$ | $B_2$ |
|---|---|---|---|---|---|
| SA | 100 | 54.5 | 43.2 | 5 | 5.7 |
| SS | 110 | 64.5 | 44.8 | 5.5 | 6.8 |

(5)路侧混凝土护栏的基础可采用以下两种方式:

①座椅方式:将护栏基础嵌锁在路面结构中,借助路面结构对基础腿部位移的抵抗力来提高护栏的抗倾覆稳定性,如图 4.6.2-4、图 4.6.2-5。地基的承载力应不小于 150kN/m²,基础应配置适量的构造钢筋,并与护栏钢筋牢固焊接,基础混凝土强度等级与护栏相同。

②桩基方式:在现浇路侧混凝土护栏前先打入钢管桩,如图 4.6.2-6。钢管桩规格为 $\phi$140mm × 4.5mm,长 90 ~ 120cm,纵向间距为 100cm。钢管桩必须牢固埋入基座中,并与混凝土护栏联成整体。地基的承载力应不小于 150kN/m²。

**4.6.3** 中央分隔带混凝土护栏的构造应符合下列规定:

(1)中央分隔带混凝土护栏可采用整体式或分离式,可根据中央分隔带的宽度、构造物和管线的分布加以确定。

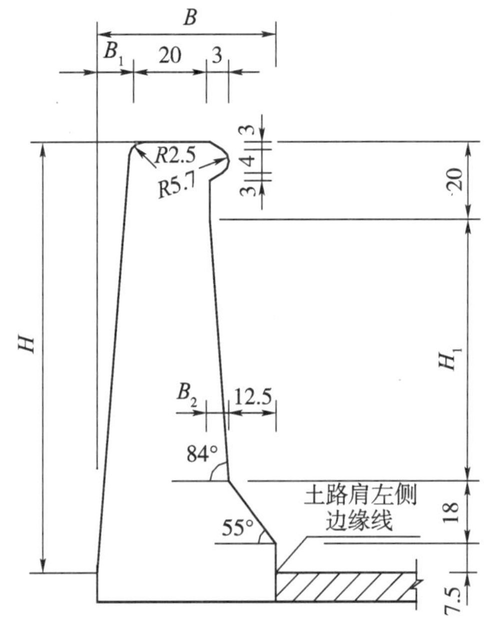


图 4.6.2-3 加强型混凝土护栏(尺寸单位:cm)

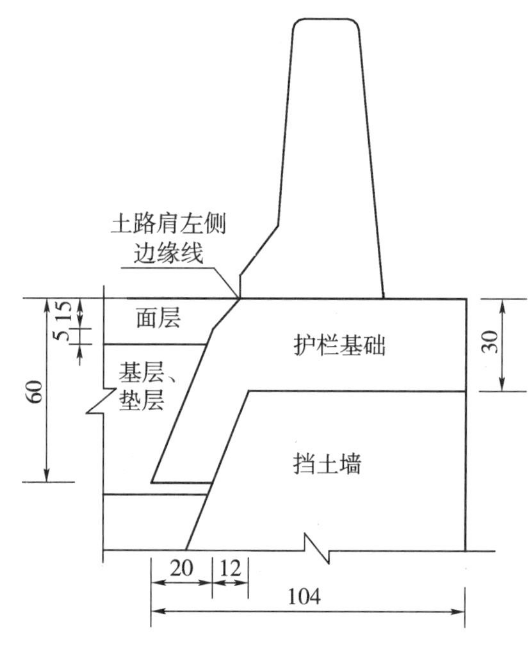


图 4.6.2-4 挡土墙上的座椅式基础(尺寸单位:cm)

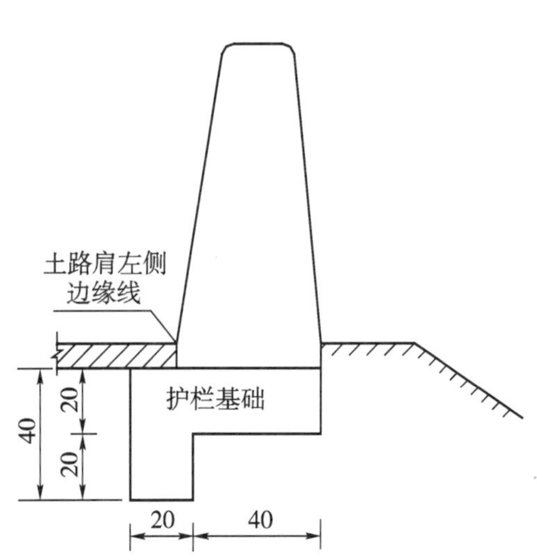


图 4.6.2-5 土基上的座椅式基础(尺寸单位:cm)

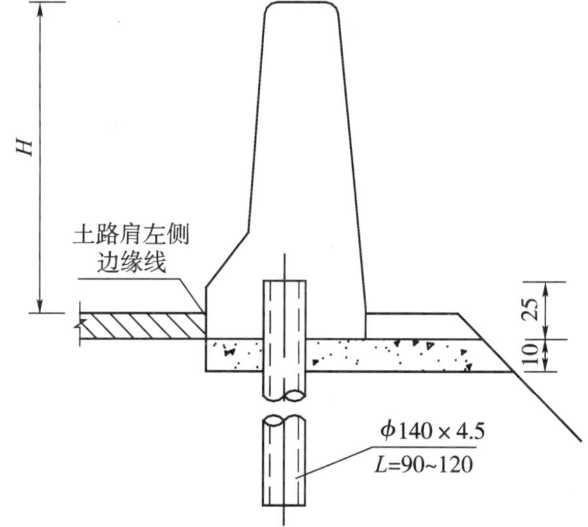


图 4.6.2-6 桩基基础方式(尺寸单位:cm)

(2)整体式混凝土护栏按构造可分为 F 型和单坡型两种。

①F 型中央分隔带混凝土护栏构造要求如图 4.6.3-1、表 4.6.3-1。

**表 4.6.3-1 F 型中央分隔带混凝土护栏构造要求**(单位:cm)

| 防撞等级 | $H$ | $H_1$ | $B$ | $B_1$ |
|---|---|---|---|---|
| Am | 81 | 55.5 | 56.6 | 5.8 |
| SBm | 90 | 64.5 | 58.6 | 6.8 |
| SAm | 100 | 74.5 | 60.6 | 7.8 |

②单坡型中央分隔带混凝土护栏构造要求如图 4.6.3-2、表 4.6.3-2。

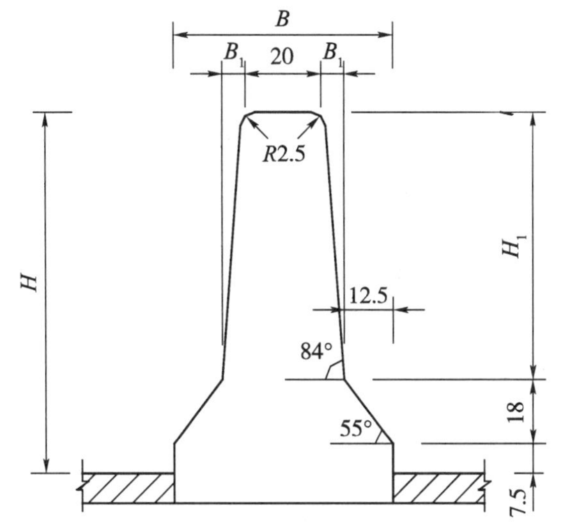


图 4.6.3-1 F 型中央分隔带混凝土护栏（尺寸单位：cm）

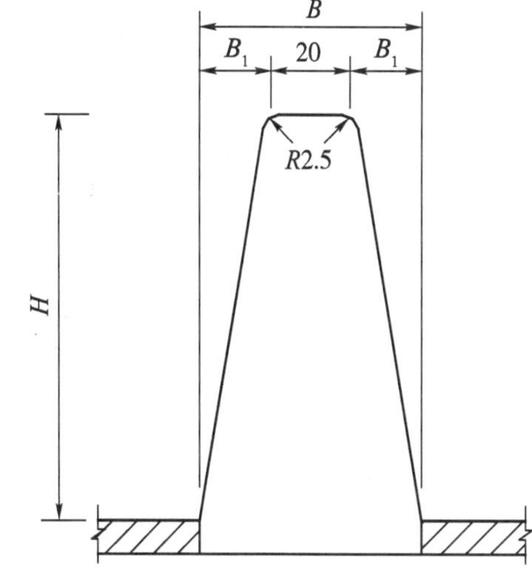


图 4.6.3-2 单坡型中央分隔带混凝土护栏（尺寸单位：cm）

**表 4.6.3-2 单坡型中央分隔带混凝土护栏构造要求**(单位：cm)

| 防撞等级 | $H$ | $B$ | $B_1$ |
|---|---|---|---|
| Am | 81 | 48 | 14.0 |
| SBm | 90 | 51 | 15.5 |
| SAm | 100 | 54.5 | 17.2 |

(3)分离式混凝土护栏按构造可分为 F 型和单坡型两种，其断面形状应与对应的路侧混凝土护栏相同。混凝土护栏背部应设置支撑块，中间可填充种植土进行绿化。分离式混凝土护栏顶部间距不应小于 40cm，侧向净空 $C$ 值应满足现行《公路工程技术标准》(JTG B01)的规定。分离式混凝土护栏中间的积水可通过纵向盲沟再由横向排水管排出，如图 4.6.3-3。

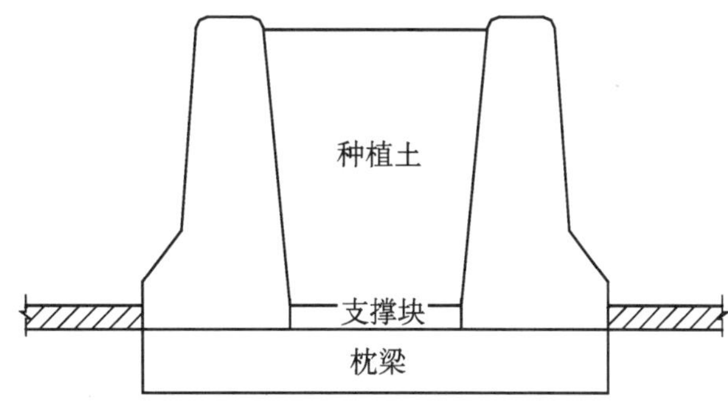


图 4.6.3-3 中央分隔带分离式混凝土护栏构造图

(4)中央分隔带混凝土护栏需保护桥墩、标志立柱、照明灯柱等设施时，可用现浇混凝土护栏在构造物处作围绕包封处理，但加宽部分不得侵入公路建筑限界。在加宽段与标准段之间应设置渐变段，加宽段与渐变段的侧面形状应与标准段保持一致。加宽段的长度不应小于 20 倍的加宽宽度,且过渡段偏角不宜大于 2°,如图 4.6.3-4。

(5)中央分隔带混凝土护栏的基础可采用以下两种方式:

①整体式混凝土护栏基础可直接支承在土基上,土基的承载力不应小于 150kN/m$^2$,混凝土护栏嵌锁在基础内,埋置深度一般为 10~20cm。混凝土护栏两侧应铺筑与车行道相同的路面材料。

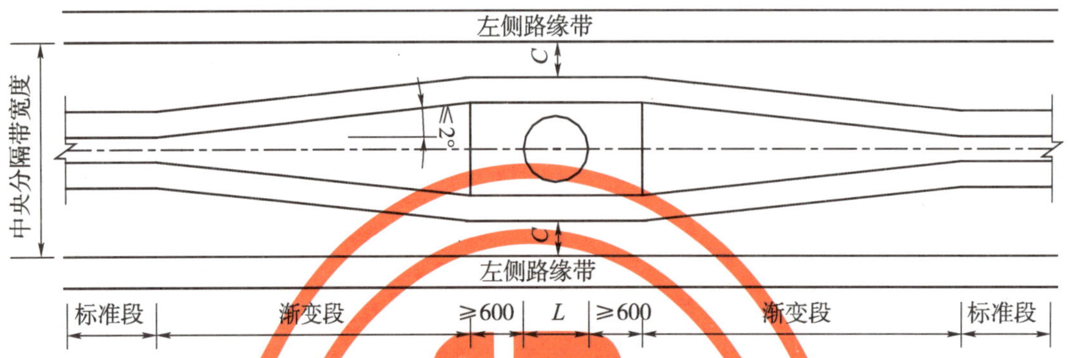


图 4.6.3-4 中央分隔带混凝土护栏加宽段(尺寸单位:cm)
L-标志柱等设施的长度;C-中央分隔带建筑限界值

②分离式混凝土护栏下设置枕梁,护栏之间应设置支撑块,如图 4.6.3-3。

(6)在中央分隔带混凝土护栏的起、终点和开口处,应进行端头处理。混凝土端头的构造如图 4.6.3-5、图 4.6.3-6。端头的基础处理方式应与其连接的混凝土护栏相一致,端头与标准段混凝土护栏的结合部,其断面形状应统一。

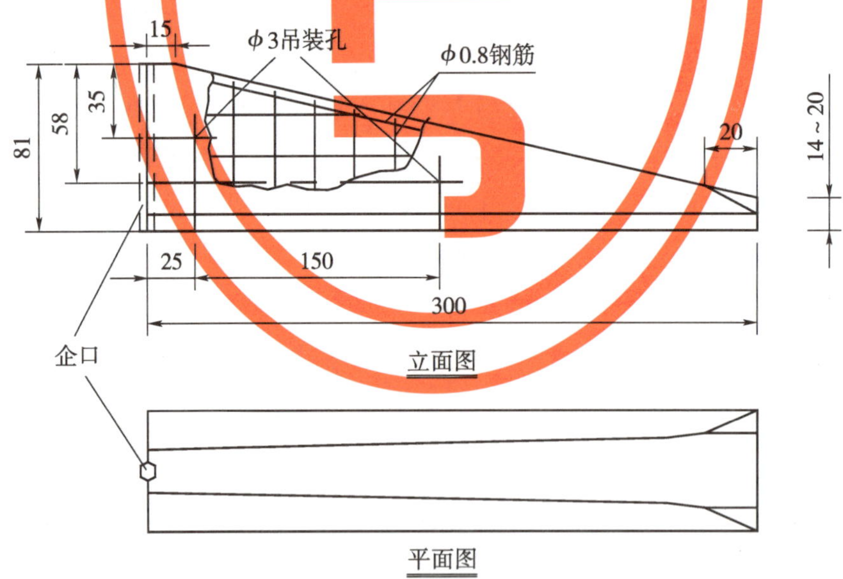


图 4.6.3-5 混凝土护栏端头构造(尺寸单位:cm)

**4.6.4** 超高路段设置混凝土护栏时,应根据超高率和曲线半径的大小作特殊的设计。护栏的截面形状、中心高度应保持不变,可按护栏的竖向中心轴垂直水平面或垂直超高面的方式进行设置。超高路段的路面排水应通过设置于中央分隔带护栏一侧的纵向排水沟流向集水井再横向排出。

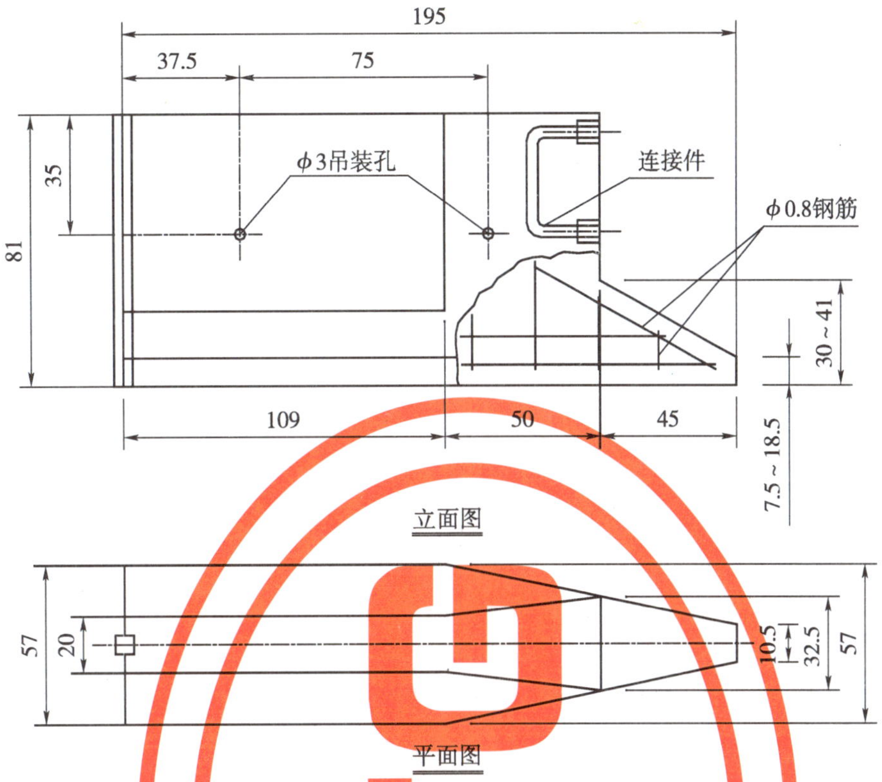


图 4.6.3-6 混凝土护栏端头构造(尺寸单位:cm)

**4.6.5** 混凝土护栏与防眩设施同时设置时,应对停车视距可能有影响的路段进行验算。混凝土护栏上附设轮廓标时,可将轮廓标安装于混凝土护栏的侧墙或顶部。

**4.6.6** 同一条公路混凝土护栏的构造型式应保持一致。

**4.6.7** 每节混凝土护栏的纵向长度,在浇筑、吊装条件允许时,应采用较长的尺寸。预制混凝土护栏长度宜为 4 ~ 6m;现浇混凝土护栏的纵向长度应按横向伸缩缝的要求确定,一般为 15 ~ 30m。现浇混凝土护栏每 3 ~ 4m 应设置一道假缝。

**4.6.8** 预制混凝土护栏其配筋应满足防撞等级的要求,还应考虑预制块长度、吊装方式的影响。现浇的混凝土护栏,可根据防撞等级要求配置受力钢筋或构造钢筋。

**4.6.9** 混凝土护栏块之间的纵向连接应符合下列规定:

(1)现浇混凝土护栏块之间的纵向连接,可按平接头加传力钢筋处理。

(2)预制混凝土护栏块之间的纵向连接,应按以下方法处理:

①纵向企口连接:适合于防撞等级为 A 级的路侧护栏和 Am 级的中央分隔带护栏,如图 4.6.9-1。

②纵向连接栓方式:在混凝土护栏端头上半部竖向预埋连接栓挡块,两块混凝土护栏

对齐就位后,插入工字形连接栓,将混凝土护栏连成整体,如图 4.6.9-2。这种连接方式适合于除防撞等级为 A 和 Am 外的其他防撞等级混凝土护栏。

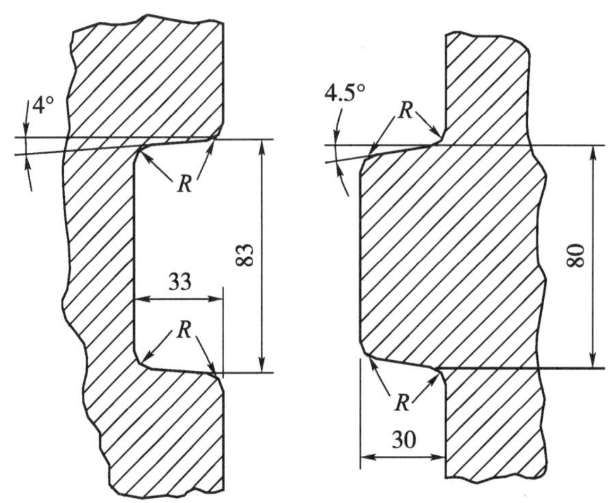


图 4.6.9-1　纵向企口连接(尺寸单位:mm)

注:$R$ = 5mm

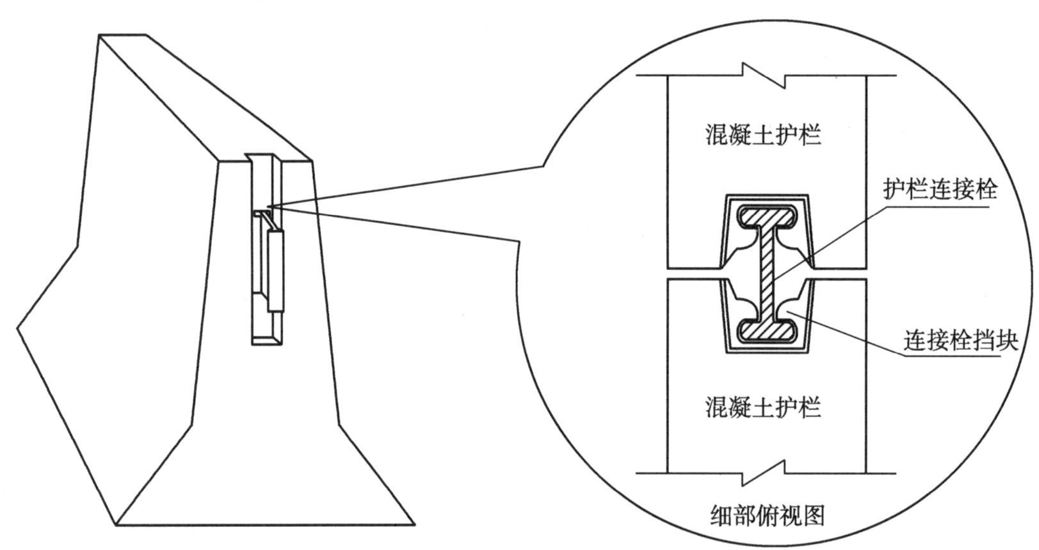


图 4.6.9-2　纵向连接栓方式

# 5 桥梁护栏

## 5.1 一般规定

**5.1.1** 常用路侧桥梁护栏按防撞等级可分为 B、A、SB、SA、SS 五级，常用中央分隔带桥梁护栏按防撞等级可分为 Am、SBm、SAm 三级。高速公路、一级公路桥梁护栏的混凝土强度等级不应低于 C30，其他公路桥梁护栏的混凝土强度等级不应低于 C20。设计代号见附录 A。

**5.1.2** 作用于桥梁护栏上的碰撞荷载，其大小和作用点分布可按表 5.1.2 和图 5.1.2 的规定确定。

**表 5.1.2 桥梁护栏碰撞荷载**

| 防撞等级 | 碰撞力(kN) | | 防撞等级 | 碰撞力(kN) | |
|---|---|---|---|---|---|
| | $Z=0\text{m}$ | $Z=0.3\sim0.6\text{m}$ | | $Z=0\text{m}$ | $Z=0.3\sim0.6\text{m}$ |
| B | 95 | 75 ~ 60 | SA、SAm | 430 | 360 ~ 310 |
| A、Am | 210 | 170 ~ 140 | SS | 520 | 435 ~ 375 |
| SB、SBm | 365 | 295 ~ 250 | | | |

注：$Z$ 是桥梁护栏的容许变形量。

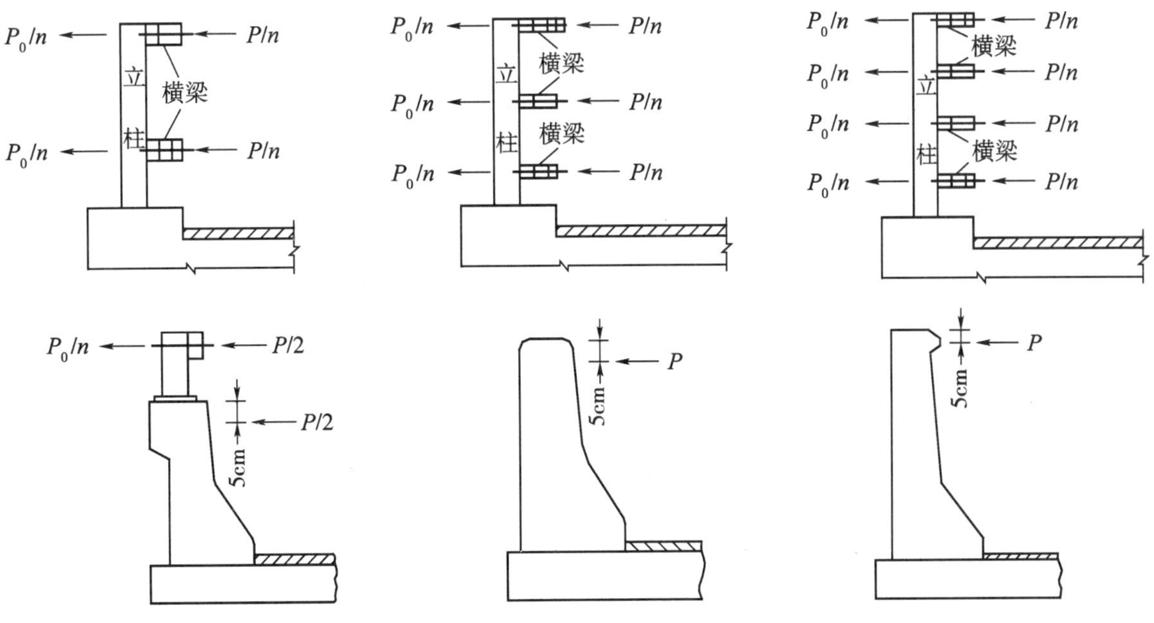


图 5.1.2 桥梁护栏受力分布图

(1)梁柱式桥梁护栏横梁的设计弯矩和立柱的设计荷载应按式(5.1.2-1)和式(5.1.2-2)计算。

$$M_0 = \left(\frac{1}{6}P \cdot L\right)\Big/n \tag{5.1.2-1}$$

式中:$M_0$——每根横梁跨中处的弯矩(kN·m);

$P$——桥梁护栏承受的碰撞力(kN),作用在横梁的跨中;

$L$——横梁的跨径(m);

$n$——横梁的数量,不宜超过 4 根。

$$P_0 = \frac{1}{4}P \tag{5.1.2-2}$$

式中:$P_0$——立柱的设计荷载(kN);

$P$——桥梁护栏承受的碰撞力(kN)。

(2)钢筋混凝土墙式桥梁护栏的碰撞荷载分布可采用本细则表 4.6.1 的规定。

(3)金属桥梁护栏应进行构件强度和变形验算,钢筋混凝土墙式桥梁护栏和组合式桥梁护栏应进行配筋验算。桥梁护栏与桥面板间的连接应进行强度验算。

(4)对桥面板进行强度验算时,应将护栏立柱或墙体最下端断面所受的弯矩作为验算弯矩作用在桥面板上。

**5.1.3** 桥梁护栏的任何部分不得侵入现行《公路工程技术标准》(JTG B01)规定的公路建筑限界以内。

**5.1.4** 分离式桥梁的中央分隔带宽度大于标准段时,护栏应按路侧桥梁护栏的防撞等级进行设计。

## 5.2 设置原则

**5.2.1** 高速公路桥梁的外侧和中央分隔带必须设置桥梁护栏。

**5.2.2** 作为干线公路的一级、二级公路的桥梁必须设置路侧护栏,作为干线公路的一级公路的桥梁必须设置中央分隔带护栏。

**5.2.3** 作为集散公路的一级、二级公路的桥梁应设置路侧护栏,作为集散公路的一级公路的桥梁宜设置中央分隔带护栏。

**5.2.4** 跨越深谷、深沟、江河湖泊的三、四级公路桥梁应设置路侧护栏,位于其他路段经综合论证可不设置护栏的桥梁应设置视线诱导设施或人行栏杆。

**5.2.5** 根据车辆驶出桥外或进入对向车行道有可能造成的交通事故等级,应按表 5.2.5

的规定选取桥梁护栏的防撞等级。因桥梁线形、运行速度、桥梁高度、交通量和车辆构成等因素易造成更严重碰撞后果的路段，应在表5.2.5的基础上提高护栏的防撞等级。

**表5.2.5　桥梁护栏防撞等级适用条件***

<table>
<tr><th rowspan="2">公路等级</th><th rowspan="2">设计速度<br>(km/h)</th><th colspan="2">车辆驶出桥外有可能造成的交通事故等级</th></tr>
<tr><th>重大事故或特大事故</th><th>二次重大事故或二次特大事故</th></tr>
<tr><td rowspan="2">高速公路</td><td>120</td><td rowspan="2">SB、SBm</td><td>SS</td></tr>
<tr><td>100、80</td><td>SA、SAm</td></tr>
<tr><td>一级公路</td><td>60</td><td>A、Am</td><td>SB、SBm</td></tr>
<tr><td>二级公路</td><td>80、60</td><td>A</td><td>SB</td></tr>
<tr><td>三级公路</td><td>40、30</td><td rowspan="2">B</td><td rowspan="2">A</td></tr>
<tr><td>四级公路</td><td>20</td></tr>
</table>

注：* 二级及以上等级公路小桥、通道、明涵的护栏防撞等级宜与相邻的路基护栏相同。

## 5.3　型式选择

**5.3.1**　桥梁护栏可分为钢筋混凝土墙式、梁柱式刚性护栏、金属梁柱式半刚性护栏和组合式护栏。

**5.3.2**　选择桥梁护栏型式时，应考虑下列因素：

(1)桥梁护栏的防撞性能

①未设置专用人行道或人行道未与车行道隔离设置的桥梁，应在综合分析车辆越出桥外是否发生二次事故的基础上，按表5.2.5中的规定选取。桥梁护栏应根据需要设置用于防止行人摔出桥外且受撞击后不飞散的辅助构件。

②人行道与车行道隔离设置的桥梁，在人行道与车行道分界处应按车辆驶出桥外可能造成重大、特大事故的等级按表5.2.5中的规定选取；在人行道的外侧边缘，应设置高度为110～120cm的人行栏杆。

(2)受碰撞后的护栏变形程度

受碰撞后护栏的最大动态变形量不应超过可容许的变形距离。

(3)环境和景观要求

①钢桥应采用金属梁柱式桥梁护栏。

②对景观有特殊要求的桥梁宜选用梁柱式桥梁护栏或组合式桥梁护栏。

③积雪严重的地区，宜采用金属梁柱式或组合式桥梁护栏。

④为减小桥梁自重、减轻车辆碰撞荷载对桥面板的影响，宜采用金属梁柱式护栏。

⑤跨越大片水域的特大桥或桥下净空大于或等于10m时，宜采用组合式或钢筋混凝土墙式桥梁护栏。

⑥二级及以上等级公路小桥、通道、明涵宜采用与相邻的路基护栏同样的型式。

(4)护栏的全寿命周期成本

除考虑护栏的初期建设成本外,还应考虑投入使用后的养护成本。

## 5.4 构造要求

**5.4.1** 金属梁柱式护栏的构造应满足下列规定:

(1)当桥梁未设置护轮安全带或护轮安全带的高度 $D$ 小于 10cm、且没有超出护栏面时,各防撞等级的桥梁护栏构造要求如图 5.4.1-1。当护轮安全带伸出护栏面的距离大于

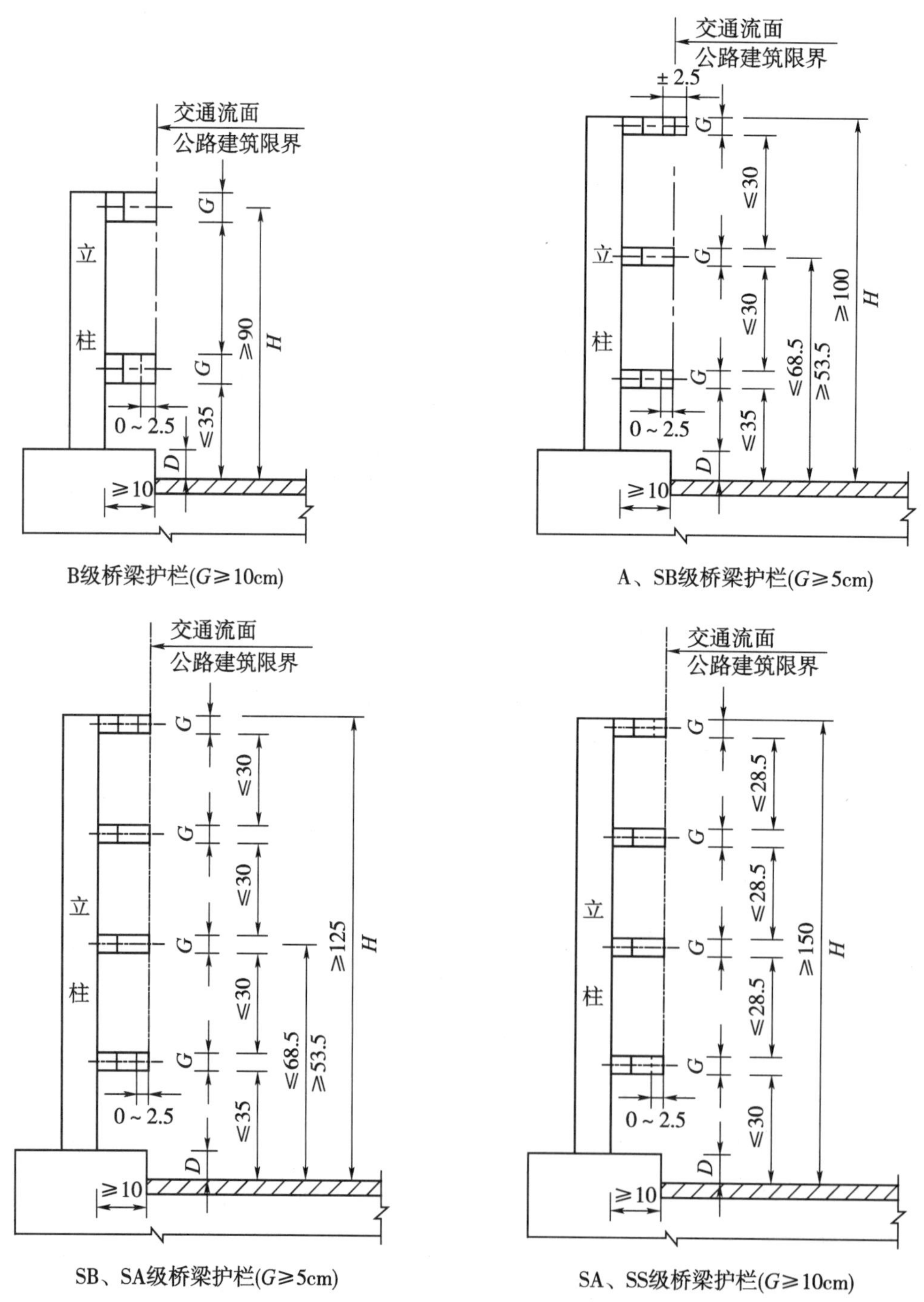


图 5.4.1-1 金属制桥梁护栏构造要求(尺寸单位:cm)

或等于 25cm、且护轮安全带高度 $D \geqslant 10$cm 时，则桥梁护栏高度 $H$ 应在图 5.4.1-1 的基础上增加 $D$。

(2)高速公路、一级公路的桥梁不宜设置护轮安全带，否则，其高度宜控制在 5 ~ 10cm 之间，护栏面宜与护轮安全带边缘成一直线。

(3)护栏的最小高度应满足图 5.4.1-2 的要求，在图中阴影区设置横梁时，应避免失控车辆的乘员头部直接撞击护栏。

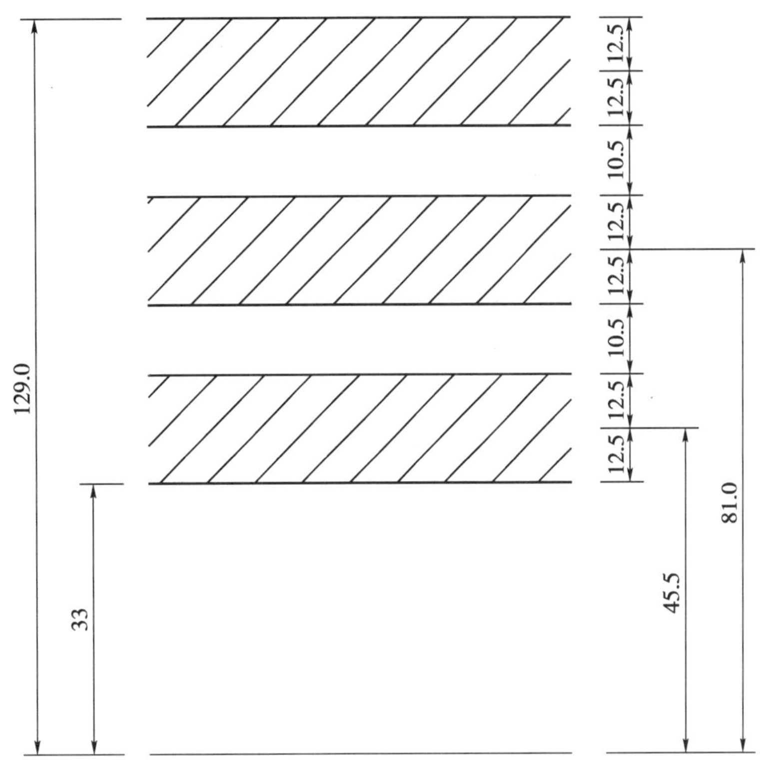


图 5.4.1-2 桥梁护栏高度要求(阴影区内宜设置横梁)(尺寸单位:cm)

(4)立柱间距应符合表 5.4.1-1 的规定。

**表 5.4.1-1 金属梁柱式桥梁护栏立柱间距**

| 防撞等级 | B | A | SB | SA | SS |
|---|---|---|---|---|---|
| 立柱间距(m) | ≤2 | ≤2 | ≤1.5 | ≤1.5 | ≤1.5 |

(5)护栏构件的截面厚度应根据计算确定，并不小于表 5.4.1-2 规定的最小值。

**表 5.4.1-2 金属制护栏的截面最小厚度值**

| 材　料 | 截面型式 | 最小厚度值(mm) | | | |
|---|---|---|---|---|---|
| | | 主要纵向有效构件 | 纵向非有效构件和次要纵向有效构件 | 辅助板、杆和网 | 抱箍、辅助构件 |
| 钢 | 空心截面 | 3 | 3 | 3 | 3 |
| | 其他截面 | 4 | 3 | 3 | 3 |
| 铝合金 | 所有截面 | 3 | 1.2 | 3 | 1.2 |
| 不锈钢 | 所有截面 | 2 | 1.0 | 2 | 0.5 |

(6)横梁的拼接设计应满足下列要求:

①拼接套管长度应大于或等于 2$D$,并不应小于 30cm,如图 5.4.1-3。

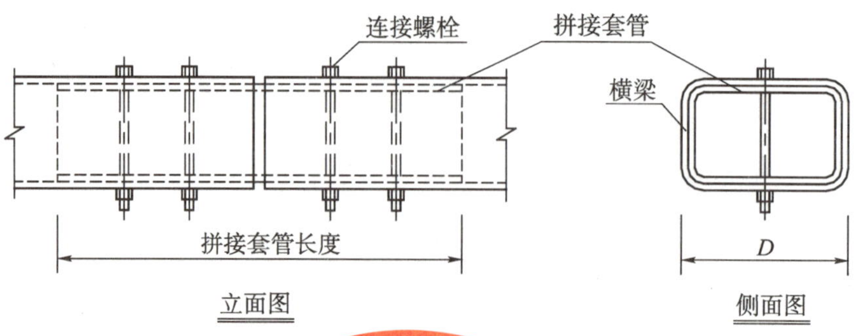


图 5.4.1-3 横梁的拼接

②拼接套管的截面抵抗矩不应低于 0.75 倍的横梁截面抵抗矩,连接螺栓应满足横梁极限弯曲状态下的抗剪强度要求。

③拼接处的设计拉力值应不小于表 5.4.1-3 的规定。

**表 5.4.1-3 横梁拼接处的设计拉力值**

| 防撞等级 | 设计轴拉力(kN) | 防撞等级 | 设计轴拉力(kN) |
|---|---|---|---|
| B | 30 | SA、SAm | 70 |
| A、Am | 54 | SS | 70 |
| SB、SBm | 70 | | |

④护栏面应顺适、光滑、无锋利的边角。在横梁的拼接处可有凸出或凹入,其凸出或凹入量不得超过横梁的截面厚度或 1cm。

**5.4.2** 钢筋混凝土梁柱式护栏的构造应满足下列规定:

(1)B、A、Am 防撞等级的桥梁护栏可以采用钢筋混凝土梁柱式护栏。

(2)梁柱式护栏的构造要求如图 5.4.2,护栏参数如表 5.4.2。

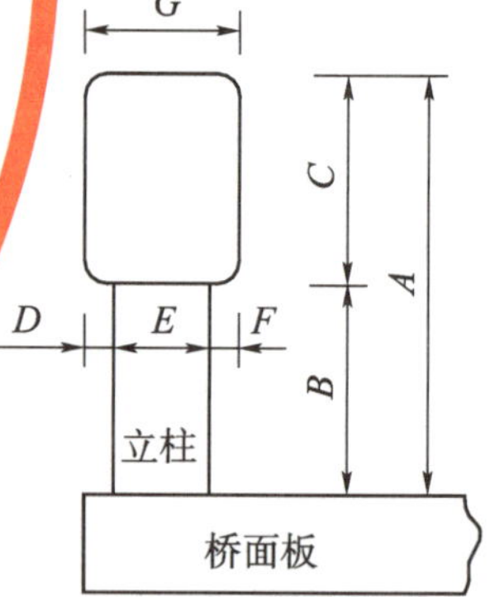


图 5.4.2 钢筋混凝土梁柱式护栏

**表 5.4.2 钢筋混凝土梁柱式护栏参数**

| 型式 \ 参数 | $A$(cm) | $B$(cm) | $C$(cm) | $D$(cm) | $E$(cm) | $F$(cm) | $G$(cm) |
|---|---|---|---|---|---|---|---|
| Ⅰ型 | 80 | 30 | 50 | 4 | 18 | 11 | 33 |
| Ⅱ型 | 80 | 33 | 47 | 0 | 15 | 15 | 30 |

注:立柱纵向长度 2m,立柱间净距 2m。

**5.4.3** 钢筋混凝土墙式护栏的构造应满足下列规定:

(1)钢筋混凝土墙式护栏按构造可分为 F 型、单坡型、加强型三种,构造要求如图 5.4.3-1～图 5.4.3-3、表 5.4.3-1～表 5.4.3-3。

(2)未经试验验证,不得随意改变护栏迎撞面的截面形状,但其背面可根据实际情况采用合适的形状。

(3)护栏迎撞面混凝土的钢筋保护层厚度不得小于4.0cm。

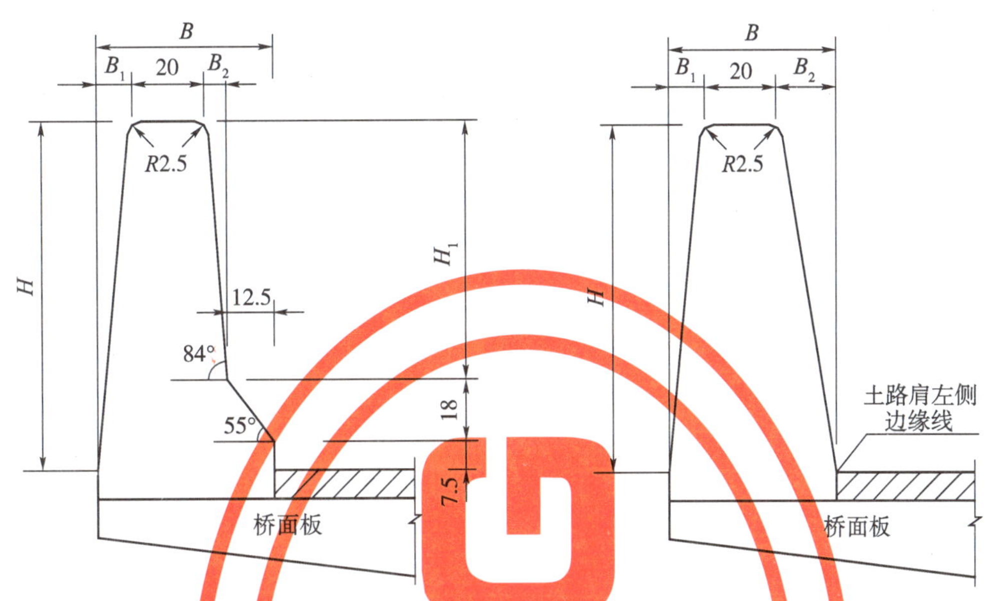


图5.4.3-1 F型混凝土护栏(尺寸单位:cm)　　图5.4.3-2 单坡型混凝土护栏(尺寸单位:cm)

**表5.4.3-1 F型混凝土护栏构造要求**(单位:cm)

| 防撞等级 | $H$ | $H_1$ | $B$ | $B_1$ | $B_2$ |
|---|---|---|---|---|---|
| A、Am | 81 | 55.5 | 46.4 | 8.1 | 5.8 |
| SB、SBm | 90 | 64.5 | 48.3 | 9 | 6.8 |
| SA、SAm | 100 | 74.5 | 50.3 | 10 | 7.8 |

**表5.4.3-2 单坡型混凝土护栏构造要求**(单位:cm)

| 防撞等级 | $H$ | $B$ | $B_1$ | $B_2$ |
|---|---|---|---|---|
| A | 81 | 42.1 | 8.1 | 14.0 |
| SB | 90 | 44.5 | 9 | 15.5 |
| SA | 100 | 47.2 | 10 | 17.2 |

**表5.4.3-3 加强型混凝土护栏构造要求**(单位:cm)

| 防撞等级 | $H$ | $H_1$ | $B$ | $B_1$ | $B_2$ |
|---|---|---|---|---|---|
| SA | 100 | 54.5 | 43.2 | 5 | 5.7 |
| SS | 110 | 64.5 | 44.8 | 5.5 | 6.8 |

**5.4.4** 组合式护栏的构造如图5.4.4、表5.4.4,并应满足以下规定:

(1)不得随意改变组合式护栏中混凝土护栏迎撞面的截面形状,但其背面可根据实际情况采用合适的形状。

(2)混凝土护栏迎撞面的钢筋保护层厚度不得小于4.0cm。

(3)金属横梁及其与混凝土墙体的连接应进行受力验算。

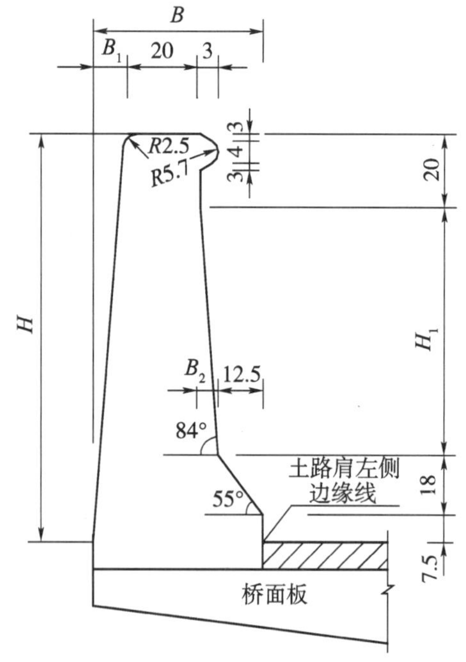

图 5.4.3-3　加强型混凝土护栏(尺寸单位:cm)

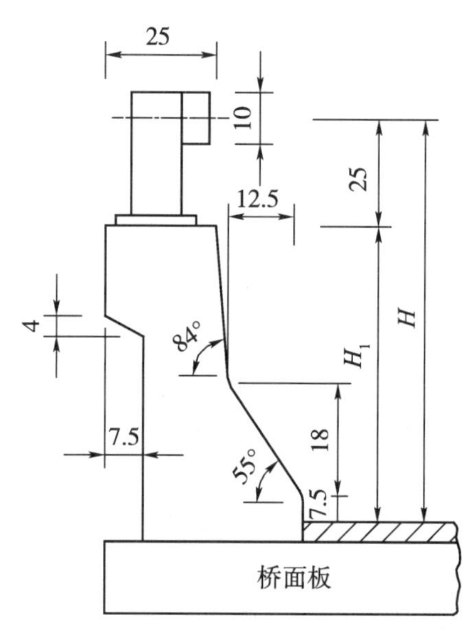


图 5.4.4　组合式桥梁护栏的构造要求(尺寸单位:cm)

**表 5.4.4　组合式护栏的构造要求**(单位:cm)

| 防撞等级 | $H$ | $H_1$ | 防撞等级 | $H$ | $H_1$ |
|---|---|---|---|---|---|
| A、Am | 81 | 56 | SA、SAm | 100 | 75 |
| SB、SBm | 90 | 65 | | | |

**5.4.5**　桥梁护栏应按下列规定随主体结构设置伸缩缝:

(1)金属梁柱式护栏:

①当伸缩缝处的纵向设计总位移小于或等于 5cm 时,伸缩缝应能传递横梁 60% 的抗拉强度和全部设计最大弯矩;伸缩缝处连接套管的长度应大于或等于 $3D$,如图 5.4.5-1。

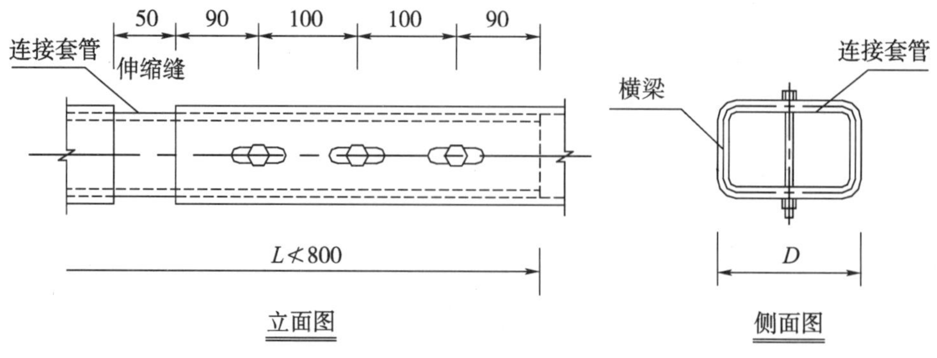


图 5.4.5-1　位移小于 5cm 的伸缩缝设计(尺寸单位:mm)

注:$D$ 为横梁宽度。

②当伸缩缝处的纵向设计位移大于 5cm 时,伸缩缝应能传递横梁的全部设计最大弯

矩;伸缩缝两侧应设置端部立柱,其中心间距不应大于 2.0m;伸缩缝处连接套管的长度应大于或等于 3$D$,如图 5.4.5-2。

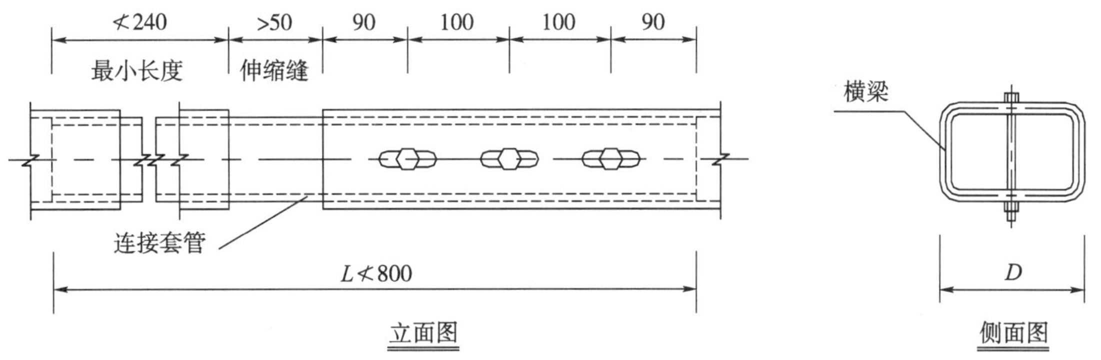


图 5.4.5-2 位移量大于 5cm 的伸缩缝设计(尺寸单位:mm)

注:$D$ 为横梁宽度。

③当伸缩缝处发生竖向、横向复杂位移时,桥梁护栏在伸缩缝处可不连续,但应在伸缩缝两端设置端部立柱,其中心间距不应大于 2.0m,两横梁端头的间隙不得大于伸缩缝设计位移量加 2.5cm。横梁端头不得对失控车辆构成危险。

(2)钢筋混凝土墙式、梁柱式护栏在桥面伸缩缝处应断开,其间隙不应大于桥面伸缩缝的设计位移量,钢筋混凝土梁柱式护栏在伸缩缝两端应设置端部立柱。

(3)组合式护栏中钢筋混凝土部分应符合墙式护栏中有关伸缩缝设置的规定,金属结构部分应符合金属护栏中有关伸缩缝设置的规定。

**5.4.6** 护栏根据需要可设置承受碰撞受力构件以外的辅助构件。

(1)辅助构件设计的一般要求:

①所有辅助构件应牢固地与桥梁护栏受力构件连接。

②辅助构件不得侵入公路建筑限界以内,其平面投影不应超出主要受力构件的投影范围,如图 5.4.6。

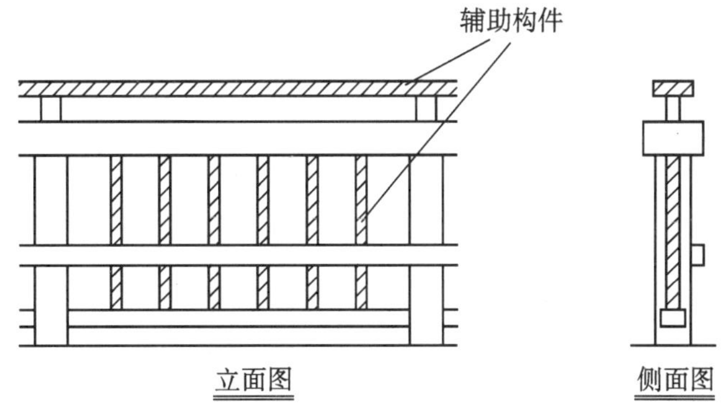


图 5.4.6 辅助构件的设置

(2)辅助构件的设计应符合下列规定:

①竖向杆件应在纵向有效构件之间等距设置,并与纵向有效构件牢固连接。纵向有效构件与竖向杆件的连接处,不应由于竖向辅助杆件受力而引起纵向有效构件产生局部

弯曲变形。

②金属网根据使用功能可分别按照桥梁护网和隔离栅的设计要求设置。金属网架设之前应去毛口和滚压,使丝梗保持在同一平面上。

③实体板块表面应平整,两板块之间的接缝间隙不应超过3mm,其最小厚度应符合本细则表5.4.1-2的规定,其最大厚度不宜超过最小厚度加1.0mm。当实体板块用于装饰图案或防止对向车的眩光时,其最大厚度不应超过最小厚度加2.0mm。使用实体板块作为辅助构件时,应考虑风载对桥梁护栏的影响。

④隔音设施与桥梁护栏配合设置时,如高度和重量较大,则隔音设施必须在桥梁护栏的背面与桥梁护栏连接。

⑤人行栏杆与桥梁护栏合并设置时,应增加护栏的有效高度,金属梁柱式护栏的最小高度应为1.1m。非有效纵向构件可不考虑车辆的碰撞荷载,但应验算护栏立柱的承载力。非有效纵向构件的水平极限设计荷载宜采用0.75kN/m。

**5.4.7** 桥梁护栏与桥面板的连接方式有以下几种,可根据防撞等级、护栏结构型式以及强度计算结果进行选择:

(1)金属梁柱式护栏立柱与桥面板的连接可采用直接埋入式或地脚螺栓的连接方式。有条件时,也可采用有特殊基座的抽换式护栏基础。

①直接埋入式适用于桥面边缘厚度满足护栏立柱埋入30cm以上的情况。在结构物混凝土浇筑时,应预留安装立柱的套筒,其孔径宜比立柱直径或斜边方向宽4~10cm,套筒周围的结构物应配置加强钢筋,如图5.4.7-1。

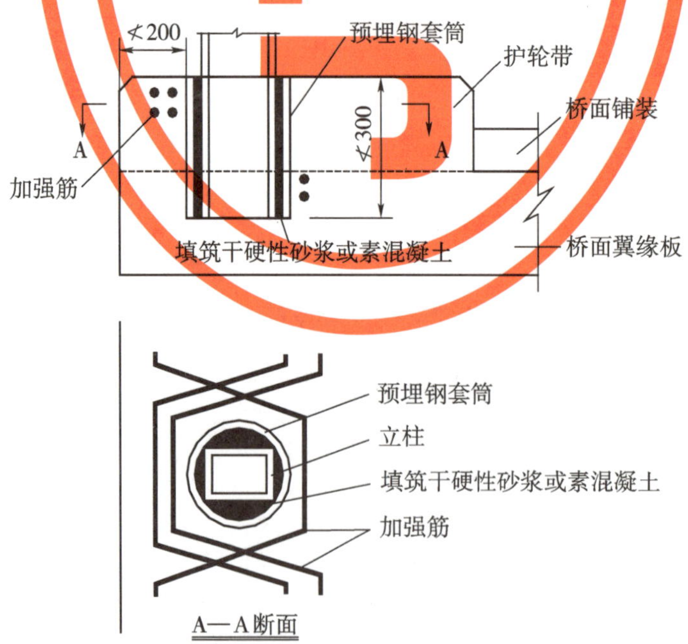


图5.4.7-1 直接埋入式连接方式(尺寸单位:mm)

②地脚螺栓连接方式适用于立柱埋深不足30cm的情况。在结构物混凝土中预埋符合规定长度的地脚螺栓,立柱底部焊接加劲法兰盘与地脚螺栓连接,如图5.4.7-2。

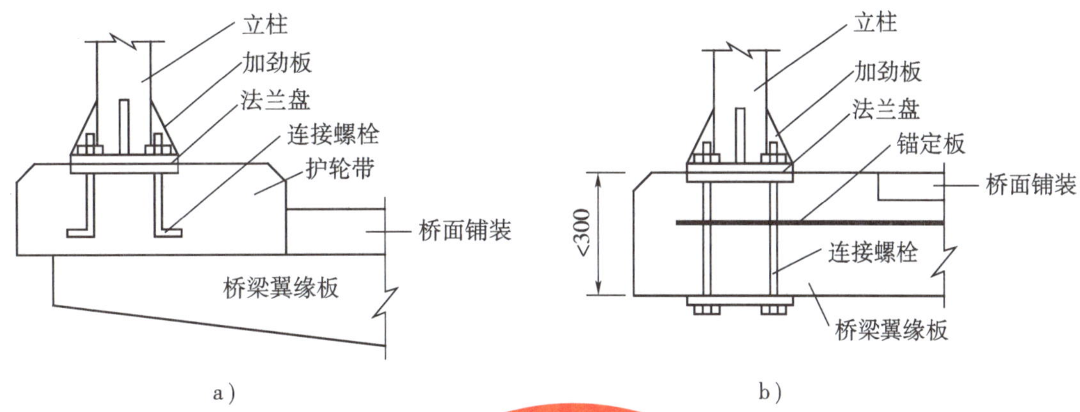


图 5.4.7-2 地脚螺栓连接方式(尺寸单位:mm)

(2)钢筋混凝土墙式护栏与桥面的连接应符合下列规定:

①采用现浇法施工时,应通过护栏钢筋与桥梁结构物中的预埋钢筋连接在一起的方式形成整体。

②采用预制件施工时,通过锚固螺栓等连接件将桥梁结构物与护栏连接在一起形成整体,纵向连接应符合本细则 4.6.9 的规定。

(3)钢筋混凝土梁柱式护栏和组合式护栏可采用钢筋混凝土墙式护栏与桥面的连接方法。

**5.4.8** 桥梁护栏的起、终点应进行端部处理。

(1)金属梁柱式护栏应在桥梁伸缩缝的两侧设置端部立柱,其纵向设计强度应等于中间立柱的横向设计强度。

(2)当桥梁护栏与路基护栏的结构型式不同时,应进行过渡段设计。过渡段的设计应符合下列规定:

①过渡段应采用设置端部翼墙或将半刚性护栏搭接在刚性护栏上的方式。

②端部翼墙可设置在桥梁端部,由桥梁护栏改造而成,也可在路基段独立设置。端部翼墙应根据路基护栏的要求设置预埋件。见附录 C 图 C.16。

③采用搭接方式时,路基段护栏应进行加强处理,长度不宜短于 10m,见附录 C 图 C.17。

④当桥梁护栏与路基护栏或路基段设置的独立端部翼墙均采用刚性护栏时,刚性护栏在桥台伸缩缝处可以断开,其他型式护栏之间的过渡段均不得在桥头处断开。

⑤当靠近桥头的路基段没有设置安全护栏时,应按路基护栏设置条件设计路基段护栏,再进行过渡段设计。

⑥金属梁柱式护栏与路基波形梁护栏的过渡段设计如图 5.4.8。

**5.4.9** 金属构件的密封和排水应符合以下规定:

(1)空心断面构件应设置排水孔或在所有的拼缝处完全密封。

(2)镀锌孔、排水孔的直径不应大于空心截面周长的 1/12。不镀锌构件排水孔的孔

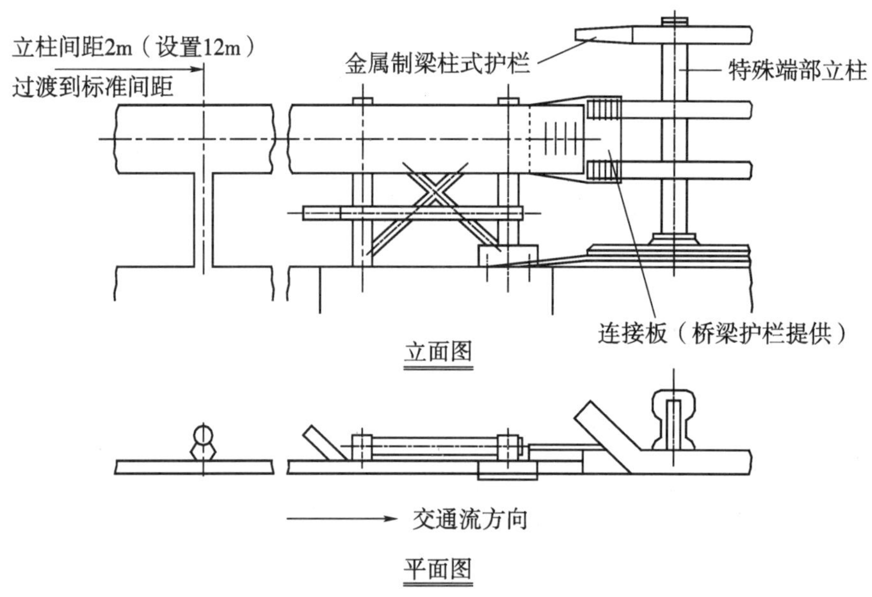


图 5.4.8　波形梁护栏与金属梁柱式护栏的过渡段设计

径不应小于 8mm,其间距应大于 70cm。镀锌孔、排水孔的位置应布设恰当,防止对构件强度产生不利的影响。

# 6 交通标志

## 6.1 一般规定

**6.1.1** 设计指导思想

(1)交通标志应体现公路及周边路网的特点,使驾驶员准确确定自己所处的位置、找到正确的目的地,并对路网中的交通量进行合理分配;

(2)交通标志应能加强驾驶员安全行车的意识;

(3)交通标志应容易识别、易于理解;

(4)交通标志的设置应系统、连续、均衡、避免信息过载;

(5)动态交通标志的设置不应妨碍静态交通标志的使用。

**6.1.2** 设计顺序

(1)收集公路的道路、交通、气象、环境及周边路网等基础资料;

(2)确定公路交通标志的实施标准、规模;

(3)从安全、环保、技术、经济、美观等方面进行方案比较,选择最佳方案。

## 6.2 设置原则

**6.2.1** 公路交通标志的设置,应以不熟悉周围路网体系的公路使用者为设计对象,综合考虑周边路网与公路条件、交通条件、气象和环境条件等因素,制定合理的设置标准,根据各种交通标志的功能和驾驶人员的行为特征进行合理设置。

**6.2.2** 对二级及以上等级的公路和其他等级的国、省道公路应优先设置指路标志,其他公路或未设置相关指路标志的公路,经论证可设置必要的警告标志。禁令标志应设置在交通法律、法规发生作用的地点附近醒目的位置,并应避免与其他交通标志的互相影响。限速标志应根据不同路段的通行能力、车型构成比例、车辆的运行速度等分段进行设置。

**6.2.3** 在选择路网中指路标志标示的目的地信息时,应根据路网密度、公路等级、公路功能、目的地知名度等进行统一考虑。不同种类的交通标志信息应互相呼应,不得出现信息中断。

**6.2.4** 交通标志沿公路纵、横向设置的位置应符合现行《道路交通标志和标线》(GB 5768)的规定。位于高速、一级公路路侧安全净区内的交通标志应根据标志结构规格采用解体消能结构或设置护栏加以防护,位于其他公路路侧安全净区内的交通标志宜进行必要的诱导。

**6.2.5** 公路交通标志的任何部分不得侵入公路建筑限界以内,路侧柱式交通标志的安装高度应考虑其板面规格、所在位置的线形特点和地形特征、是否有行人通行等因素,悬臂、门架式等悬空标志净空高度应较公路净空预留 20~50cm 的余量。

**6.2.6** 交通标志安装时,标志板面的法线应与公路中心线平行或成一定角度。路侧安装的禁令标志和指示标志为 0°~45°,指路标志和警告标志为 0°~10°。悬臂、门架或附着式悬空标志安装时,标志的安装角度应与道路中心线垂直或前倾 0°~10°。

## 6.3 版面设计

**6.3.1** 设计原则

(1)应正确处理颜色、文字、箭头、编号、图形及边框的关系,使标志版面清晰、美观;

(2)同类交通标志应采用同一类型的标志版面;

(3)门架式交通标志的各交通标志板宜统一高度、统一边框规格。

**6.3.2** 交通标志采用的颜色、形状、图形符号应符合现行《道路交通标志和标线》(GB 5768)的规定。

**6.3.3** 指路标志上使用的箭头应以一定角度反映车辆的正确行驶方向。

(1)门架式标志或跨线桥上附着式标志的箭头,用来指示车道的用途或行驶目的地时,箭头应向下,并指向该车道的中心线;用来指示出口方向时,箭头应倾斜向上,倾斜角度应能反映出口车道的线形。

(2)路侧安装的指路标志,表示直行方向的箭头应指向上方,表示转向方向的箭头应与转向车道的线形保持一致。同时出现向上和向左、向右的三个箭头时,指向右侧的箭头应放置在最右侧,指向上、左的箭头应放置在最左侧。

(3)箭头可以放置在主要标志文字的下方,或文字一侧的适当部位。

**6.3.4** 公路的指路标志应采用汉字,根据需要可与其他文字并用。当标志采用中、英两种文字时,地名应用汉语拼音,专用名词应用英文。因版面规格限制时,部分英文可以采用缩写。

**6.3.5** 警告、禁令、指示标志的板面尺寸和指路标志的文字高度,应由公路的设计速度决定,如表6.3.5-1、表6.3.5-2。指路标志的板面尺寸,还应考虑字符数量、图形符号、其他文字和版面美化等因素,其他文字与汉字高度的关系如表6.3.5-3。

**表6.3.5-1 标志板面与设计速度的关系**

| 设计速度(km/h) | | 120、100 | 80 | 60、40 | 30、20 |
|---|---|---|---|---|---|
| 警告标志 | 三角形边长(cm) | 130 | 110 | 90 | 70 |
| 禁令标志 | 圆形标志外径(cm) | 120 | 100 | 80 | 60 |
| | 三角形边长(cm) | — | — | 90 | 70 |
| | 八角形外径(cm) | — | — | 80 | 60 |
| 指示标志 | 圆形标志外径(cm) | 120 | 100 | 80 | 60 |
| | 正方形边长(cm) | 120 | 100 | 80 | 60 |
| | 长方形边长(cm×cm) | 190×140 | 160×120 | 140×100 | — |
| | 单行线标志长方形边长(cm×cm) | 120×60 | 100×50 | 80×40 | 60×30 |
| | 会车先行标志正方形边长(cm) | — | — | 80 | 60 |

**表6.3.5-2 汉字高度与设计速度的关系**

| 设计速度(km/h) | 120、100 | 80 | 60、40 | 30、20 |
|---|---|---|---|---|
| 汉字高度(cm) | 60~70 | 50~60 | 40~50 | 25~30 |

**表6.3.5-3 其他文字与汉字高度的关系**

| 其他文字 | | 与汉字高度($h$)的关系 |
|---|---|---|
| 拼音字、拉丁字或少数民族文字高 | 大写 | $1/2h$ |
| | 小写 | $1/3h$ |
| 阿拉伯数字 | 字高 | $h$ |
| | 字宽 | $0.6h$ |
| | 笔划粗 | $1/6h$ |
| 公里符号高 | k | $1/2h$ |
| | m | $1/3h$ |

**6.3.6** 地点、距离标志中,地点应放在最左侧,地名由近而远、从上到下排列。如果几个独立的标志板组成一组,则各板的长度应相同。地点、方向标志中,直行标志应设置在最上部,其下为向左、向右可以到达的地点。

**6.3.7** 当路段运行速度与设计速度之差大于20km/h时,宜按运行速度对交通标志的版面规格及视认性加以检验。

## 6.4 支撑方式

**6.4.1** 交通标志的支撑方式可分为柱式、悬臂式、门架式、附着式四种。

**6.4.2** 交通标志支撑方式应根据交通量、车型构成、车道数、沿线构造物分布、风荷载大小以及路侧条件等因素综合确定。

(1)警告、禁令、指示标志和小尺寸指路标志宜采用单柱式支撑方式,中、大型指路标志可采用双柱或多柱式支撑方式。

(2)当符合下列条件时,根据需要可采用悬臂式或门架式等悬空支撑方式(版面内容少时,宜采用悬臂式):

①交通量达到或接近设计通行能力时;

②互通式立交的设计很复杂时;

③单向有三个或三个以上车道时;

④互通式立体交叉间距较近时;

⑤出口为多车道时;

⑥大型车辆所占比例很大时;

⑦穿越多个互通式立体交叉、为保持标志信息设置位置的一致性时;

⑧路侧安装空间不足或受遮挡时;

⑨连接两条高速公路之间的枢纽互通时;

⑩出口匝道为左向出口时;

⑪平面交叉口标志或位于互通式立体交叉减速车道起点处的出口预告标志。

(3)公路沿线设置有上跨天桥等构造物,路侧设置有高挡土墙、照明灯杆等时,交通标志在满足公路建筑限界要求的前提下,可以采用附着式支撑方式。

## 6.5 材料要求

**6.5.1** 反光材料

(1)公路交通标志板均应采用符合现行《公路交通标志反光膜》(GB/T 18833)要求的反光膜或其他逆反射材料制作。

(2)交通标志板采用反光膜材料时,高速公路、一级公路上宜采用一、二级反光膜,二、三级公路的交通标志宜采用三、四级反光膜,四级公路宜采用四、五级反光膜。

(3)门架、悬臂型等悬空类交通标志,宜采用比路侧交通标志等级高的反光膜。

(4)在保证均匀性和条件容许时,可以采用照明或发光二极管增加重要标志的视认效果。

**6.5.2** 标志板

交通标志板可采用铝合金板、挤压成型的铝合金型材、薄钢板、合成树脂类板材等制造，所用材料应符合现行《公路交通标志板》(JT/T 279)的规定，厚度应根据计算确定。

**6.5.3** 支撑结构

(1)交通标志立柱、横梁等可采用钢管、H型钢、槽钢及钢筋混凝土等材料制作，钢管顶端应设置柱帽。钢构件应进行防腐处理。

(2)交通标志应设置钢筋混凝土基础，位于桥梁段的单柱式交通标志可采用钢结构附着在桥梁上。

## 6.6 结构设计

**6.6.1** 设计基本风速应采用当地平坦空旷地面，离地面10m高，重现期为50年10min平均最大风速值，并不得小于22m/s。

**6.6.2** 交通标志结构应按承载能力极限状态和正常使用极限状态进行设计，并应同时满足构造和工艺方面的要求。

**6.6.3** 交通标志的结构重要性系数可分为两个等级：

(1)位于高速公路、一级公路上的悬臂式、门架式交通标志，结构重要性系数 $\gamma_0 = 1.0$；

(2)位于高速公路、一级公路上的其他类型的交通标志及位于其他等级公路上的交通标志，结构重要性系数 $\gamma_0 = 0.9$。

**6.6.4** 交通标志结构的荷载计算与组合、极限状态设计方法、地基基础的设计应符合现行《公路桥涵设计通用规范》(JTG D60)、《公路桥涵地基与基础设计规范》(JTJ 024)、《钢结构设计规范》(GB 50017)和《道路交通标志和标线》(GB 5768)等的规定。

# 7 交通标线

## 7.1 一般规定

**7.1.1** 二级及以上等级的公路应设置交通标线,其他公路宜视需要设置交通标线。交通标线包括各类路面标线、导向箭头、文字标记、立面标记和突起路标等,其分类、定义及颜色应符合现行《道路交通标志和标线》(GB 5768)的有关规定。

**7.1.2** 纵向或横向连续设置的交通标线应根据需要设置排水孔道。

**7.1.3** 设计指导思想

(1)交通标线的设计应能正确引导交通、确保车辆分道行驶、合理利用路面有效面积;

(2)交通标线与交通标志应配合使用,其含义不得相互矛盾;

(3)交通标线所用材料应具有良好的耐久性、抗滑性、施工方便性和经济性,在白天和晚上均应具有良好的可视性。

**7.1.4** 交通标线的设计可按下列顺序实施:

(1)收集相关的公路横断面、降雨量、互通式立体交叉、平面交叉、服务设施、桥梁隧道等基础资料;

(2)综合考虑公路条件、交通流特征、交通管理需要和材料特点等因素,科学、合理地设置交通标线。

## 7.2 设置原则

**7.2.1** 一般路段的交通标线

(1)高速公路和一级公路的一般路段应设置车行道边缘线、车行道分界线;二级及以下等级的双车道公路应设置路面中心线,路面较宽或非机动车较多的路段可设置车行道边缘线。

(2)车行道边缘线应设置于公路两侧紧靠车行道的硬路肩内,不得侵入车行道内。车行道分界线应设置于同向行驶的车行道分界处。

(3)交通标线宽度宜符合表 7.2.1 的规定。

**表 7.2.1 交通标线宽度**

| 设计速度（km/h） | | 车行道边缘线（cm） | 车行道分界线（cm） | 路面中心线（cm） |
|---|---|---|---|---|
| 120、100 | | 20 | 15 | — |
| 80、60 | 高速、一级公路 | 20 | 15 | — |
| | 二级公路 | 15 | 10 | 15 |
| 40、30 | | 15 | 10 | 15 |
| 20 | 双车道 | — | — | 10 |
| | 单车道 | — | — | — |

**7.2.2** 特殊路段的交通标线

(1)经常出现强侧向风的特大桥梁路段、宽度窄于路基的隧道路段、急弯陡坡路段、车行道宽度渐变路段，应设置禁止变换车道线，线宽与车行道分界线一致。

(2)二级及以下等级的公路桥梁段与路基段同宽时，路面中心线在桥梁长度范围应设置双黄中心实线，在桥梁引道两端大于 160m 范围应设置黄色虚实线，如图 7.2.2-1。公路桥梁窄于路基段且宽度小于 6m 时，在桥梁及两端渐变段范围内可不划中心线，如图 7.2.2-2。

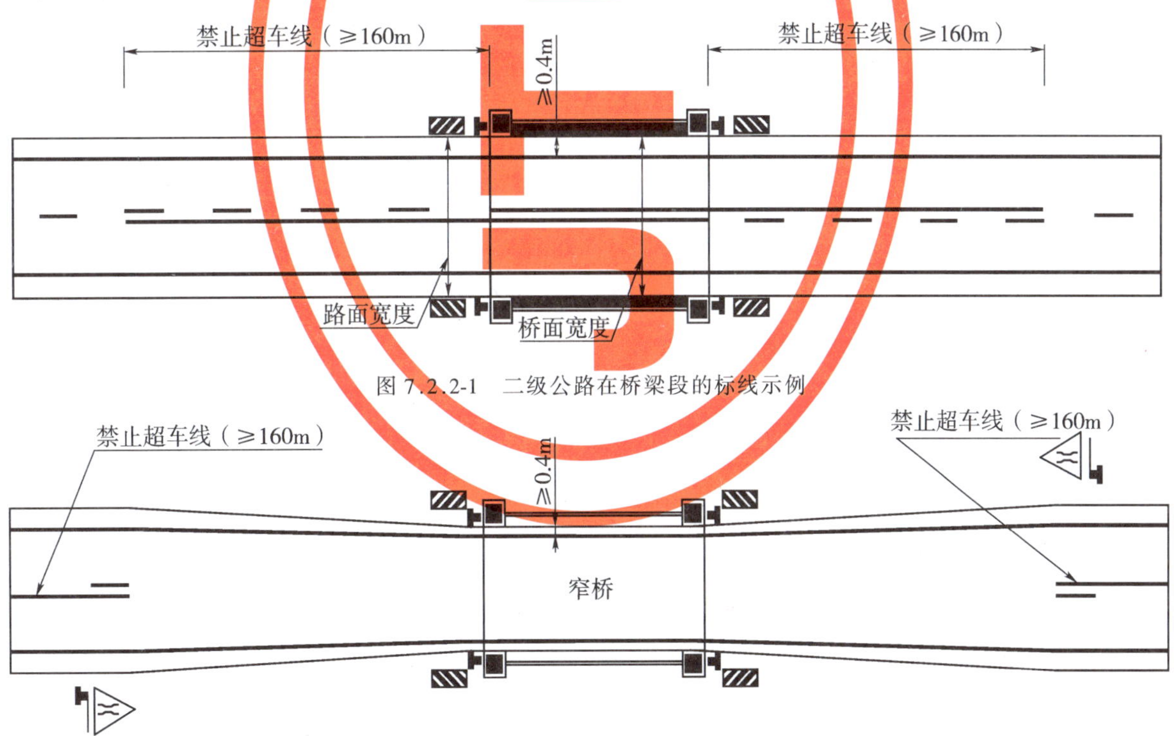


图 7.2.2-1 二级公路在桥梁段的标线示例

图 7.2.2-2 公路窄桥标线示例

(3)宽度窄于路基的隧道入口前 30 ~ 50m 范围的右侧硬路肩内应设置斜向行车方向的斑马线，线宽 45cm，间距 100cm；隧道入口前 50 ~ 100m、出口后 30 ~ 50m 范围的车行道分界处应设置禁止变换车道线，线宽与车行道分界线一致。

(4)爬坡车道处交通标线应连续设置，沿行车方向左侧设置车行道分界线，其宽度、线形应与标准路段的车行道边缘线一致,右侧应设置车行道边缘线,在渐变段处过渡到与标准路段的车行道边缘线相接。

(5)路侧紧急停车带、简易停车区、公共汽车停靠站处交通标线应连续设置,沿行车方向左侧渐变段处设置长100cm、间距100cm的虚线,正常段设置实线,沿行车方向右侧宜设置车行道边缘线,在渐变段处过渡到与标准路段的车行道边缘线相接。虚线、实线的宽度与标准路段的车行道边缘线相同。

(6)路面文字标记应按由近到远的顺序排列,字数不宜超过3个,设置规格应符合表7.2.2的规定。最高限速值应按一个文字处理。

**表 7.2.2　公路路面文字标记规格**

| 设计速度<br>(km/h) | 字高<br>(cm) | 字宽<br>(cm) | 纵向间距<br>(cm) |
|---|---|---|---|
| 120、100 | 900 | 300 | 600 |
| 80、60 | 600 | 200 | 400 |
| 40、30、20 | 300 | 100 | 200 |

(7)位于中央分隔带或路侧安全净区内未加护栏防护的桥墩、隧道洞口、交通标志立柱等构造物应设置立面标记,颜色为黄黑相间,线宽及间距均为15cm。立面标记应向车行道方向以45°角倾斜。立面标记宜设置为120cm高。

(8)二级及以下等级的公路上设置减速丘设施时,应在距其两侧各30m的范围内设置减速丘预告标线,如图7.2.2-3。

(9)需要车辆减速或提醒驾驶员注意安全行车处,可根据需要设置减速标线。

(10)车距确认标线、车行道宽度渐变路段标线、接近障碍物标线等交通标线设置方式应符合现行《道路交通标志和标线》(GB 5768)的有关规定。

**7.2.3**　互通式立体交叉、服务区、停车区出入口交通标线

(1)互通式立体交叉、服务区、停车区出入口交通标线应根据互通式立体交叉、服务区、停车区的型式,准确反映交通流的行驶方向。

(2)互通式立体交叉出入口处,宜设置导向箭头。出口导向箭头的规格、重复设置次数可参考表7.2.3选取。出口导向箭头应以减速车道渐变点为基准点,间距50m。入口导向箭头应以加速车道起点为基准点,视加速车道长度而定,可设三组或两组。

**表 7.2.3　导向箭头的长度及设置次数**

| 设计速度(km/h) | 120、100 | 80、60 | 40、30、20 |
|---|---|---|---|
| 导向箭头的长度(m) | 9 | 6 | 3 |
| 重复设置次数 | ≥3 | 3 | ≥2 |

**7.2.4**　平面交叉渠化标线

(1)二级及以上等级的公路平面交叉应设置渠化标线,其他公路的平面交叉宜设置渠

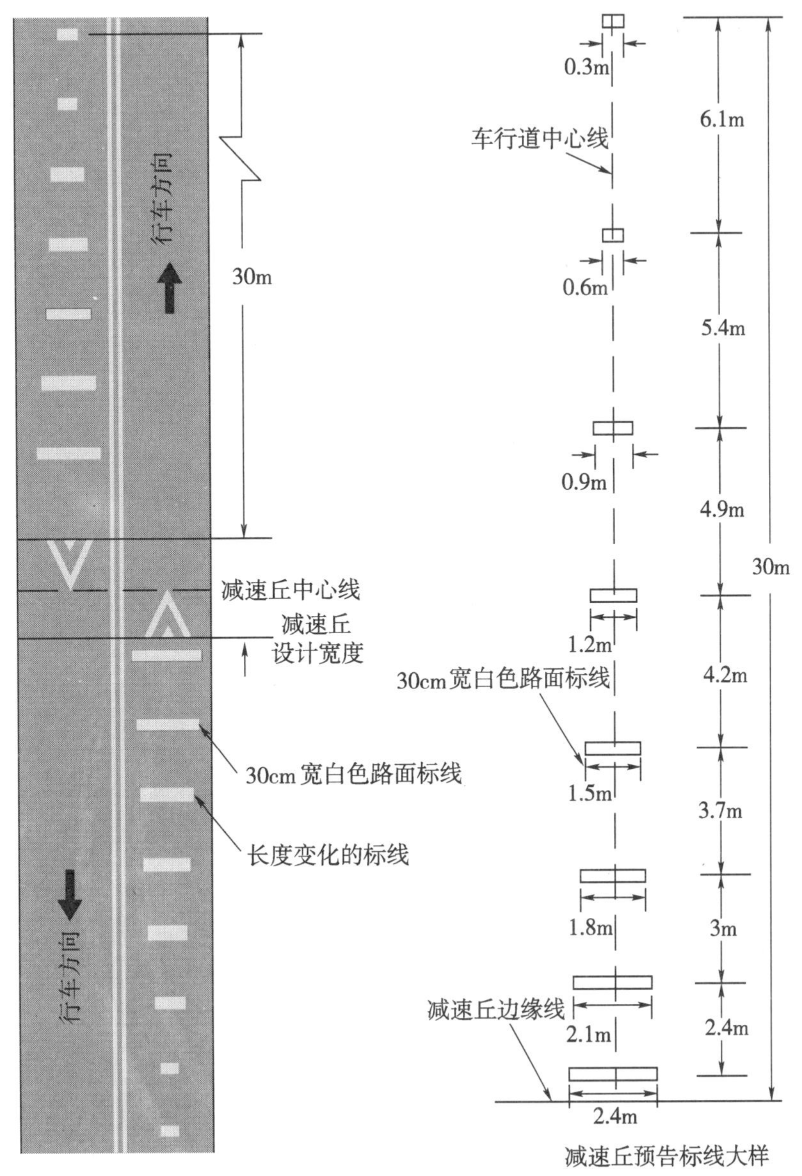


图 7.2.2-3　二级双车道公路减速丘预告标线示例

化标线。导向箭头的规格、重复设置次数可参考表 7.2.3 选取。

(2)平面交叉应根据其型式、车道宽度、交叉公路的优先通行权和各种交通流量的分析结果设置渠化标线。部分示例见附录 D。

**7.2.5**　收费广场交通标线

(1)收费广场进口端应设置减速标线、收费岛路面标线、岛头标线,各条减速标线的设置间距应根据驶入速度、广场长度经计算确定。

(2)收费广场出口端可设置部分车行道分界线。

**7.2.6**　突起路标的设置

(1)下列情况下,应在路面标线的一侧设置突起路标,并不得侵入车行道:

①高速公路的车行道边缘线上;

②一级公路互通式立体交叉、服务区、停车区路段的车行道边缘线上;

③互通式立体交叉匝道出入口路段。

(2)隧道的车行道分界线上宜设置突起路标。

(3)下列情况下,可设置突起路标:

①高速公路的车行道分界线上;

②一级公路的车行道边缘线、车行道分界线上;

③减速标线上;

④二级、三级公路的导流线及小半径平曲线、公路变窄、路面障碍物等危险路段。

(4)突起路标可单独设置成车行道边缘线和车行道分界线。

(5)突起路标的壳体颜色、设置位置、间距应符合现行《道路交通标志和标线》(GB 5768)的规定。

## 7.3 材料选择

**7.3.1** 交通标线涂料可分为液态溶剂型、固态热熔型、液态双组分、液态水性和抗滑型等,其技术要求应符合现行《路面标线涂料》(JT/T 280)和《道路交通标线质量要求和检测方法》(GB/T 16311)的要求。

**7.3.2** 二级及以上等级的公路应采用反光型涂料。无照明设施的三、四级公路宜采用反光型涂料,有照明设施的三、四级公路可采用非反光型涂料。

**7.3.3** 选用标线材料时,应根据标线材料的逆反射值、防滑值、抗污性能、环保性能、与路面的附着力、性价比等综合考虑。

**7.3.4** 标线的厚度应根据其种类、使用位置和施工工艺从表7.3.4中选取。

**表7.3.4 标线的厚度范围**(mm)

<table>
<tr><th>序号</th><th colspan="2">标线种类</th><th>标线厚度范围</th><th>备注</th></tr>
<tr><td>1</td><td colspan="2">溶剂型</td><td>0.3~0.8</td><td>湿膜</td></tr>
<tr><td rowspan="2">2</td><td rowspan="2">热熔型</td><td>普通型、反光型</td><td>0.7~2.5</td><td>干膜</td></tr>
<tr><td>突起型</td><td>3~7</td><td>干膜。若有基线,基线的厚度为1~2</td></tr>
<tr><td>3</td><td colspan="2">双组分</td><td>0.4~2.5</td><td>干膜</td></tr>
<tr><td>4</td><td colspan="2">水性</td><td>0.3~0.8</td><td>湿膜</td></tr>
<tr><td>5</td><td colspan="2">树脂防滑型</td><td>4~5</td><td>骨材粒径2.0~3.3</td></tr>
<tr><td>6</td><td colspan="2">预成型标线带标线</td><td>0.3~2.5</td><td></td></tr>
</table>

**7.3.5** 突起路标应符合现行交通行业标准《突起路标》(JT/T 390)的要求。突起路标与涂料标线配合使用时,应选用定向反光型,其颜色应与标线颜色一致。设置于路面中心线、隧道内的突起路标,应选用双面反光型。

# 8 隔离栅和桥梁护网

## 8.1 一般规定

**8.1.1** 隔离栅和桥梁护网设计指导思想

(1)应以交通安全为原则,有效地阻止人、畜或物品进入公路用地范围或公路建筑限界以内;

(2)隔离栅的高度应以成人高度为参考值,以距地面高 1.5~1.8m 为宜;桥梁护网以距桥面高 1.8~2.1m 为宜;

(3)隔离栅和桥梁护网的结构计算可参考交通标志的相关内容。

**8.1.2** 隔离设施设计可按下列顺序实施

(1)收集公路路侧至公路用地范围内的地形资料和全线管理养护机构的位置、互通式立体交叉、桥隧涵洞、服务设施、沿线城镇村庄分布的资料;

(2)确定合理、有效、美观、经济的设计方案,设计代号见附录 A。

## 8.2 隔离栅

**8.2.1** 设置原则

(1)除特殊路段外,高速公路、需要控制出入的一级公路沿线两侧必须连续设置隔离栅,其他公路可根据需要设置。

(2)凡符合下列条件之一者,可不设置隔离栅:

①高速公路、需要控制出入的一级公路的路侧有水渠、池塘、湖泊等天然屏障的路段;

②高速公路、需要控制出入的一级公路的路侧有高度大于 1.5m 的挡土墙或砌石等陡坎的路段;

③桥梁、隧道等构造物,除桥头、洞口需与路基隔离栅连接以外的路段。

(3)隔离栅遇桥梁、通道时,应在桥头锥坡或端墙处围封。

(4)隔离栅遇尺寸较小、流量不大的涵洞时可直接跨越。

(5)隔离栅的中心线应沿公路用地范围界限以内 20~50cm 处设置。

**8.2.2** 型式选择

(1)隔离栅按网片型式可分为钢板网、编织网、电焊网、刺钢丝网、常青绿篱和隔离墙等。

(2)下列路段可选择钢板网、编织网、电焊网的型式:

①靠近城镇人口稠密地区的路段;

②沿线经过风景区、旅游区、著名地点等的路段;

③互通式立体交叉、服务区、停车区、管理养护机构两侧。

(3)下列路段可选择刺钢丝网的型式:

①人口稀少的路段;

②公路预留地;

③跨越沟渠而需要封闭的路段。

(4)金属网隔离栅可与常绿小乔木或灌木配合使用。

(5)根据需要和当地条件可采用常青绿篱和隔离墙等其他型式的隔离栅。

**8.2.3** 构造要求

(1)隔离栅一般构造见附录E,网孔规格应考虑下列因素并按照现行《隔离栅技术条件》(JT/T 374)的规定选取:

①不利于人为攀越;

②结构整体的配合要求;

③网面的强度;

④性能价格比。

(2)受地形限制、隔离栅前后不能连续设置时,可自然断开,并以该处作为隔离栅的端部。

(3)地形起伏较大时,隔离栅可沿地形顺坡设置卷网,或将地形整修成阶梯状,采用片网。

(4)隔离栅改变方向处应做拐角设计。

(5)根据管理、养护的需要,隔离栅在适当位置应设置可以开启的活动门。

## 8.3 桥梁护网

**8.3.1** 设置原则

(1)上跨高速公路、需要控制出入的一级公路的车行或人行构造物两侧均应设置桥梁护网,其设置范围为下穿公路宽度并各向路外延长10m。

(2)公路跨越铁路、通航河流、交通量较大的其他公路时,应根据需要设置桥梁护网。

**8.3.2** 型式选择

(1)桥梁护网按网片型式可分为钢板网、编织网、电焊网、实体板等。

(2)选择桥梁护网型式时,必须考虑其强度、美观性、与公路周围环境的协调性、施工养护的方便性等因素。

**8.3.3** 构造要求

(1)桥梁护网所采用的金属网的型式可与隔离栅相同,其网孔规格不宜大于 50mm×100mm。

(2)桥梁护网应做防雷接地处理,接地电阻应小于 10Ω。

# 9　防眩设施

## 9.1　一般规定

**9.1.1**　防眩设施主要包括防眩板、防眩网和植树防眩三种型式。

**9.1.2**　防眩设施设计指导思想：

(1)防眩设施应按部分遮光原理设计，直线路段遮光角不应小于8°，平、竖曲线路段遮光角应为8°~15°。

(2)设置防眩设施不应减少公路的停车视距。

(3)防眩设施所用材料不得反光。

(4)防眩设施结构计算可参考交通标志的相关内容。

**9.1.3**　防眩设施设计可按下列顺序实施：

(1)收集公路沿线中央分隔带宽度、护栏结构型式、各类构造物及相邻路网的分布数据、公路平纵曲线数据。

(2)确定防眩设施实施地点和实施方案，设计代号见附录A。

## 9.2　遮光角计算

**9.2.1**　直线路段遮光角 $\beta_0$ 如图9.2.1，应按式(9.2.1)计算。

$$\beta_0 = \tan^{-1}\left(\frac{b}{L}\right) \tag{9.2.1}$$

式中：$b$——防眩板的宽度(m)；

$L$——防眩板的纵向间距(m)。

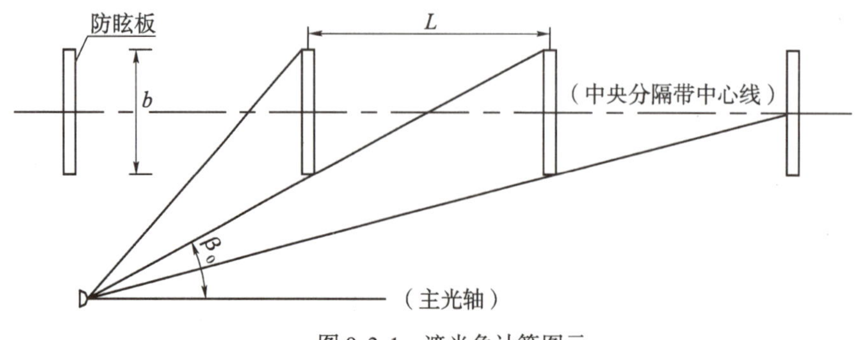


图9.2.1　遮光角计算图示

**9.2.2** 平曲线路段遮光角 $\beta$ 应按式(9.2.2)计算。

$$\beta = \cos^{-1}\left(\frac{R - B_3}{R}\cos\beta_0\right) \tag{9.2.2}$$

式中：$R$——平曲线半径(m)；

$B_3$——车辆驾驶员与防眩设施的横向距离(m)。

## 9.3 设置原则

**9.3.1** 高速公路、一级公路凡符合下列条件之一者，应设置防眩设施：

(1)中央分隔带宽度小于 9m 的路段；

(2)夜间交通量较大，服务水平达到二级以上的路段；

(3)圆曲线半径小于一般值的路段；

(4)凹形竖曲线半径小于一般值的路段；

(5)公路路基横断面为分离式断面，上下车行道高差小于或等于 2m 时；

(6)与相邻公路或交叉公路有严重眩光影响的路段；

(7)连拱隧道进出口附近。

**9.3.2** 非控制出入的一级公路平面交叉、中央分隔带开口两侧各 100m(设计速度大于或等于 80km/h)或 60m(设计速度 60km/h)范围内可逐渐降低防眩设施的高度，由正常高度降至开口处的 0 高度，否则不宜设置防眩设施。

**9.3.3** 公路沿线有连续照明设施的路段，可不设置防眩设施。

**9.3.4** 防眩设施连续设置时，应符合下列规定：

(1)应避免在两段防眩设施中间留有短距离间隙。

(2)各结构段应相互独立，每一结构段的长度不宜大于 12m。

(3)结构型式、设置高度、设置位置发生变化时应设置渐变过渡段，过渡段长度以 50m 为宜。

## 9.4 型式选择

**9.4.1** 选择防眩设施型式时，应针对公路的平纵线形、气候条件，充分比较各种防眩设施的性能，分析行驶安全感、压迫感、景观要求，并考虑与公路周围环境的协调，结合经济性、施工条件及养护维修等因素综合确定。

**9.4.2** 高速公路、一级公路宜采用防眩板和植树两种方式交替设置进行防眩。在进行技术经济论证后，也可采用其他的防眩形式。

**9.4.3** 中央分隔带护栏间距小于树冠直径时,或植树对中央分隔带通信管道有影响时不宜采用植树防眩。

## 9.5 构造要求

**9.5.1** 防眩板宽度可采用 8 ~ 25cm,间距为 50 ~ 100cm,所用材料应符合现行《公路防眩设施技术条件》(JT/T 333)的规定;植树防眩的树丛间距应根据树冠有效直径经计算确定。

**9.5.2** 防眩设施的高度可按式(9.5.2)计算:

(1)直线路段防眩设施的高度 $H$:

$$H = h_1 + (h_2 - h_1)B_1/B \tag{9.5.2}$$

式中:$h_1$——汽车前照灯高度(m),如表 9.5.2;

$h_2$——司机视线高度(m), 如表 9.5.2;

$B_1$、$B_2$——分别为车行道上车辆距防眩设施中心线的距离(m),$B = B_1 + B_2$,如图 9.5.2。

**表 9.5.2 驾驶员视线高度和前照灯的高度值**

| 车　种 | 视线高度 $h_2$(m) | 前照灯高度 $h_1$(m) |
|---|---|---|
| 大型车 | 2.0 | 1.0 |
| 小型车 | 1.30 | 0.8 |

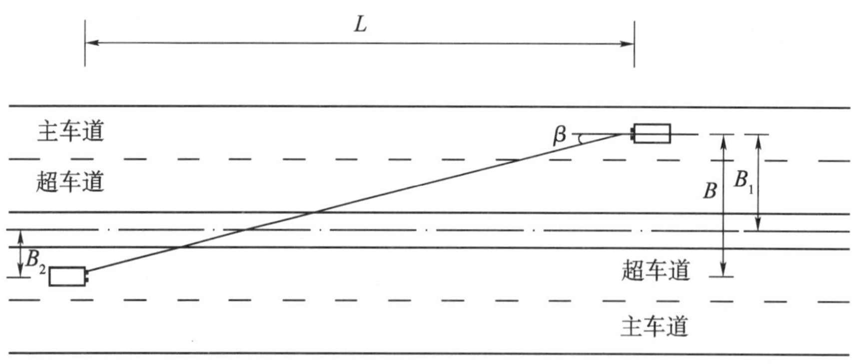


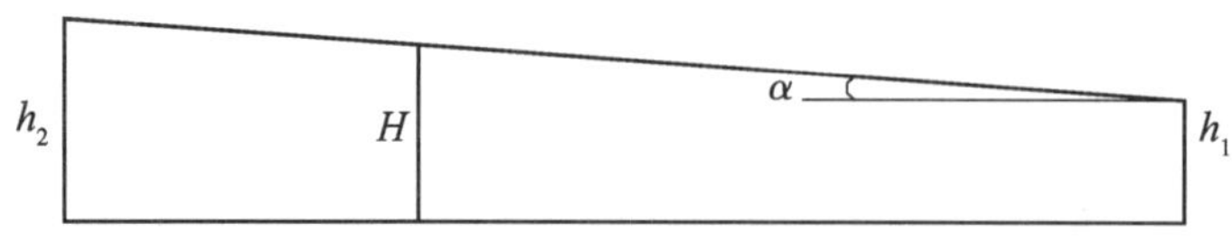


图 9.5.2 防眩设施最小高度计算图式

(2)在竖曲线路段,当竖曲线半径小于现行《公路工程技术标准》(JTG B01)所规定的一般最小半径时,应根据竖曲线路段前后纵坡的大小计算防眩设施的高度是否满足遮光要求。

**9.5.3** 防眩板与护栏配合设置时,其结构处理应满足以下规定:

(1)防眩板固定在混凝土护栏顶部时,可按独立结构段为单位进行安装。

(2)防眩板与波形梁护栏配合设置时,可通过连接件将防眩板架设在护栏上,或通过立柱将防眩板埋设于中央分隔带上。

(3)防眩设施与护栏组合设置后,不应影响护栏的正常使用功能。

**9.5.4** 采用植树防眩时,应根据当地气候条件,选择易成活、根系发达且对埋土深度要求较浅、枝叶茂密、落叶少、养护工作量少的树种。

# 10 轮廓标

## 10.1 一般规定

**10.1.1** 轮廓标反射体的颜色分为白色和黄色。按行车方向,配置白色反射体的轮廓标应安装于公路右侧,配置黄色反射体的轮廓标应安装于公路左侧。轮廓标不得侵入公路建筑限界以内。

**10.1.2** 轮廓标设计指导思想:

(1)轮廓标反射体,在正常的入射角、观察角条件下,必须保持恒定的、充足的亮度,应能满足大、小型车在近光和远光灯照射下的识别和确认要求。

(2)轮廓标应能满足降雨、降雪等特殊天气条件下显示公路轮廓的功能要求。

**10.1.3** 轮廓标设计可按下列顺序实施:

(1)收集公路沿线各类护栏的设置资料及桥隧构造物的分布资料。

(2)确定轮廓标的设置型式及间距,设计代号见附录 A。

## 10.2 设置原则

**10.2.1** 高速公路、一级公路的主线及其互通式立体交叉、服务区、停车区等处的进出匝道,应全线连续设置轮廓标。轮廓标在公路前进方向左、右侧对称设置。直线路段设置间距不应超过 50m,曲线路段和匝道处设置间距不应大于表 10.2.1 的规定。公路路基宽度、车道数量有变化的路段及竖曲线路段, 可适当加密轮廓标的间隔。

**表 10.2.1 曲线路段、匝道处轮廓标的设置间距**

| 曲线半径(m) | ≤89 | 90~179 | 180~274 | 275~374 | 375~999 | 1 000~1 999 | ≥2 000 |
|---|---|---|---|---|---|---|---|
| 设置间距(m) | 8 | 12 | 16 | 24 | 32 | 40 | 48 |

**10.2.2** 二级及以下等级公路的视距不良路段、设计速度大于或等于 60km/h 的路段、车道数或车道宽度有变化的路段及连续急弯陡坡路段宜设置轮廓标,其他路段视需要可设置轮廓标,设置间距可按表 10.2.1 的规定选用。

**10.2.3** 安装轮廓标时,反射体应面向交通流,其表面法线应与公路中心线成 0°~25°

的角度。

**10.2.4** 各种类型的轮廓标设置高度宜保持一致，轮廓标反射体中心线距路面的高度应为60～70cm。有特殊需要时，经论证可以采用其他高度。

## 10.3 型式选择

**10.3.1** 轮廓标按设置条件可分为柱式轮廓标和附着式轮廓标两类。

**10.3.2** 根据路侧设置的不同护栏型式及结构物的分布，轮廓标可分别附着于波形梁护栏、混凝土护栏、隧道侧墙和缆索护栏上，其他没有设置护栏的路段可设置柱式轮廓标。

**10.3.3** 双向行驶的公路和隧道两侧需要设置轮廓标时，应设置双向反光轮廓标。

## 10.4 构造要求

**10.4.1** 设置于土中的柱式轮廓标，由柱体、反射体组成。柱体为白色，反射体规格为4cm×18cm，可由反光片、反光膜制作，反光等级应为二级以上。

**10.4.2** 附着式轮廓标由反射体、支架和连接件组成。反射体可由反光片、反光膜制作，反光等级应为二级以上。

**10.4.3** 在气候条件恶劣、线形条件复杂的路段应设置反光性能高、反射体尺寸较大的轮廓标。

# 11 活动护栏

## 11.1 一般规定

**11.1.1** 活动护栏应有效地阻止非紧急车辆在中央分隔带开口处的通行。

**11.1.2** 活动护栏应便于移动。

## 11.2 设置原则

**11.2.1** 高速公路的中央分隔带开口处必须设置活动护栏。

**11.2.2** 设有中间带的一级公路在禁止车辆掉头的中央分隔带开口处应设置活动护栏。

**11.2.3** 活动护栏应设置在中央分隔带开口处的公路中心线位置,设置的长度应能有效封闭中央分隔带开口。

**11.2.4** 活动护栏的设置高度应与中央分隔带护栏的高度协调一致。

**11.2.5** 活动护栏上部应设置轮廓标或反射体。设置反射体时,规格为 4cm × 18cm,可由反光片或反光膜制作,反光等级应为二级以上,颜色和设置高度应与中央分隔带轮廓标保持一致。

**11.2.6** 位于有防眩要求路段的活动护栏上宜设置防眩设施。

## 11.3 型式选择

**11.3.1** 活动护栏可分为插拔式活动护栏和充填式活动护栏两种构造型式。

**11.3.2** 选择活动护栏型式时,应根据所在地区的气候特点、所在位置的公路条件综合确定。

## 11.4 构造要求

**11.4.1** 插拔式活动护栏由护栏片、反射体、预埋基础等组成，其中护栏片由直管、弯管、立柱等钢管构件焊接而成，如图 11.4.1-1。插拔式活动护栏的每片长度应在 2～2.5m 之间。基础可采用预埋套管或抽换式立柱基础，基础混凝土的强度等级不得低于 C20。插拔式活动护栏的基础套管顶面高程应高出路面 20mm 左右，在套管周边可设置混凝土斜坡，如图 11.4.1-2。

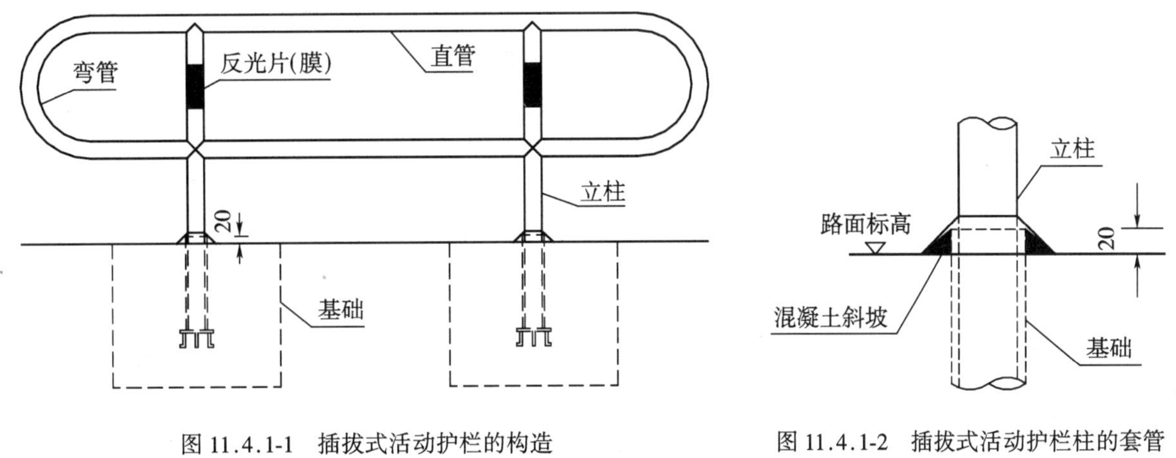


图 11.4.1-1 插拔式活动护栏的构造（尺寸单位：mm）

图 11.4.1-2 插拔式活动护栏柱的套管构造（尺寸单位：mm）

**11.4.2** 充填式活动护栏由多块护栏预制块连接而成。护栏预制块可采用塑料或玻璃钢制作，断面型式可采用 F 型或单坡型混凝土护栏的断面型式，预制块中空，可以充填水或细砂，如图 11.4.2。充填式活动护栏预制块的每块长度不应小于 2m，在两端应设置便于护栏块连接的企口。

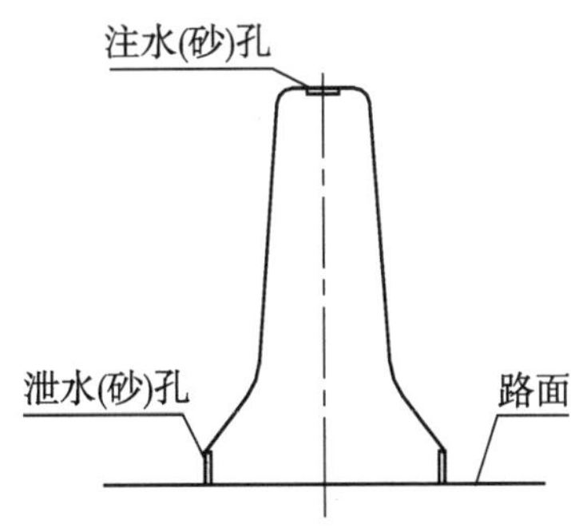


图 11.4.2 充填式活动护栏的构造

# 附录A　公路交通安全设施设计代号及示例

## A.1　护栏设计代号及示例

**A.1.1**　设置于公路路基上的护栏代号由护栏构造型式代号、防撞等级代号、埋设条件代号三部分组成,各种代号规定如下:

(1)护栏构造型式代号

Gr——波形梁护栏

Grd——组合型波形梁护栏

Gc——缆索护栏

RrF——现浇F型混凝土护栏

RrS——现浇单坡型混凝土护栏

RrI——现浇加强型混凝土护栏

RpF——预制F型混凝土护栏

RpS——预制单坡型混凝土护栏

RpI——预制加强型混凝土护栏

(2)防撞等级代号

B——路侧B级

A——路侧A级

SB——路侧SB级

SA——路侧SA级

SS——路侧SS级

Am——中央分隔带Am级

SBm——中央分隔带SBm级

SAm——中央分隔带SAm级

(3)埋设条件代号

nE——埋设于土中,柱距为 $n$ 米

$E_1$——混凝土护栏，埋置在土中

$E_2$——混凝土护栏，与下部构造物连接

nB1——埋设于小桥、通道、明涵结构物中,采用预埋套筒的基础处理方式,柱距为 $n$ 米

nB2——埋设于小桥、通道、明涵结构物中,采用预埋地脚螺栓的基础处理方式,柱距为 $n$ 米

nC——埋设于独立设置的混凝土基础中,柱距为 $n$ 米

(4)标注方法

①通式

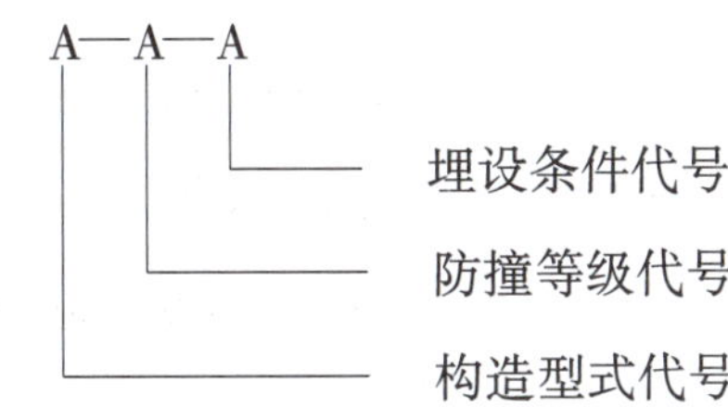


②示例

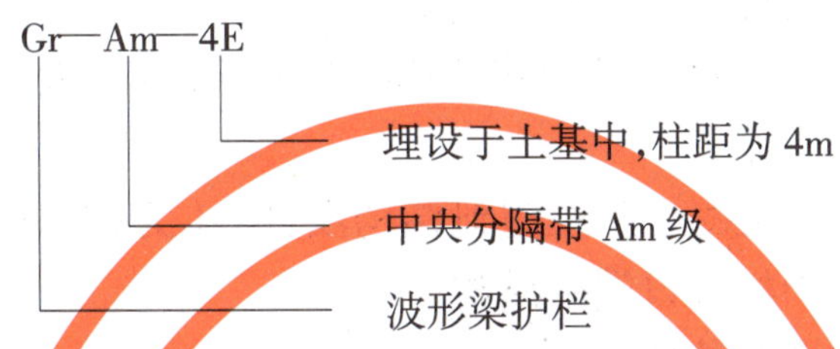


**A.1.2** 设置于公路桥梁上的护栏代号由构造型式代号、防撞等级代号、埋设条件代号三部分组成,各种代号规定如下:

(1)构造型式代号

Bp——梁柱式护栏

Rcw——钢筋混凝土墙式护栏

Cm——组合式护栏

(2)防撞等级代号

B——路侧B级

A——路侧A级

SB——路侧SB级

SA——路侧SA级

SS——路侧SS级

Am——中央分隔带Am级

SBm——中央分隔带SBm级

SAm——中央分隔带SAm级

(3)埋设条件代号

B——埋设于混凝土中

Fp——桥梁护栏通过法兰盘与桥面板连接

(4)标注方法

①通式

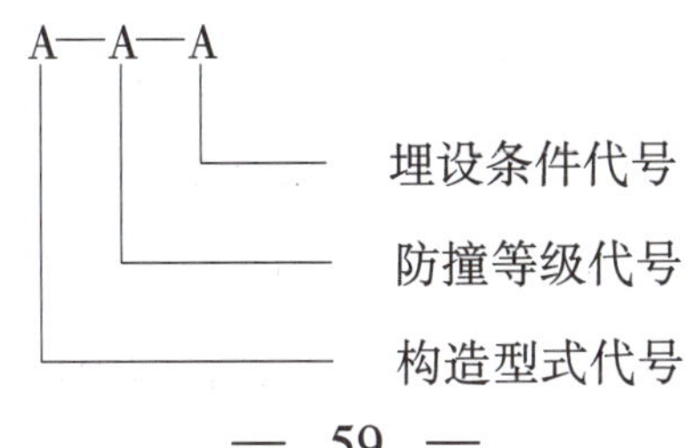

②示例

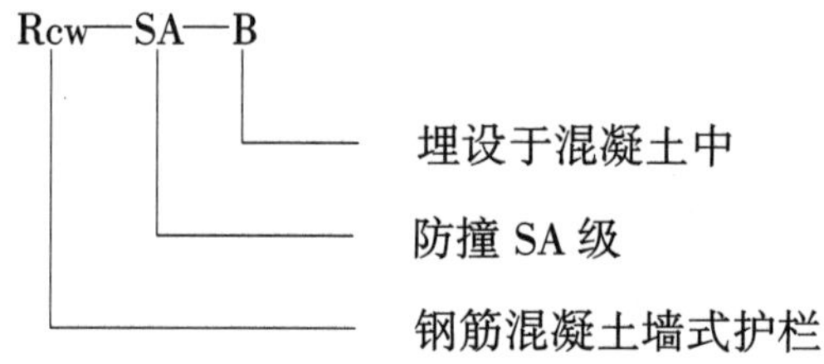


**A.1.3** 护栏端部及过渡处理的代号规定如下:

AT1——路侧上游端头:AT1-1 为外展地锚式;AT1-2 为外展圆头式

AT2——路侧下游圆形端头

BT——波形梁护栏与混凝土护栏过渡结构段:BT-1 为端部翼墙式;BT-2 为搭接式

CT——中央分隔带护栏开口端部结构

DT——护栏三角端端部结构

ET——紧急电话处护栏端部结构

FT——隧道洞口处端部结构

## A.2 隔离栅和桥梁护网设计代号及示例

**A.2.1** 隔离设施的代号由隔离栅代号、构造型式代号、埋设代号三部分组成,各种代号规定如下:

(1)隔离栅代号

F——隔离栅

(2)构造型式代号

Em——钢板网

Ww——焊接网

Wn——编织网

Bw——刺钢丝

Wb——砌墙

(3)埋设条件代号

E——埋设于土中

C——埋设于混凝土中

(4)标注方法

①通式

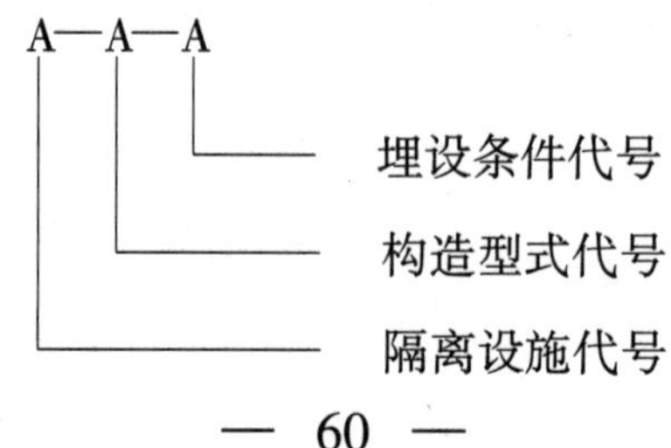

②示例

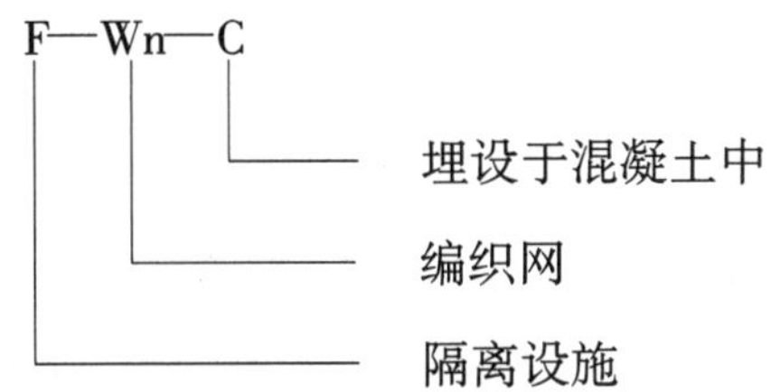


**A.2.2** 桥梁护网的代号由构造型式代号、埋设代号组成,规定如下:

(1)桥梁护网代号

Bf——桥梁护网

(2)构造型式代号

Em——钢板网

Ww——焊接网

Wn——编织网

Mp——金属板

(3)埋设条件代号

B——埋设或附着于上跨构造物上

(4)标注方法

①通式

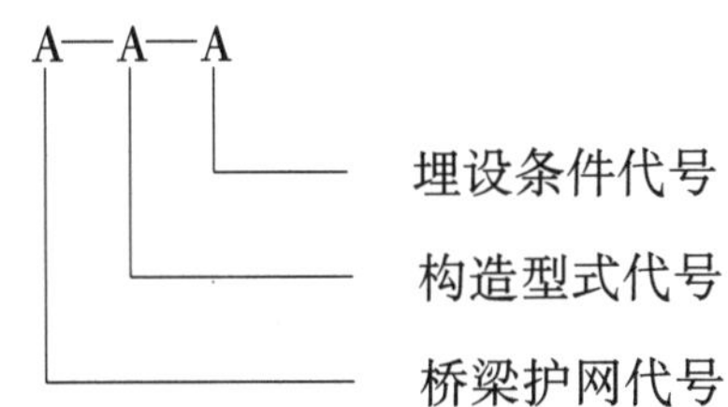


②示例

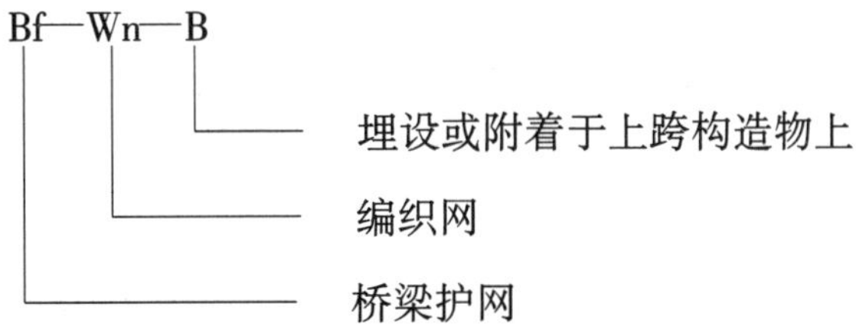


## A.3 防眩设施设计代号及示例

**A.3.1** 防眩设施的代号由构造型式代号和设置条件代号组成,各种代号规定如下:

(1)防眩设施代号

Gs——防眩设施

(2)构造型式代号

P——防眩板

N——防眩网

(3)埋设条件代号

E——埋设于土中

C——埋设于混凝土中

Gw——设置在混凝土护栏上

Gr——设置在波形梁护栏上

(4)标注方法

①通式

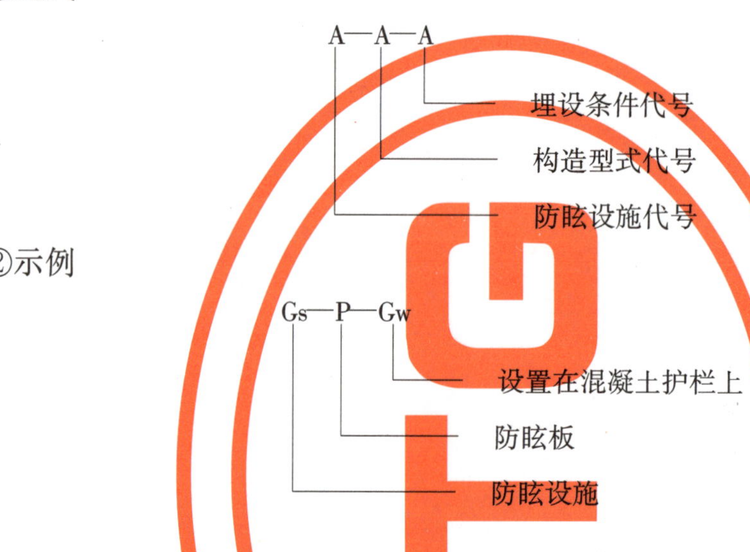


②示例

## A.4 轮廓标设计代号及示例

**A.4.1** 轮廓标的代号由构造型式代号和设置条件代号组成,各种代号规定如下:

(1)轮廓标代号

De——轮廓标

(2)构造型式代号

Rbw——白色反射片

Rby——黄色反射片

Rsw——白色反光膜

Rsy——黄色反光膜

(3)埋设条件代号

E——埋设于土中

At——附着式

At1——附着于波形梁护栏上

At2——附着于混凝土护栏上

At3——附着于侧墙上

At4——附着于缆索护栏上

(4)标注方法

①通式

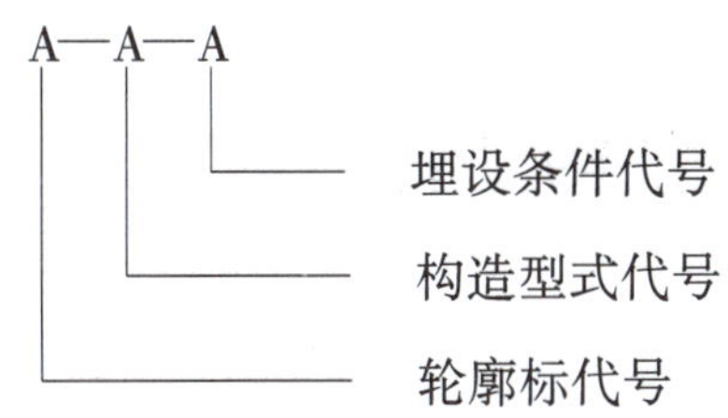


②示例

# 附录B 缆索护栏一般构造图

**B.1 B级缆索护栏一般构造图**

**B.2 A级缆索护栏一般构造图**

**B.3 B级缆索护栏中间端部一般构造图**

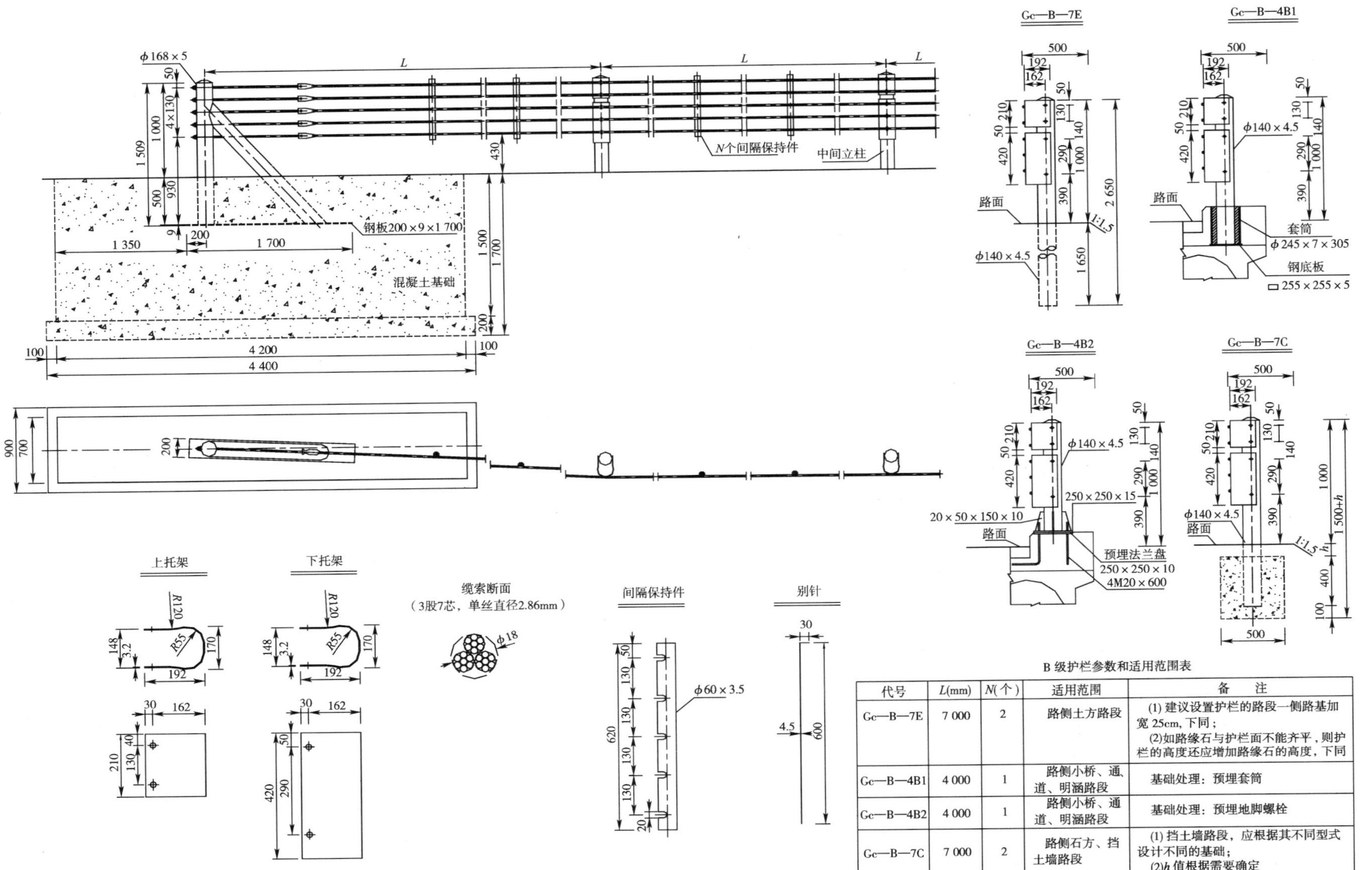


B级护栏参数和适用范围表

| 代号 | L(mm) | N(个) | 适用范围 | 备注 |
|---|---|---|---|---|
| Gc—B—7E | 7 000 | 2 | 路侧土方路段 | (1) 建议设置护栏的路段一侧路基加宽 25cm, 下同；<br>(2)如路缘石与护栏面不能齐平，则护栏的高度还应增加路缘石的高度，下同 |
| Gc—B—4B1 | 4 000 | 1 | 路侧小桥、通道、明涵路段 | 基础处理：预埋套筒 |
| Gc—B—4B2 | 4 000 | 1 | 路侧小桥、通道、明涵路段 | 基础处理：预埋地脚螺栓 |
| Gc—B—7C | 7 000 | 2 | 路侧石方、挡土墙路段 | (1) 挡土墙路段，应根据其不同型式设计不同的基础；<br>(2)h 值根据需要确定 |

图 B.1　B 级缆索护栏一般构造图(尺寸单位:mm)

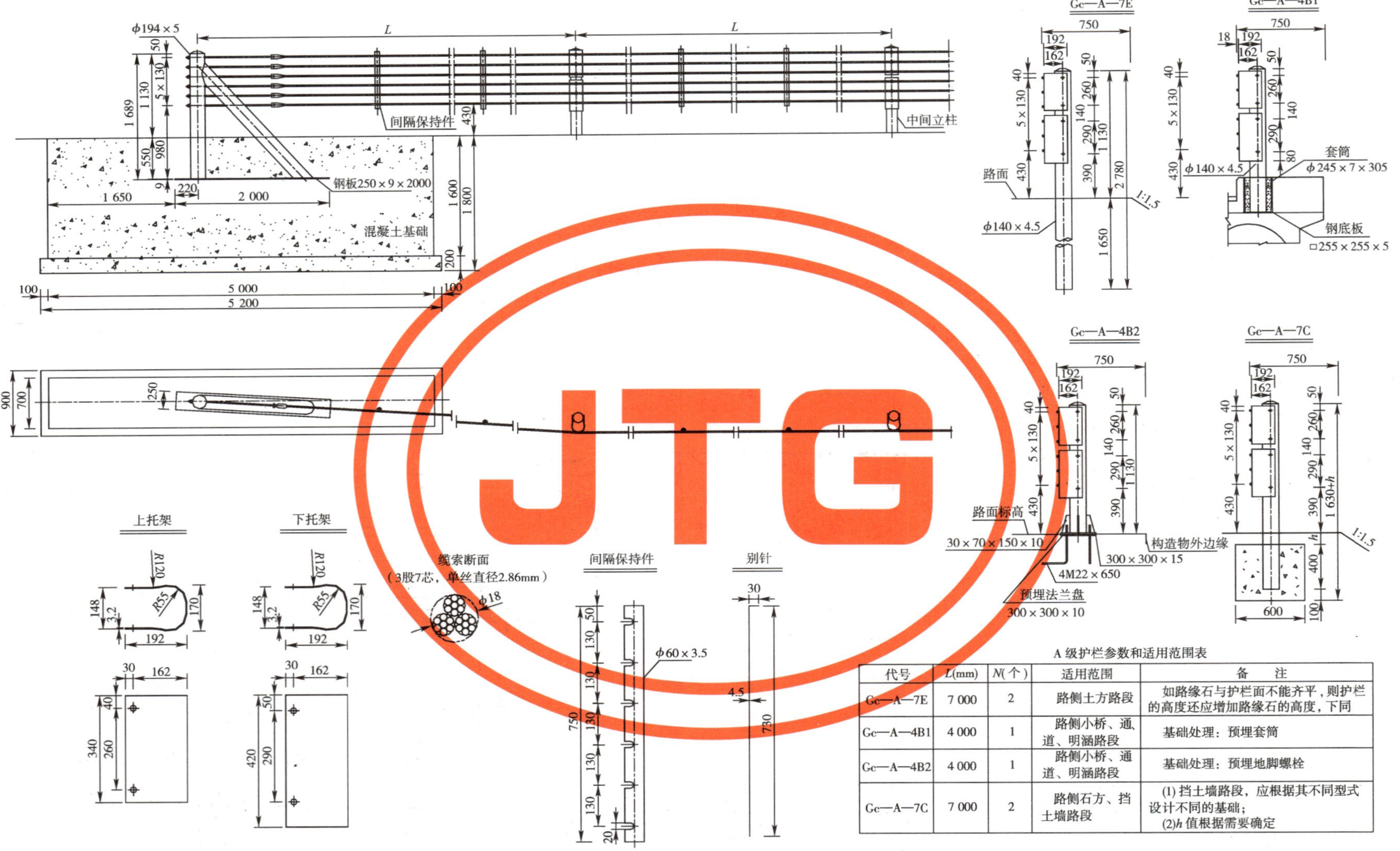


A 级护栏参数和适用范围表

| 代号 | L(mm) | N(个) | 适用范围 | 备注 |
|---|---|---|---|---|
| Gc—A—7E | 7 000 | 2 | 路侧土方路段 | 如路缘石与护栏面不能齐平，则护栏的高度还应增加路缘石的高度，下同 |
| Gc—A—4B1 | 4 000 | 1 | 路侧小桥、通道、明涵路段 | 基础处理：预埋套筒 |
| Gc—A—4B2 | 4 000 | 1 | 路侧小桥、通道、明涵路段 | 基础处理：预埋地脚螺栓 |
| Gc—A—7C | 7 000 | 2 | 路侧石方、挡土墙路段 | (1)挡土墙路段，应根据其不同型式设计不同的基础；(2)h 值根据需要确定 |

图 B.2 A 级缆索护栏一般构造图(尺寸单位:mm)

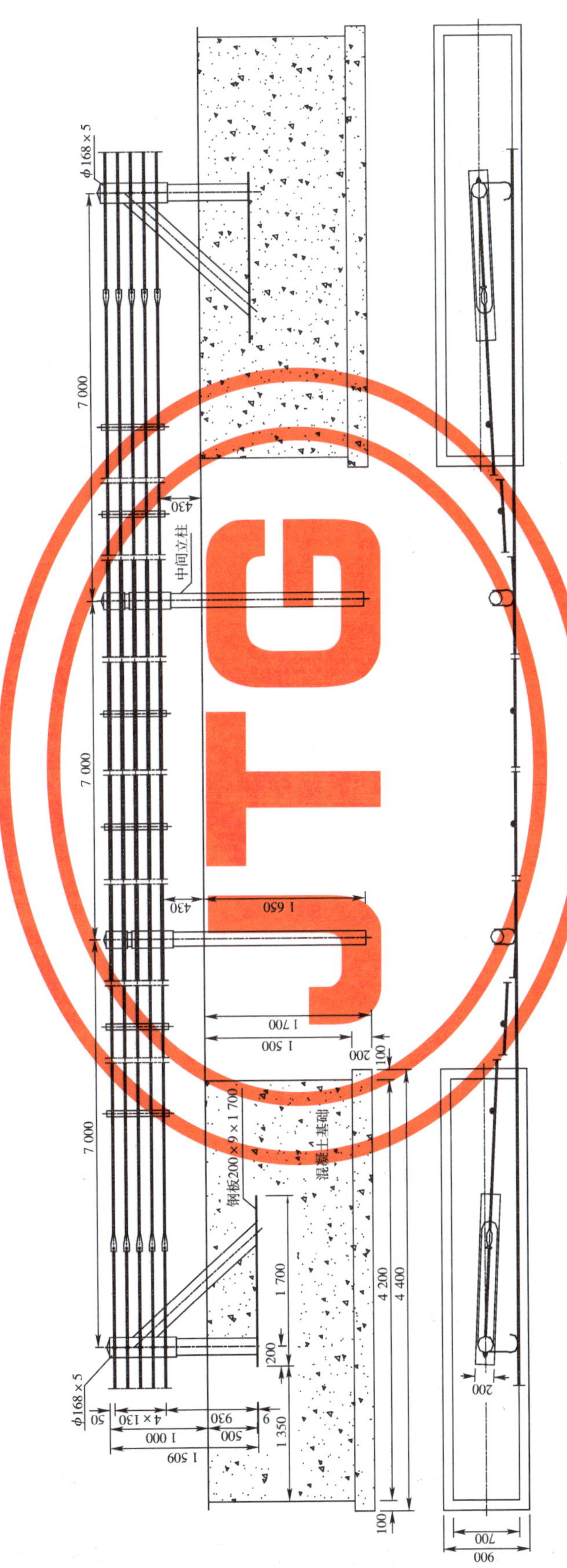


图 B.3 B级缆索护栏中间端部一般构造图(尺寸单位:mm)

注:如路缘石与护栏面不能齐平,则护栏的高度还应增加路缘石的高度。

# 附录C　波形梁护栏一般构造图

**C.1　B级波形梁护栏一般构造图**

**C.2　A级波形梁护栏一般构造图**

**C.3　SB级波形梁护栏一般构造图**

**C.4　SA级波形梁护栏一般构造图**

**C.5　SS级波形梁护栏一般构造图**

**C.6　Am级波形梁护栏一般构造图**(分设型)

**C.7　Am级波形梁护栏一般构造图**(组合型)

**C.8　SBm级波形梁护栏一般构造图**

**C.9　SAm级波形梁护栏一般构造图**

**C.10　外展地锚式端头结构图示例**

**C.11　外展圆头式端头结构图示例**

**C.12　中央分隔带分设型护栏端头构造图示例**

**C.13　三角地带护栏布设图示例**

**C.14　紧急电话处护栏端部处理结构图示例**

**C.15　隧道洞口处护栏端部处理结构图示例**

**C.16　桥梁钢筋混凝土墙式护栏与路基波形梁护栏过渡段结构**(BT-1)

**C.17　桥梁钢筋混凝土墙式护栏与路基波形梁护栏过渡段结构**(BT-2)

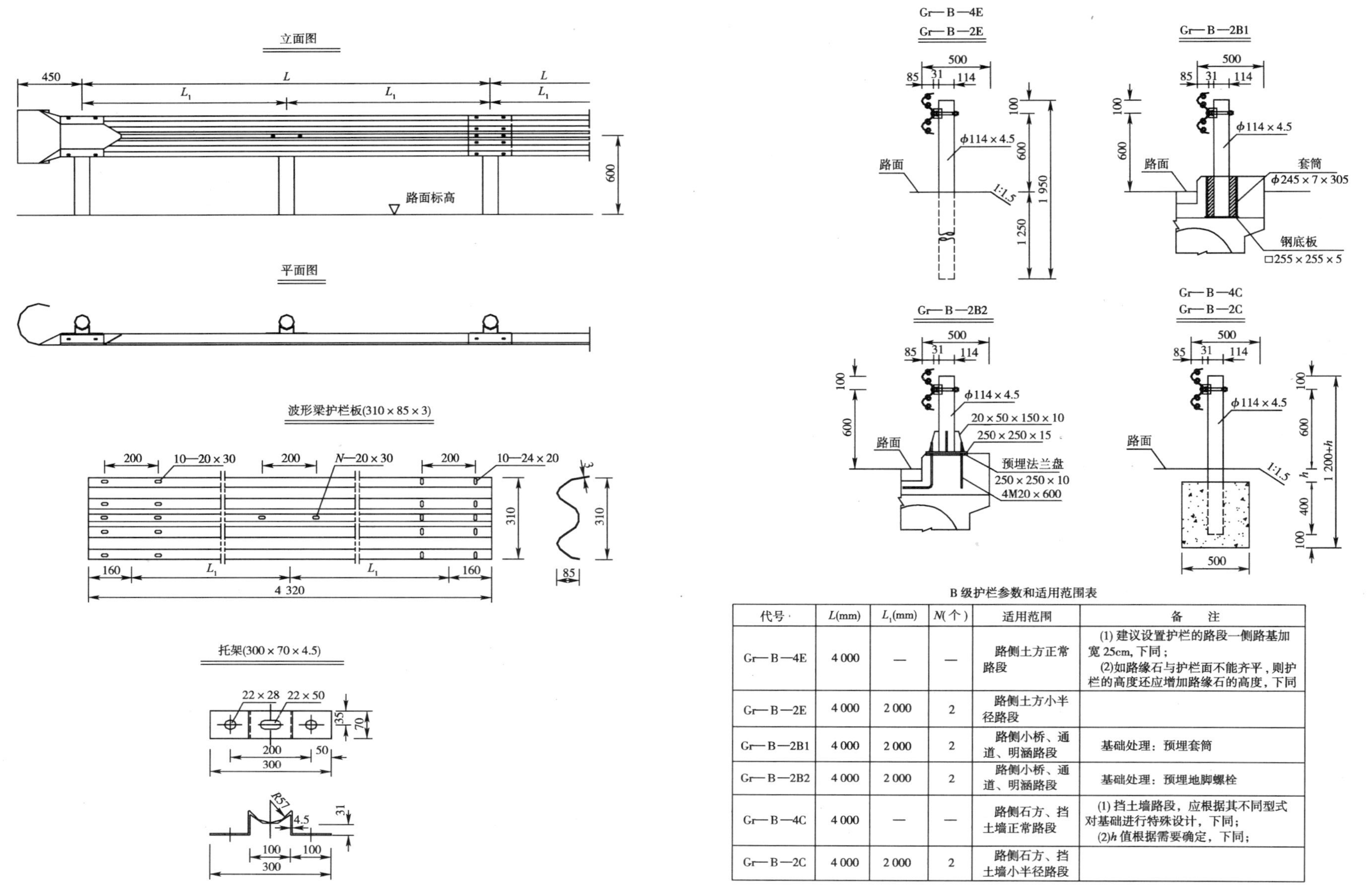


B级护栏参数和适用范围表

| 代号 | L(mm) | $L_1$(mm) | N(个) | 适用范围 | 备注 |
|---|---|---|---|---|---|
| Gr—B—4E | 4 000 | — | — | 路侧土方正常路段 | (1) 建议设置护栏的路段一侧路基加宽 25cm，下同；(2)如路缘石与护栏面不能齐平，则护栏的高度还应增加路缘石的高度，下同 |
| Gr—B—2E | 4 000 | 2 000 | 2 | 路侧土方小半径路段 | |
| Gr—B—2B1 | 4 000 | 2 000 | 2 | 路侧小桥、通道、明涵路段 | 基础处理：预埋套筒 |
| Gr—B—2B2 | 4 000 | 2 000 | 2 | 路侧小桥、通道、明涵路段 | 基础处理：预埋地脚螺栓 |
| Gr—B—4C | 4 000 | — | — | 路侧石方、挡土墙正常路段 | (1) 挡土墙路段，应根据其不同型式对基础进行特殊设计，下同；(2)h 值根据需要确定，下同； |
| Gr—B—2C | 4 000 | 2 000 | 2 | 路侧石方、挡土墙小半径路段 | |

图 C.1　B级波形梁护栏一般构造图(尺寸单位:mm)

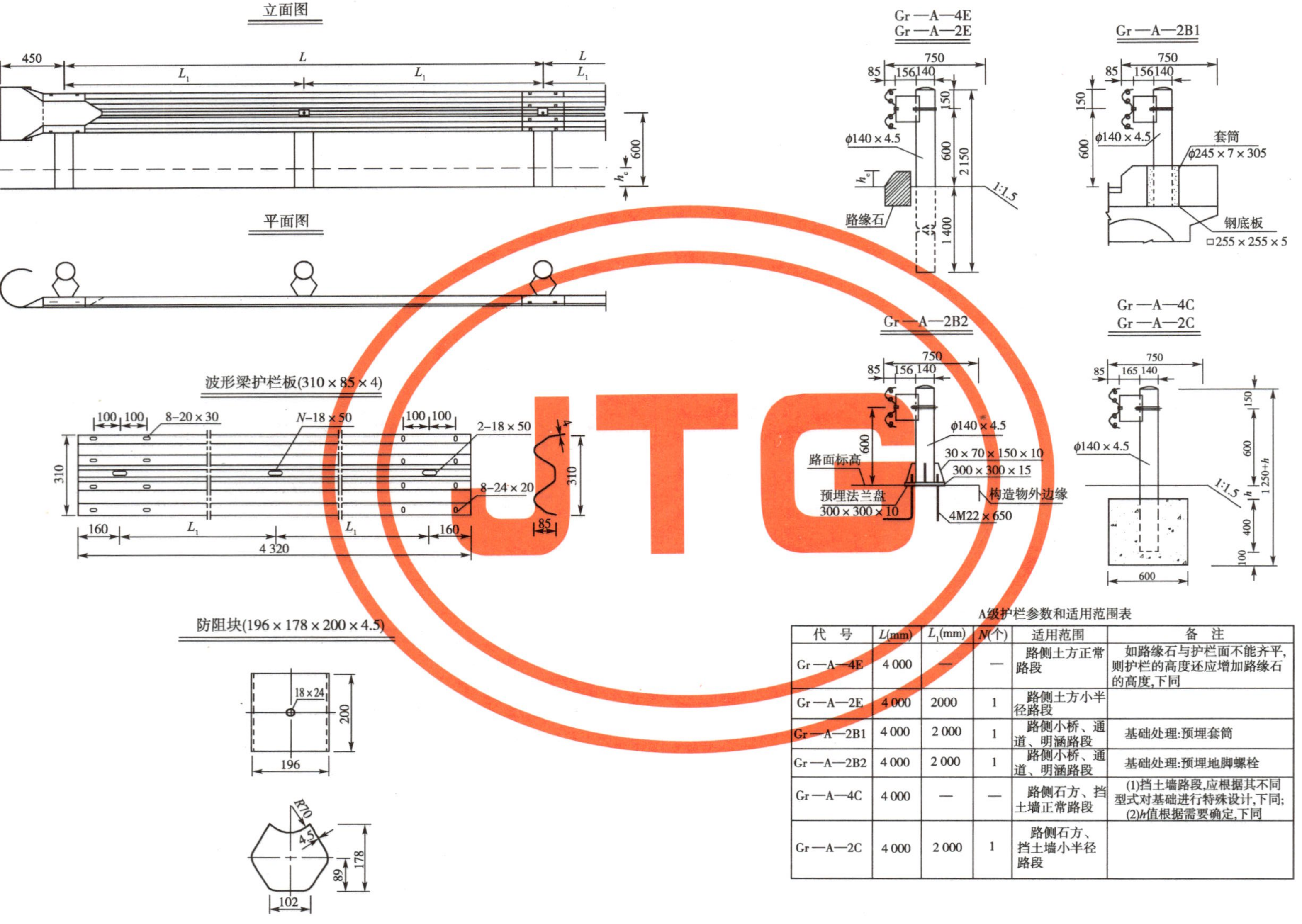


A级护栏参数和适用范围表

| 代号 | $L$(mm) | $L_1$(mm) | $N$(个) | 适用范围 | 备注 |
|---|---|---|---|---|---|
| Gr—A—4E | 4 000 | — | — | 路侧土方正常路段 | 如路缘石与护栏面不能齐平,则护栏的高度还应增加路缘石的高度,下同 |
| Gr—A—2E | 4 000 | 2000 | 1 | 路侧土方小半径路段 | |
| Gr—A—2B1 | 4 000 | 2 000 | 1 | 路侧小桥、通道、明涵路段 | 基础处理:预埋套筒 |
| Gr—A—2B2 | 4 000 | 2 000 | 1 | 路侧小桥、通道、明涵路段 | 基础处理:预埋地脚螺栓 |
| Gr—A—4C | 4 000 | — | — | 路侧石方、挡土墙正常路段 | (1)挡土墙路段,应根据其不同型式对基础进行特殊设计,下同;(2)$h$值根据需要确定,下同 |
| Gr—A—2C | 4 000 | 2 000 | 1 | 路侧石方、挡土墙小半径路段 | |

图 C.2 A级波形梁护栏一般构造图(尺寸单位:mm)

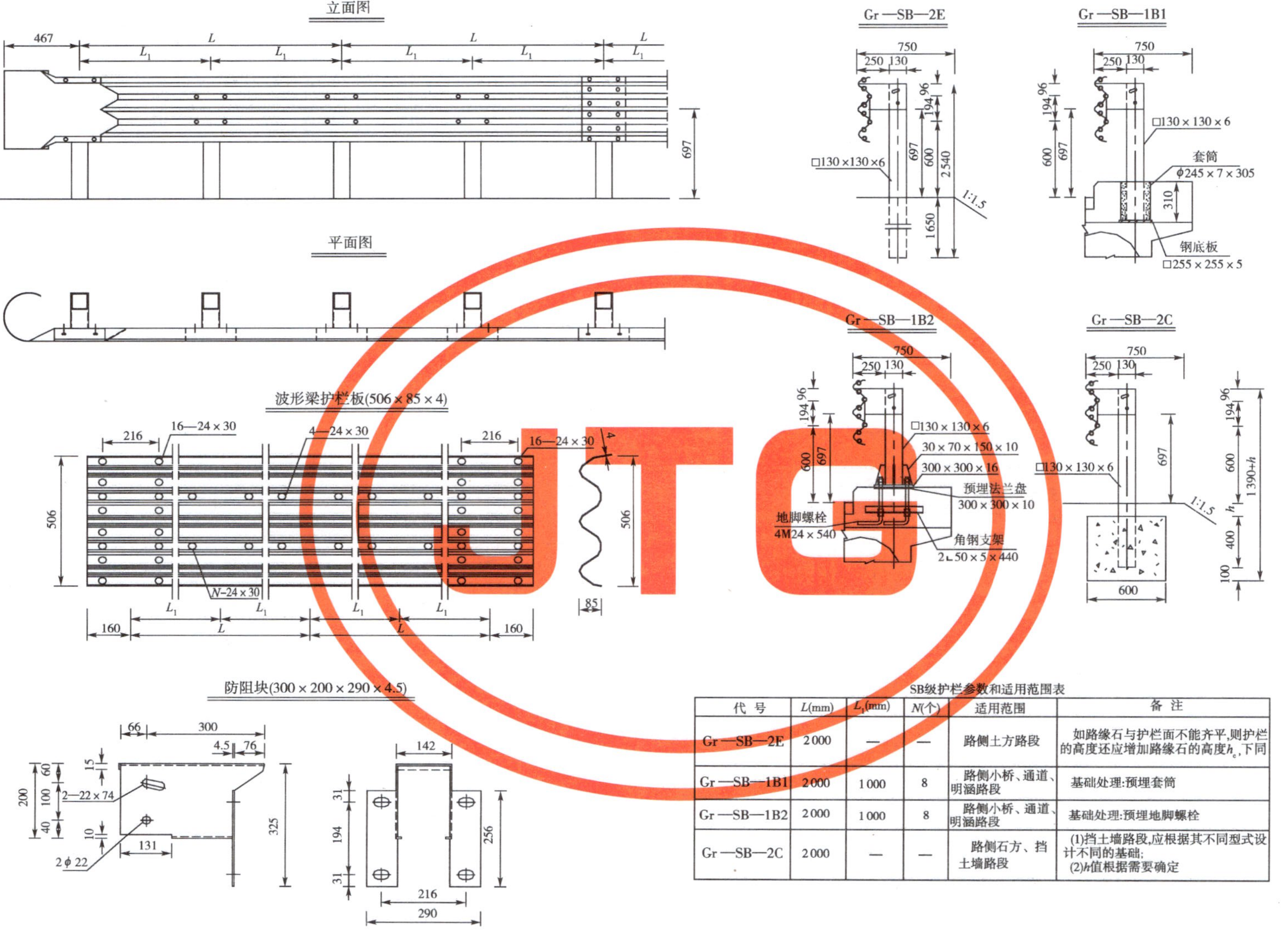


SB级护栏参数和适用范围表

| 代 号 | $L$(mm) | $L_1$(mm) | $N$(个) | 适用范围 | 备 注 |
|---|---|---|---|---|---|
| Gr—SB—2E | 2 000 | — | — | 路侧土方路段 | 如路缘石与护栏面不能齐平，则护栏的高度还应增加路缘石的高度$h_c$，下同 |
| Gr—SB—1B1 | 2 000 | 1 000 | 8 | 路侧小桥、通道、明涵路段 | 基础处理：预埋套筒 |
| Gr—SB—1B2 | 2 000 | 1 000 | 8 | 路侧小桥、通道、明涵路段 | 基础处理：预埋地脚螺栓 |
| Gr—SB—2C | 2 000 | — | — | 路侧石方、挡土墙路段 | (1)挡土墙路段，应根据其不同型式设计不同的基础；(2)$h$值根据需要确定 |

图 C.3　SB级波形梁护栏一般构造图(尺寸单位：mm)

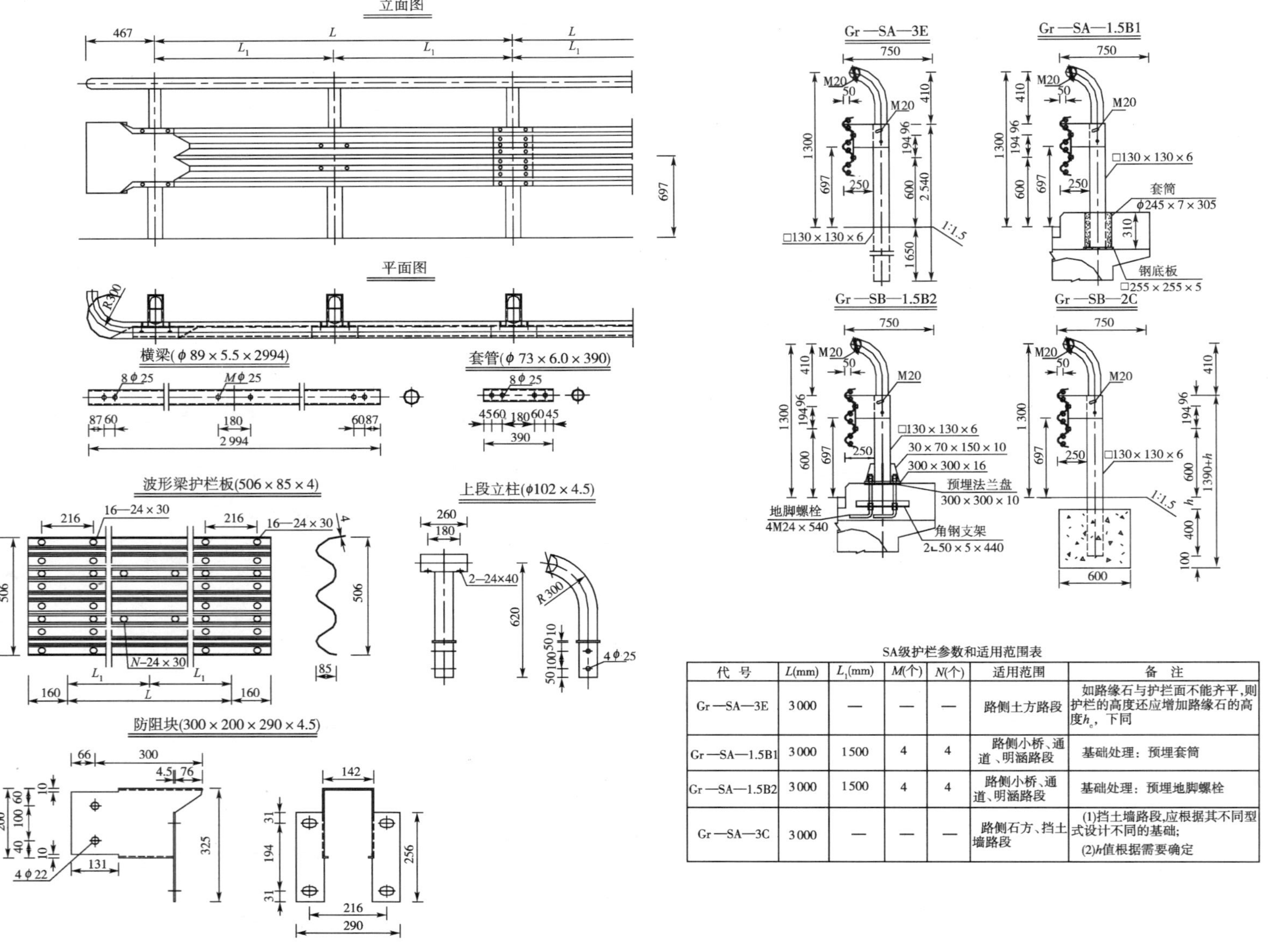


SA级护栏参数和适用范围表

| 代 号 | $L$(mm) | $L_1$(mm) | $M$(个) | $N$(个) | 适用范围 | 备 注 |
|---|---|---|---|---|---|---|
| Gr—SA—3E | 3 000 | — | — | — | 路侧土方路段 | 如路缘石与护栏面不能齐平,则护栏的高度还应增加路缘石的高度$h_c$,下同 |
| Gr—SA—1.5B1 | 3 000 | 1 500 | 4 | 4 | 路侧小桥、通道、明涵路段 | 基础处理:预埋套筒 |
| Gr—SA—1.5B2 | 3 000 | 1 500 | 4 | 4 | 路侧小桥、通道、明涵路段 | 基础处理:预埋地脚螺栓 |
| Gr—SA—3C | 3 000 | — | — | — | 路侧石方、挡土墙路段 | (1)挡土墙路段,应根据其不同型式设计不同的基础;<br>(2)$h$值根据需要确定 |

图 C.4 SA 级波形梁护栏一般构造图(尺寸单位:mm)

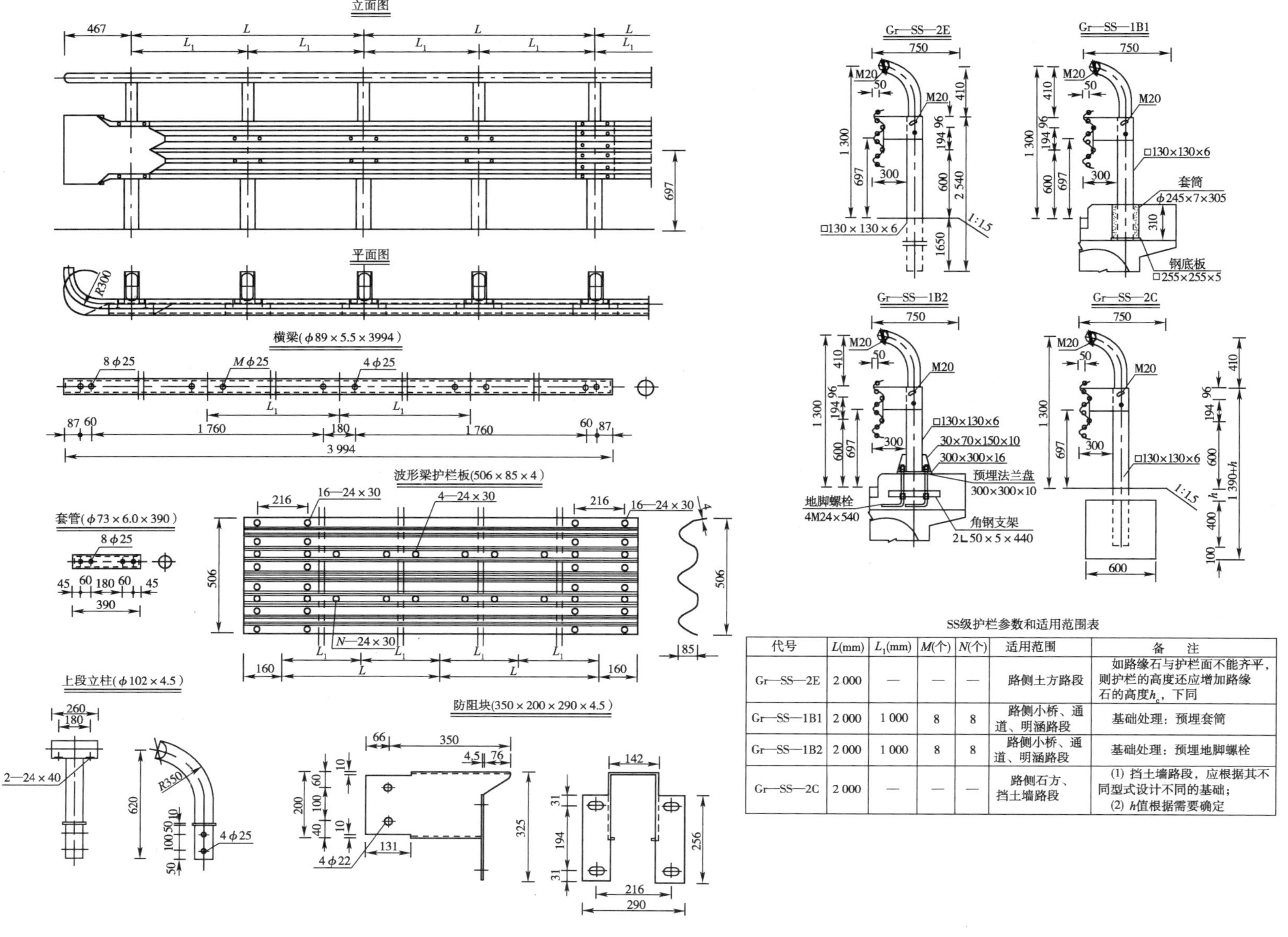


SS级护栏参数和适用范围表

| 代号 | $L$(mm) | $L_1$(mm) | $M$(个) | $N$(个) | 适用范围 | 备　注 |
|---|---|---|---|---|---|---|
| Gr—SS—2E | 2 000 | — | — | — | 路侧土方路段 | 如路缘石与护栏面不能齐平，则护栏的高度还应增加路缘石的高度$h_c$，下同 |
| Gr—SS—1B1 | 2 000 | 1 000 | 8 | 8 | 路侧小桥、通道、明涵路段 | 基础处理：预埋套筒 |
| Gr—SS—1B2 | 2 000 | 1 000 | 8 | 8 | 路侧小桥、通道、明涵路段 | 基础处理：预埋地脚螺栓 |
| Gr—SS—2C | 2 000 | — | — | — | 路侧石方、挡土墙路段 | (1) 挡土墙路段，应根据其不同型式设计不同的基础；(2) $h$值根据需要确定 |

图 C.5　SS级波形梁护栏一般构造图(尺寸单位:mm)

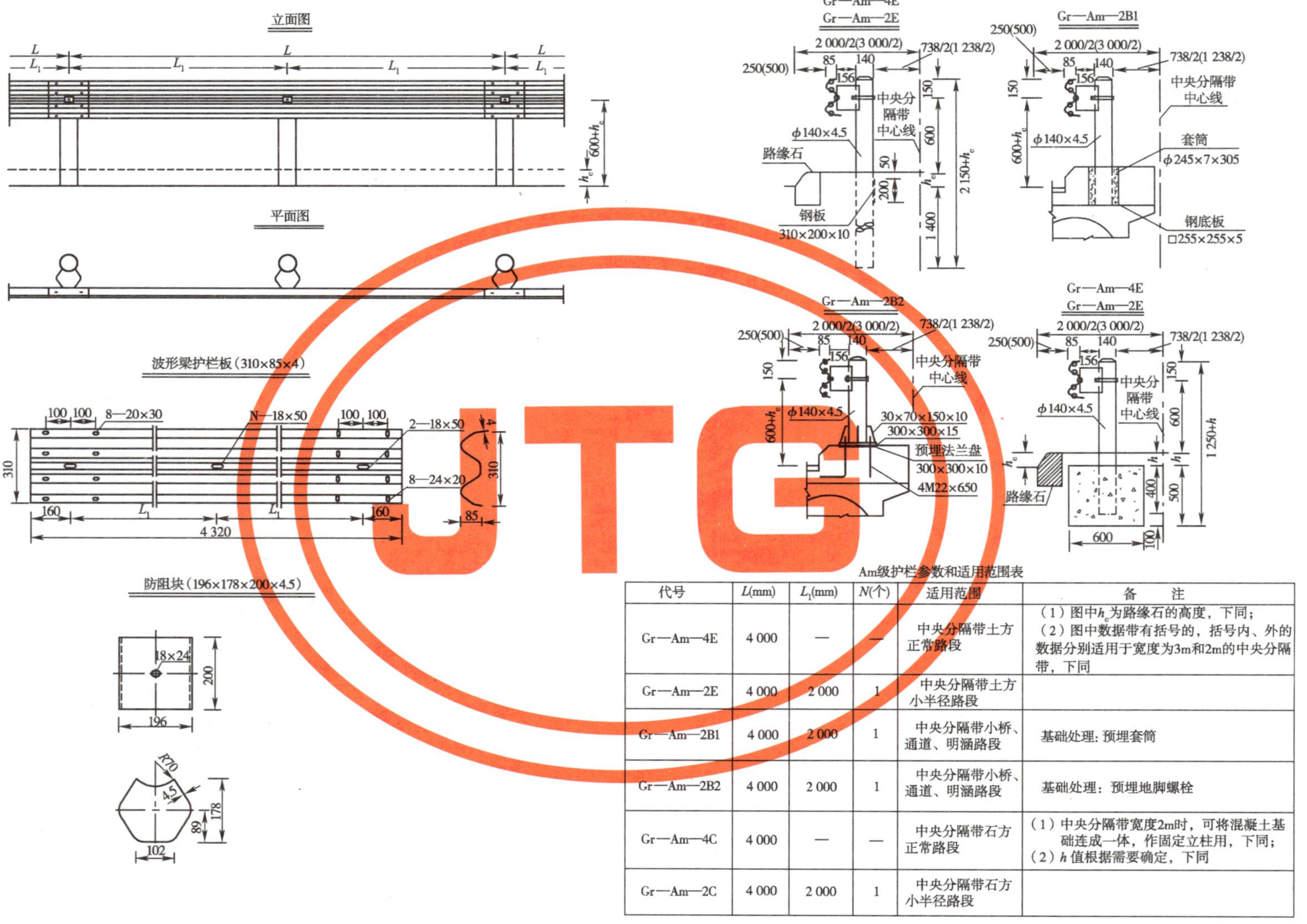


Am级护栏参数和适用范围表

| 代号 | L(mm) | $L_1$(mm) | N(个) | 适用范围 | 备注 |
|---|---|---|---|---|---|
| Gr—Am—4E | 4 000 | — | — | 中央分隔带土方正常路段 | (1)图中$h_c$为路缘石的高度，下同；(2)图中数据带有括号的，括号内、外的数据分别适用于宽度为3m和2m的中央分隔带，下同 |
| Gr—Am—2E | 4 000 | 2 000 | 1 | 中央分隔带土方小半径路段 | |
| Gr—Am—2B1 | 4 000 | 2 000 | 1 | 中央分隔带小桥、通道、明涵路段 | 基础处理：预埋套筒 |
| Gr—Am—2B2 | 4 000 | 2 000 | 1 | 中央分隔带小桥、通道、明涵路段 | 基础处理：预埋地脚螺栓 |
| Gr—Am—4C | 4 000 | — | — | 中央分隔带石方正常路段 | (1)中央分隔带宽度2m时，可将混凝土基础连成一体，作固定立柱用，下同；(2)h值根据需要确定，下同 |
| Gr—Am—2C | 4 000 | 2 000 | 1 | 中央分隔带石方小半径路段 | |

图 C.6 Am级波形梁护栏一般构造图(分设型,尺寸单位:mm)

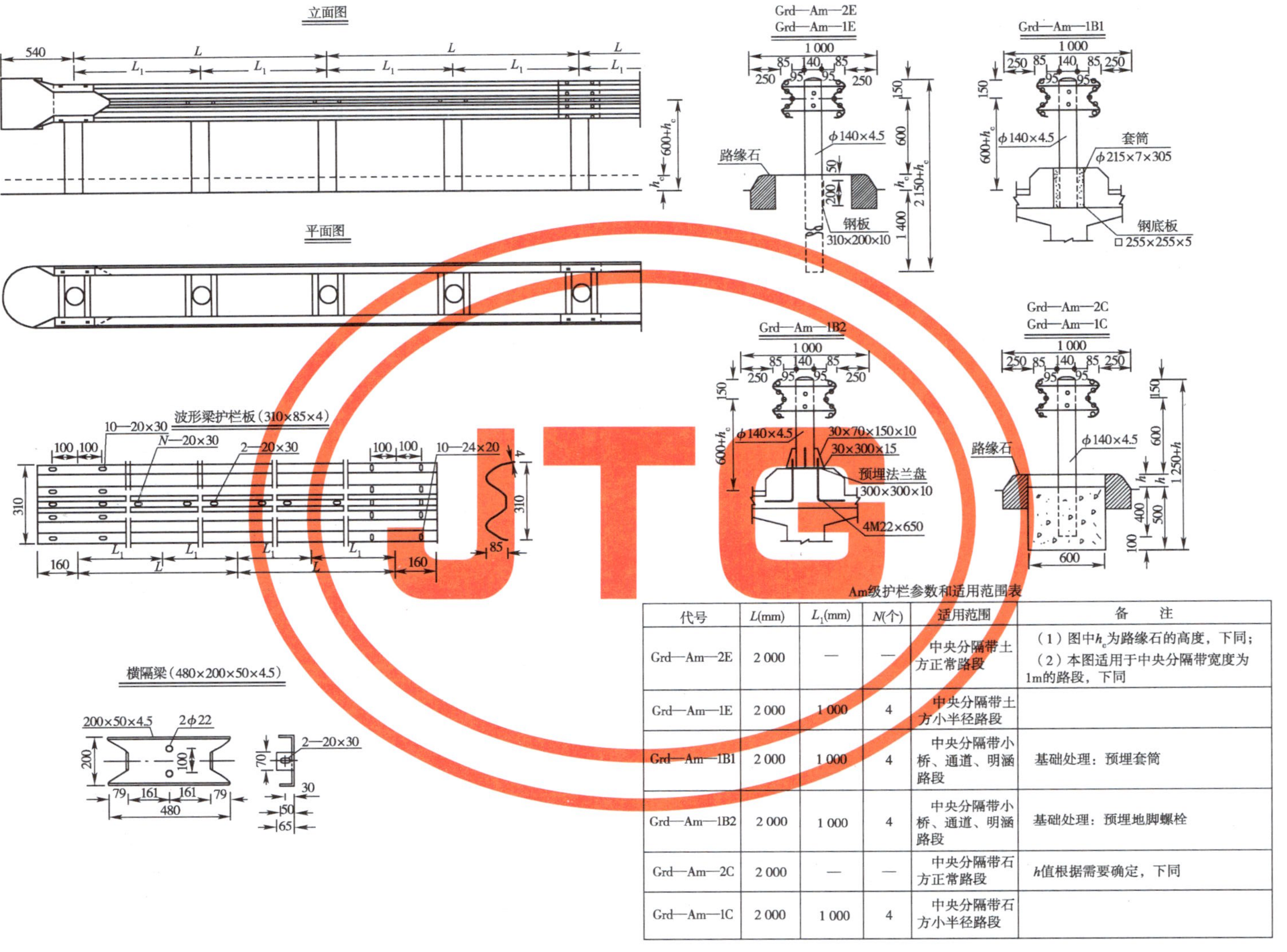


Am级护栏参数和适用范围表

| 代号 | $L$(mm) | $L_1$(mm) | $N$(个) | 适用范围 | 备注 |
|---|---|---|---|---|---|
| Grd—Am—2E | 2 000 | — | — | 中央分隔带土方正常路段 | （1）图中$h_c$为路缘石的高度，下同；（2）本图适用于中央分隔带宽度为1m的路段，下同 |
| Grd—Am—1E | 2 000 | 1 000 | 4 | 中央分隔带土方小半径路段 | |
| Grd—Am—1B1 | 2 000 | 1 000 | 4 | 中央分隔带小桥、通道、明涵路段 | 基础处理：预埋套筒 |
| Grd—Am—1B2 | 2 000 | 1 000 | 4 | 中央分隔带小桥、通道、明涵路段 | 基础处理：预埋地脚螺栓 |
| Grd—Am—2C | 2 000 | — | — | 中央分隔带石方正常路段 | $h$值根据需要确定，下同 |
| Grd—Am—1C | 2 000 | 1 000 | 4 | 中央分隔带石方小半径路段 | |

图 C.7　Am级波形梁护栏一般构造图（组合型，尺寸单位：mm）

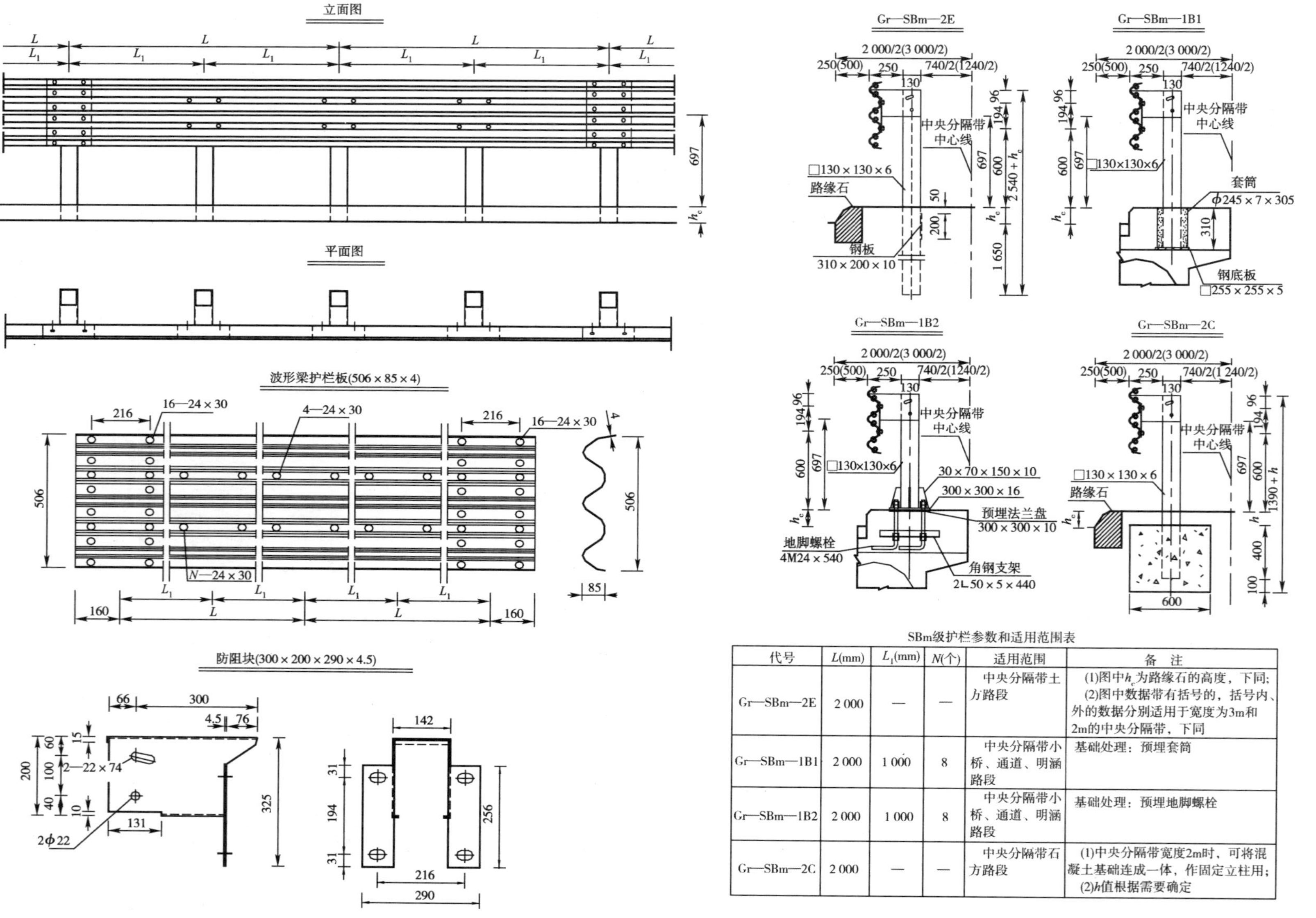


SBm级护栏参数和适用范围表

| 代号 | L(mm) | $L_1$(mm) | N(个) | 适用范围 | 备注 |
|---|---|---|---|---|---|
| Gr—SBm—2E | 2 000 | — | — | 中央分隔带土方路段 | (1)图中$h_c$为路缘石的高度，下同;<br>(2)图中数据带有括号的，括号内、外的数据分别适用于宽度为3m和2m的中央分隔带，下同 |
| Gr—SBm—1B1 | 2 000 | 1 000 | 8 | 中央分隔带小桥、通道、明涵路段 | 基础处理：预埋套筒 |
| Gr—SBm—1B2 | 2 000 | 1 000 | 8 | 中央分隔带小桥、通道、明涵路段 | 基础处理：预埋地脚螺栓 |
| Gr—SBm—2C | 2 000 | — | — | 中央分隔带石方路段 | (1)中央分隔带宽度2m时，可将混凝土基础连成一体，作固定立柱用;<br>(2)h值根据需要确定 |

图 C.8　SBm 级波形梁护栏一般构造图(尺寸单位:mm)

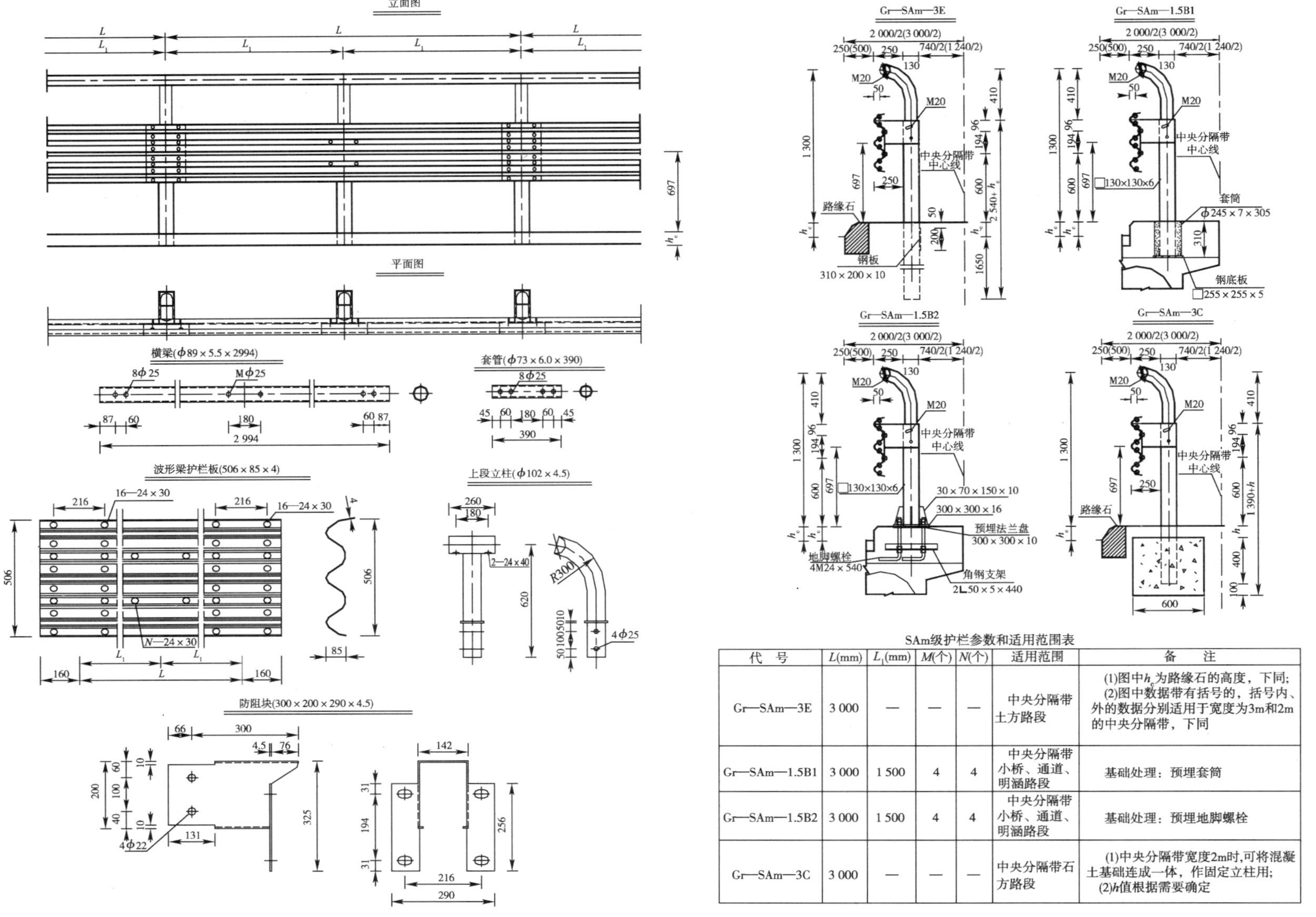


SAm级护栏参数和适用范围表

| 代号 | L(mm) | $L_1$(mm) | M(个) | N(个) | 适用范围 | 备注 |
|---|---|---|---|---|---|---|
| Gr—SAm—3E | 3 000 | — | — | — | 中央分隔带土方路段 | (1)图中$h_c$为路缘石的高度，下同;<br>(2)图中数据带有括号的，括号内、外的数据分别适用于宽度为3m和2m的中央分隔带，下同 |
| Gr—SAm—1.5B1 | 3 000 | 1 500 | 4 | 4 | 中央分隔带小桥、通道、明涵路段 | 基础处理：预埋套筒 |
| Gr—SAm—1.5B2 | 3 000 | 1 500 | 4 | 4 | 中央分隔带小桥、通道、明涵路段 | 基础处理：预埋地脚螺栓 |
| Gr—SAm—3C | 3 000 | — | — | — | 中央分隔带石方路段 | (1)中央分隔带宽度2m时,可将混凝土基础连成一体，作固定立柱用;<br>(2)$h$值根据需要确定 |

图 C.9 SAm 级波形梁护栏一般构造图(尺寸单位:mm)

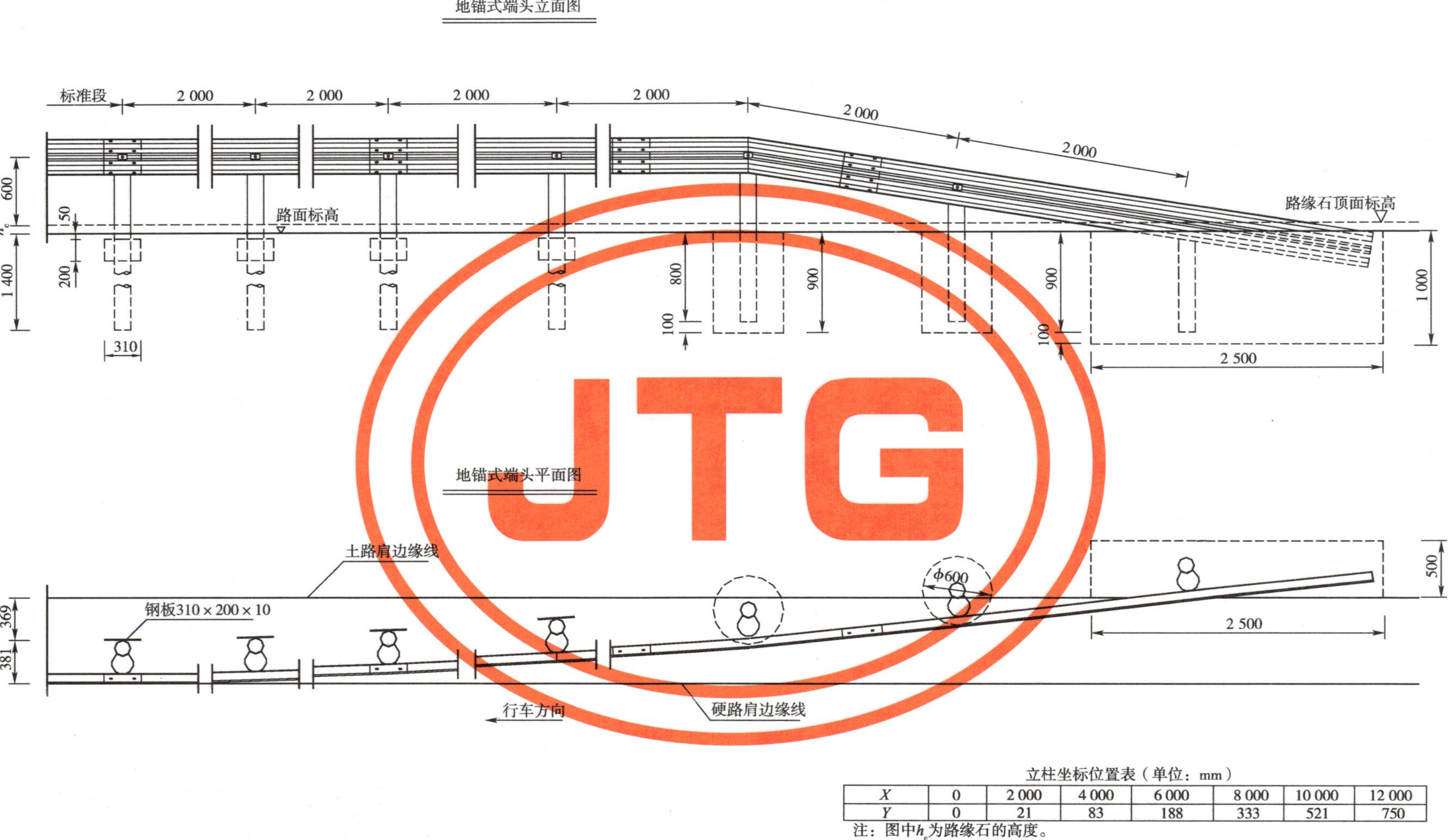


立柱坐标位置表（单位：mm）

| X | 0 | 2 000 | 4 000 | 6 000 | 8 000 | 10 000 | 12 000 |
|---|---|---|---|---|---|---|---|
| Y | 0 | 21 | 83 | 188 | 333 | 521 | 750 |

注：图中$h_c$为路缘石的高度。

图 C.10　外展地锚式端头结构图示例(尺寸单位:mm)

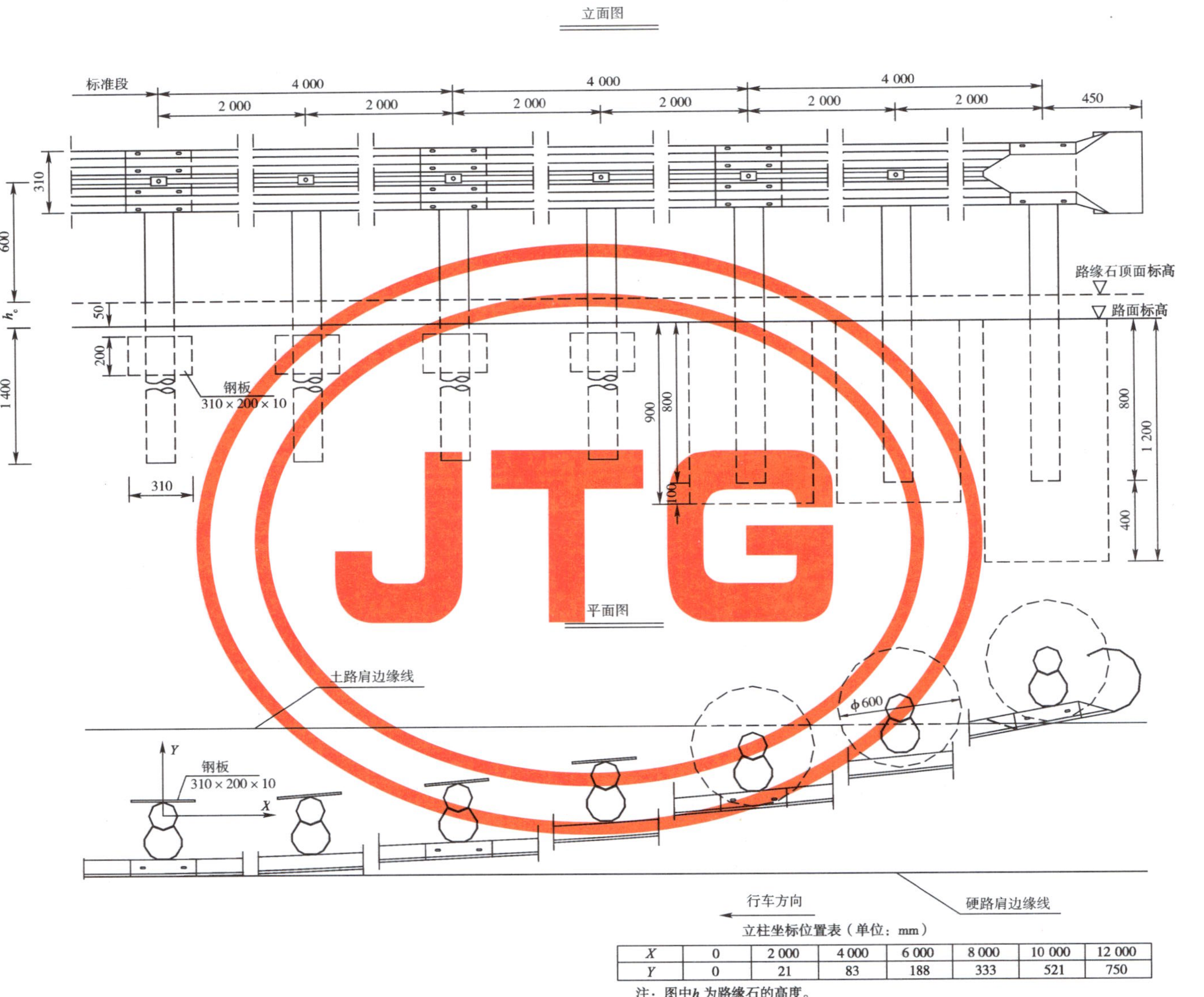


立柱坐标位置表（单位：mm）

| X | 0 | 2 000 | 4 000 | 6 000 | 8 000 | 10 000 | 12 000 |
|---|---|---|---|---|---|---|---|
| Y | 0 | 21 | 83 | 188 | 333 | 521 | 750 |

注：图中$h_c$为路缘石的高度。

图 C.11　外展圆头式端头结构图示例(尺寸单位:mm)

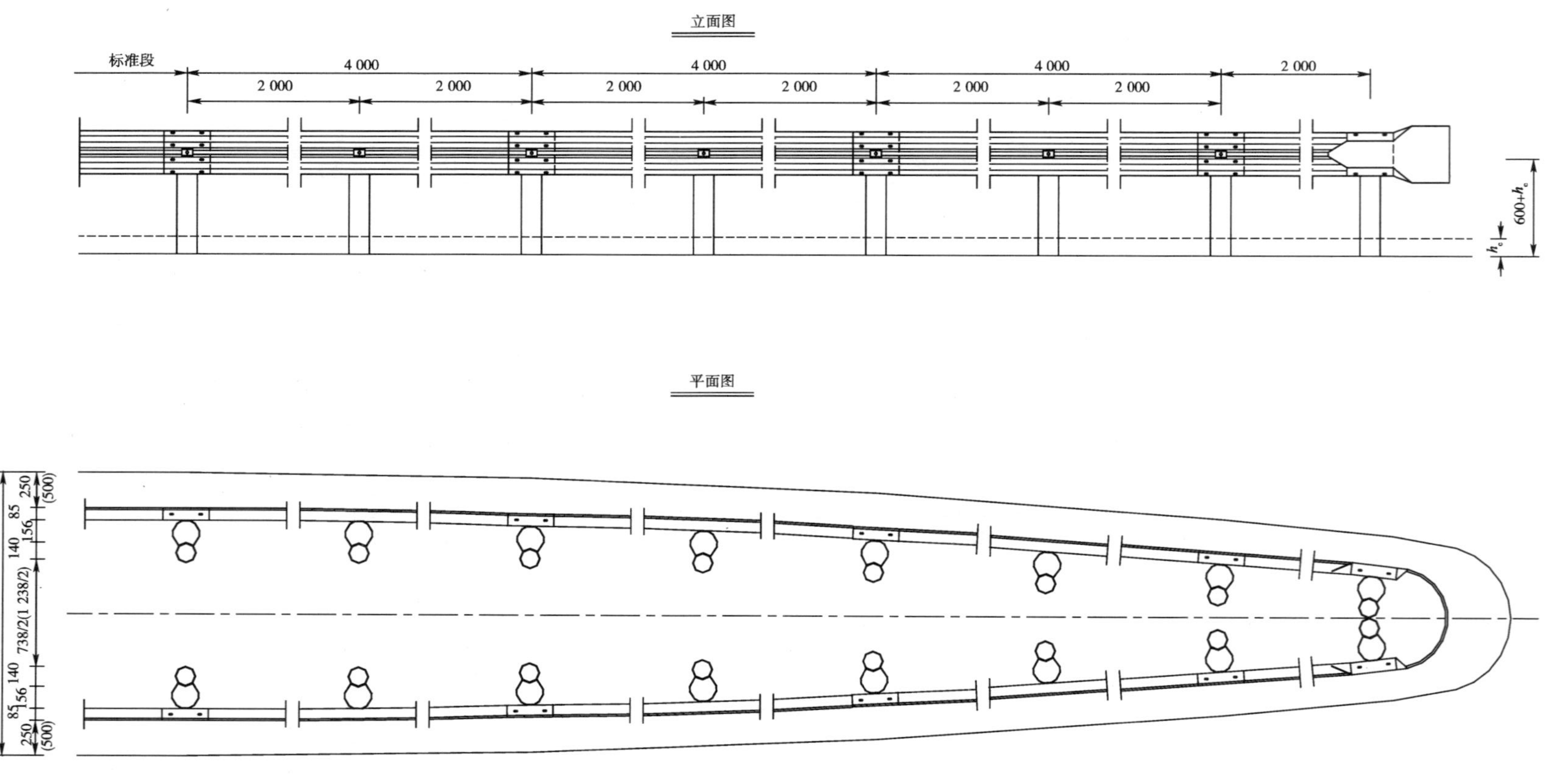


注：(1)图中 $h_c$ 为路缘石的高度；

(2)图中括号内、外的数据分别适用于宽度为 3m 和 2m 的中央分隔带。

图 C.12 中央分隔带分设型护栏端头构造图示例(尺寸单位：mm)

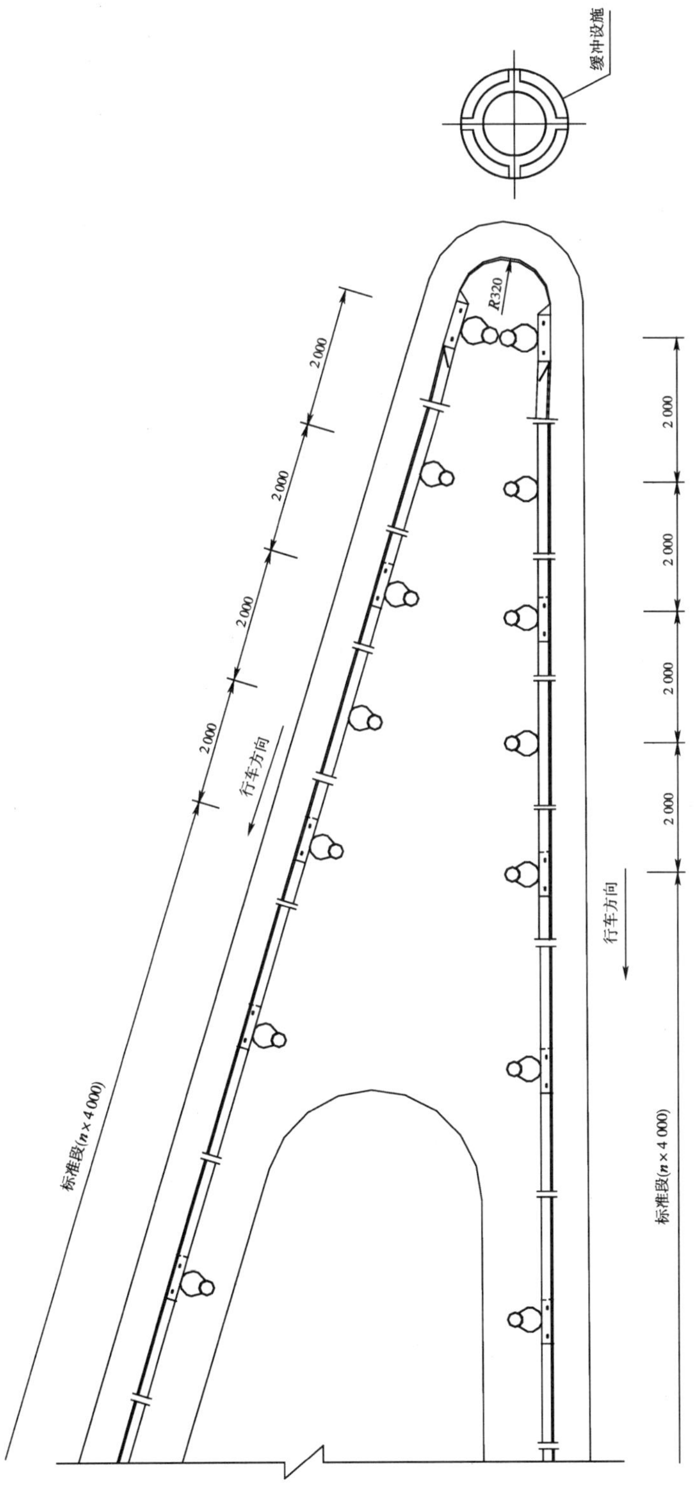


图 C.13　三角地带护栏布设图示例(尺寸单位:mm)

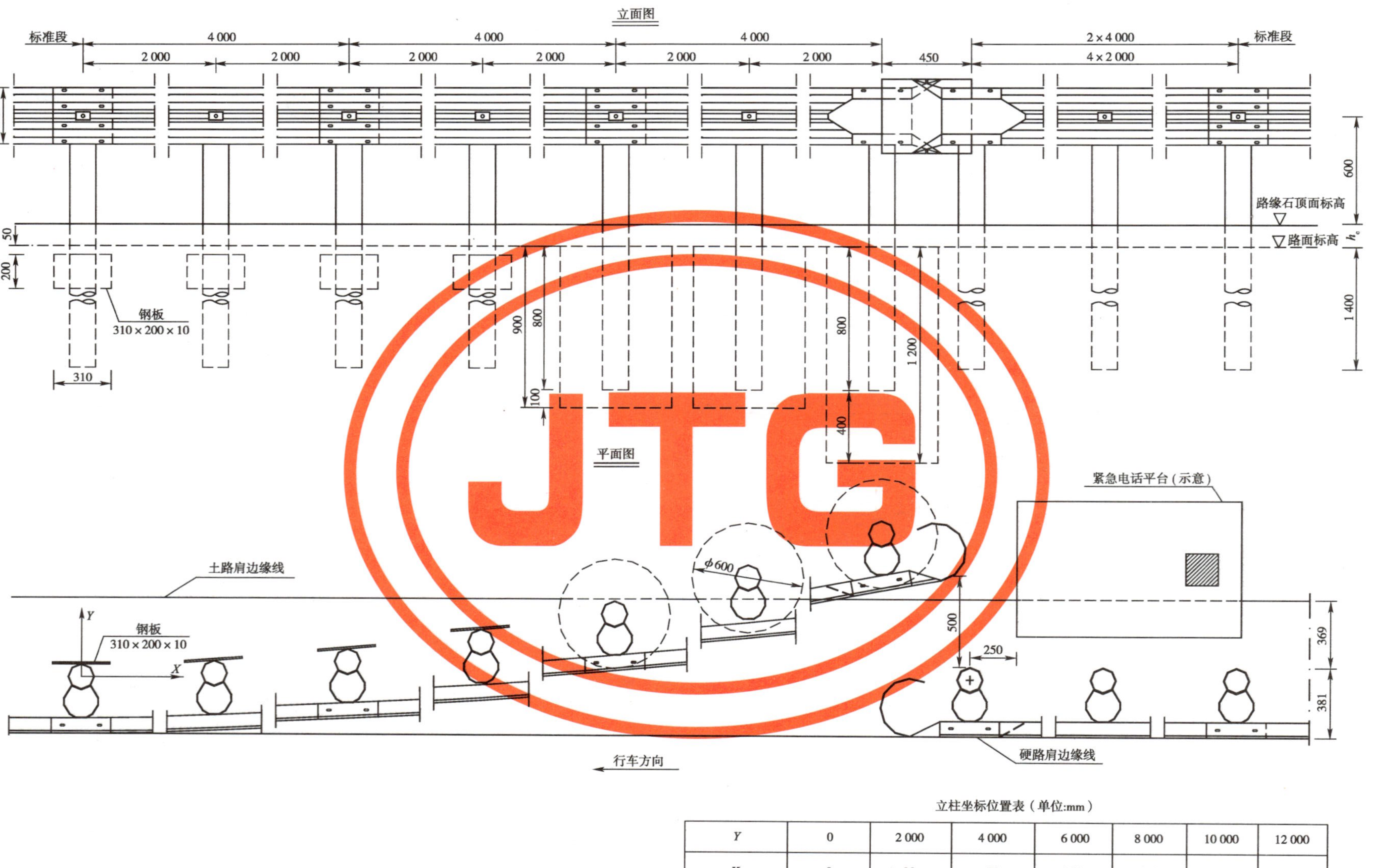


立柱坐标位置表(单位:mm)

| Y | 0 | 2 000 | 4 000 | 6 000 | 8 000 | 10 000 | 12 000 |
|---|---|---|---|---|---|---|---|
| X | 0 | 22 | 89 | 200 | 356 | 556 | 800 |

注:图中 $h_c$ 为路缘石的高度。

图 C.14 紧急电话处护栏端部处理结构图示例(尺寸单位:mm)

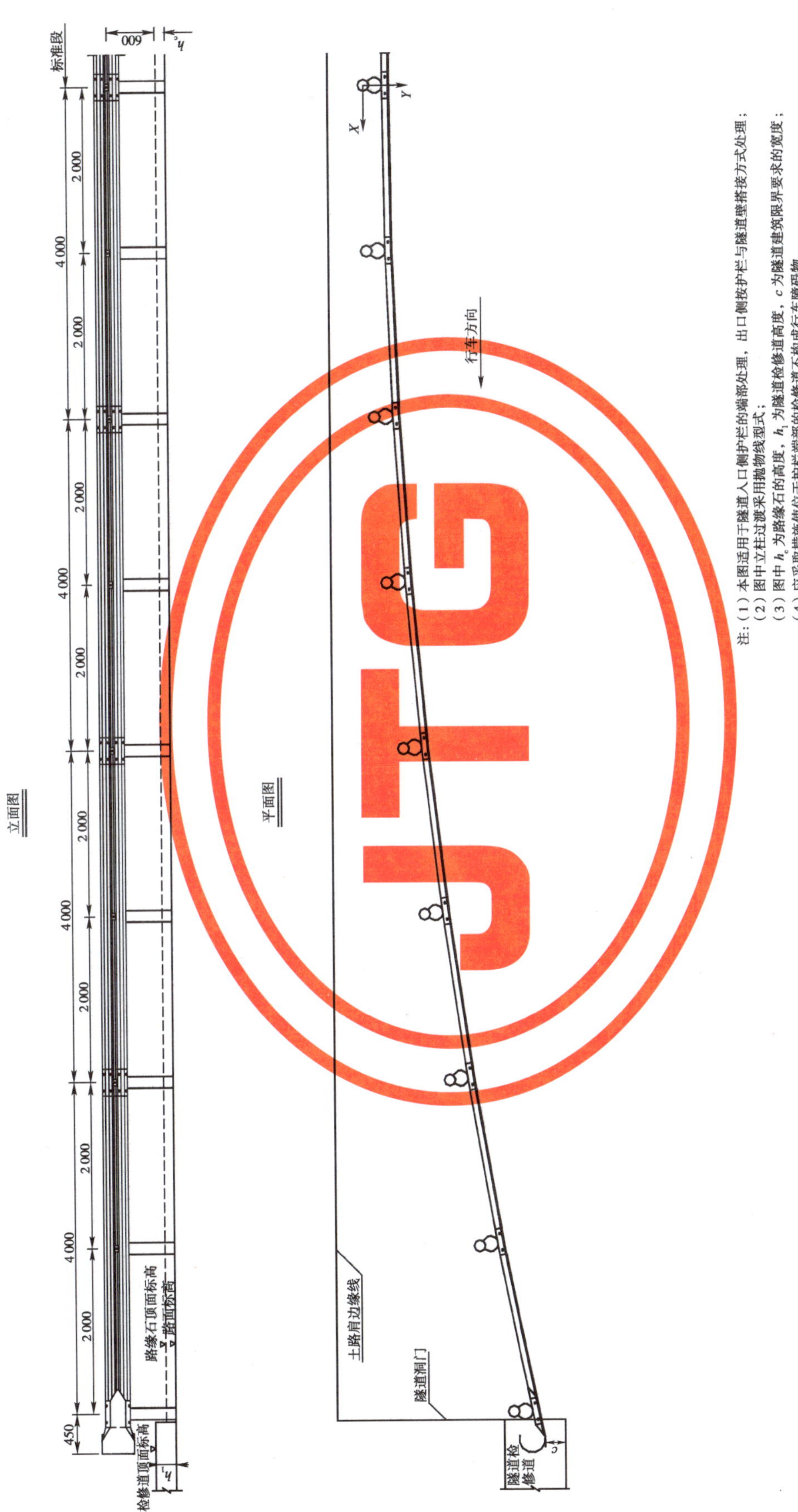


注：(1) 本图适用于隧道入口侧护栏的端部处理，出口侧按护栏与隧道壁搭接方式处理；
(2) 图中立柱过渡采用抛物线型式；
(3) 图中 $h_c$ 为路缘石的高度，$h_1$ 为隧道检修道高度，$c$ 为隧道建筑限界要求的宽度；
(4) 应采取措施使位于护栏端部的检修道不构成行车障碍物。

图 C.15　隧道洞口处护栏端部处理结构图示例(尺寸单位:mm)

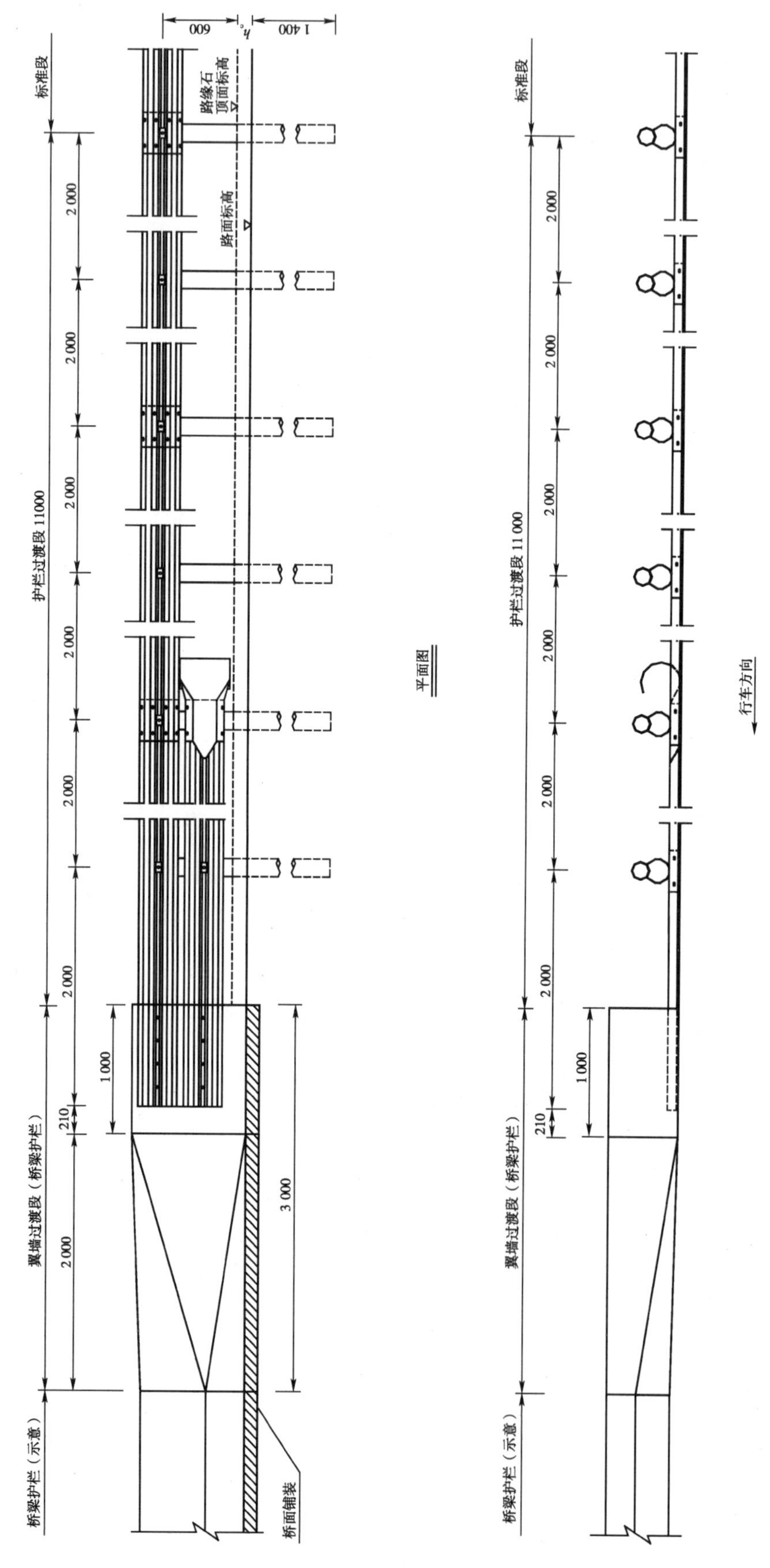


图 C.16 桥梁钢筋混凝土墙式护栏与路基波形梁护栏过渡段结构(BT-1,尺寸单位:mm)

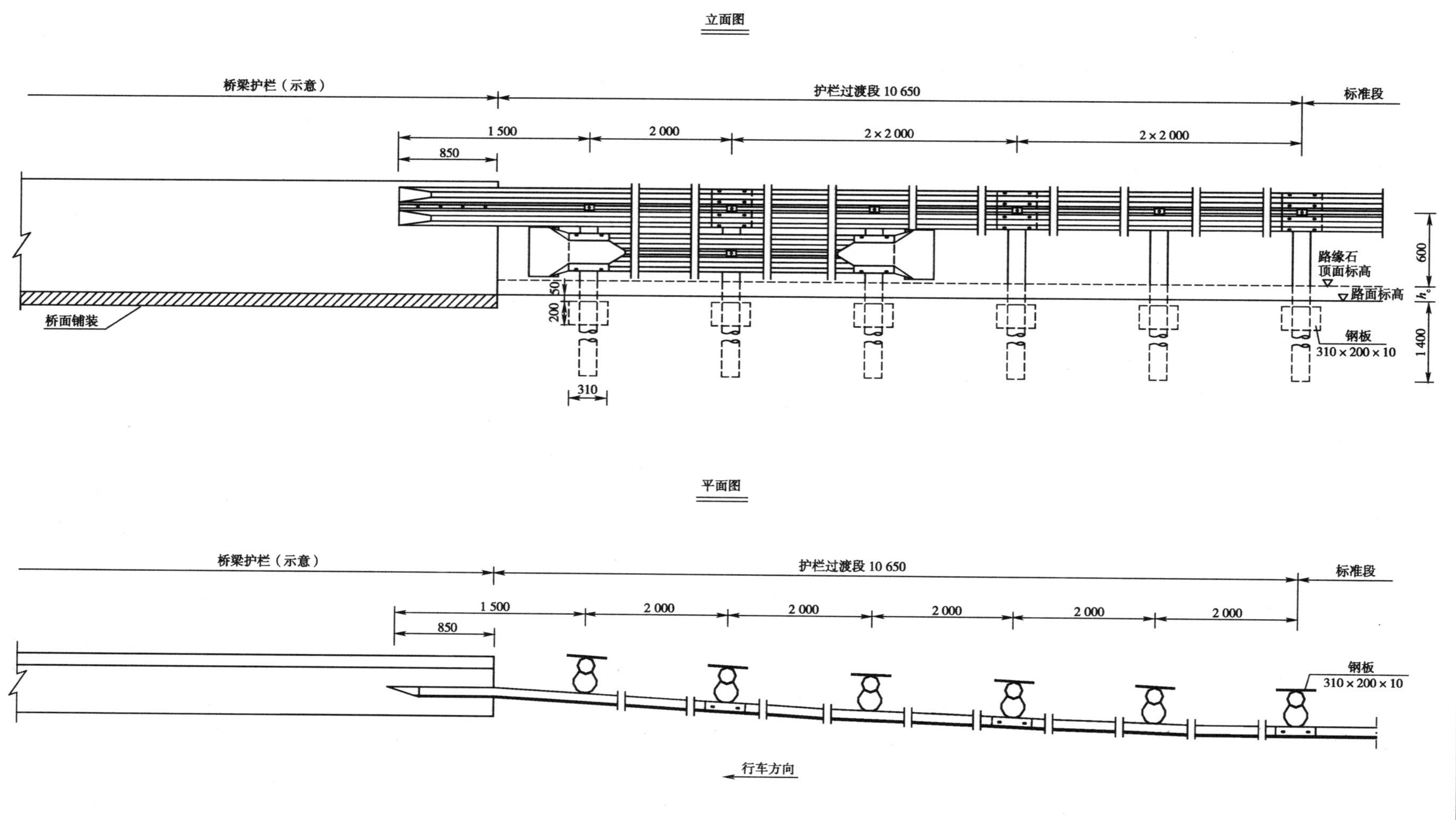


注：图中 $h_c$ 为路缘石的高度。

图 C.17 桥梁钢筋混凝土墙式护栏与路基波形梁护栏过渡段结构(BT-2,尺寸单位:mm)

# 附录D 平面交叉渠化标线部分示例

**D.1** 高速公路互通式立体交叉被交公路的平面交叉处渠化标线的设置,应根据相交公路等级、平面交叉的形状、交通标志的设置、交通量、车道宽度、交通组织等因素设置,如图D.1、图D.2。

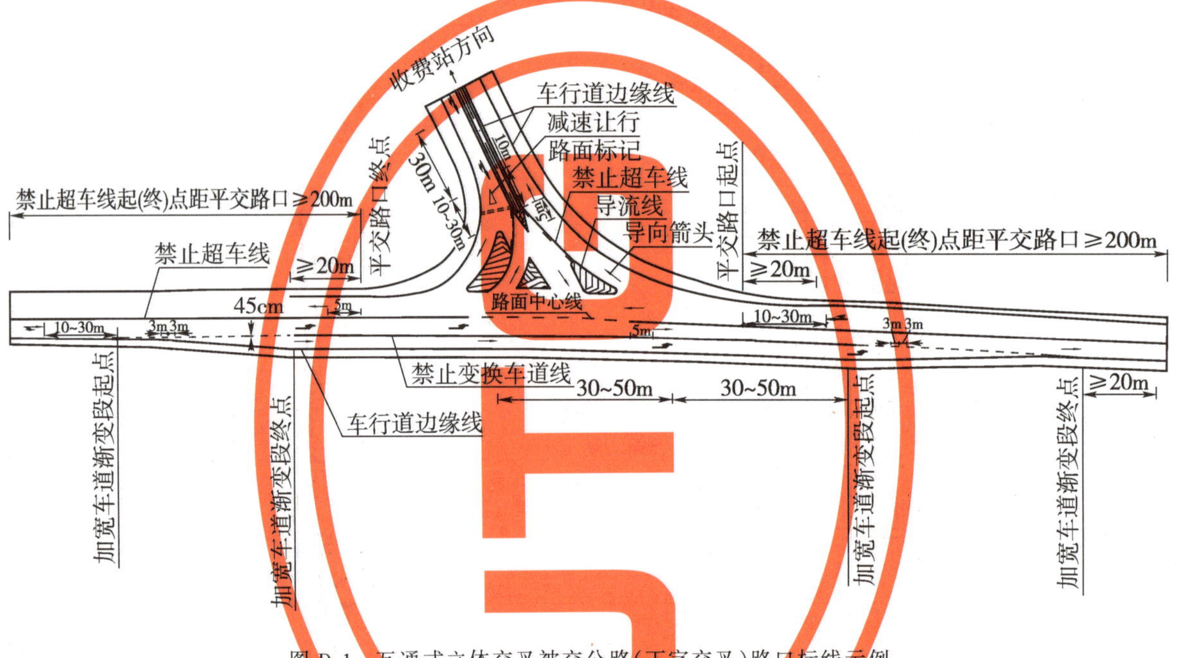


图D.1 互通式立体交叉被交公路(丁字交叉)路口标线示例

**D.2** 一级公路与其他公路平交交叉渠化路口,应根据被交公路等级、平面交叉的形状、交通流量的大小等因素灵活、合理地设置交通标线,如图D.3。

**D.3** 二级公路平面交叉渠化标线的设置

**D.3.1** 丁字路口有加(减)速车道时,在路口两侧应施划黄色中心双实线,在加(减)速车道范围应施划分隔线、车道边缘线、导向箭头等,如图D.4。

**D.3.2** 有左转弯车道时,应施划黄色中心双实线、导向箭头、车行道边缘线、斑马线、左转弯导向车道线等,如图D.5。

**D.3.3** 公路丁字路口也可以在中央分隔带开辟左转弯专用车道,使左转弯车辆从主车道中分离出去,从支线进来的车辆驶入专用车道后再进入主车道。标线划法如图D.6。

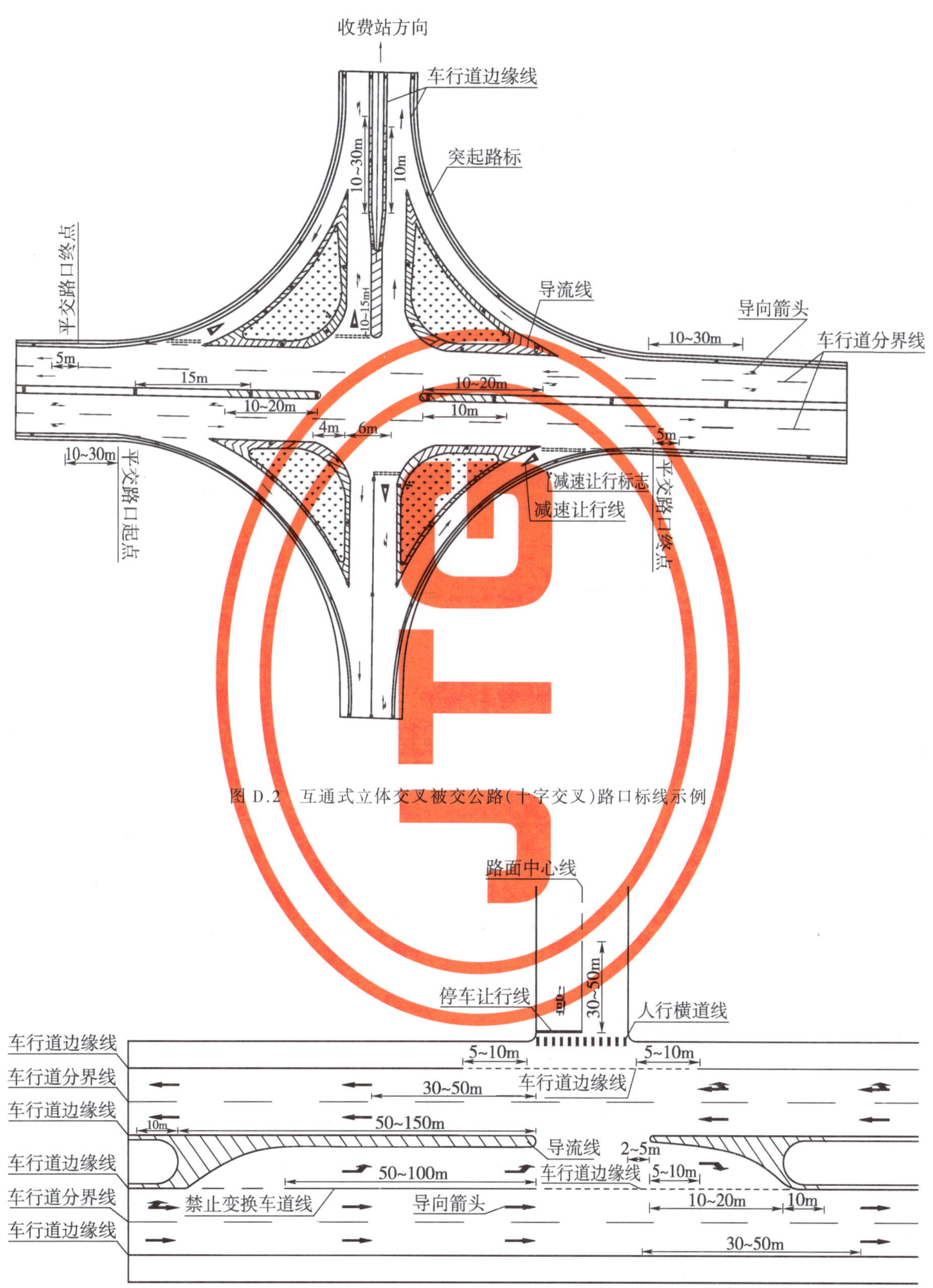


图 D.2　互通式立体交叉被交公路(十字交叉)路口标线示例



图 D.3　一级公路平面交叉标线示例

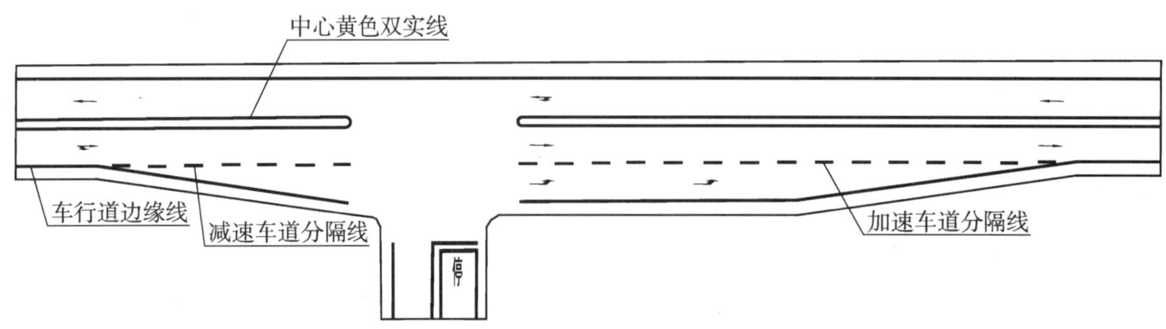


图 D.4 丁字路口有加(减)速车道时的标线示例

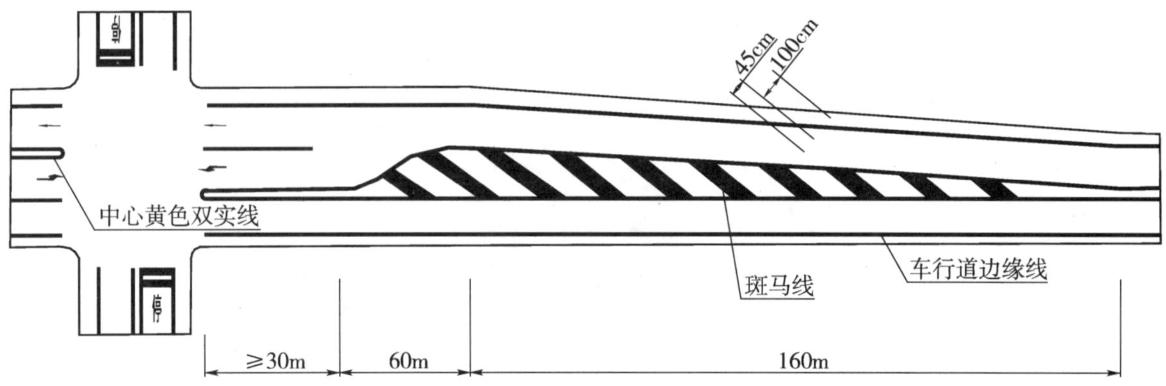


图 D.5 二级公路有左转车道路口的标线示例

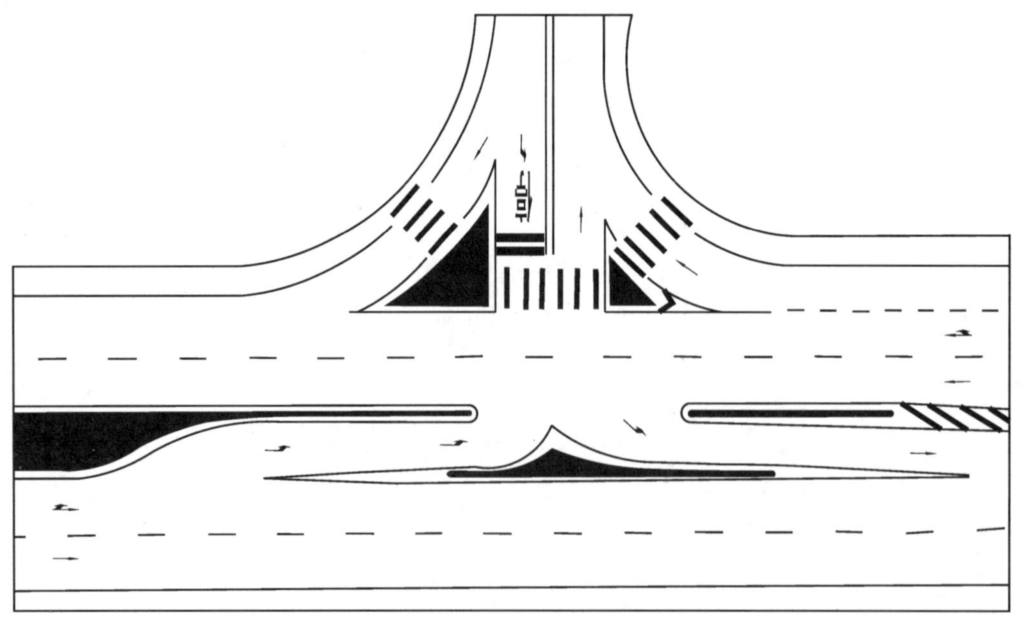


图 D.6 有左转弯车道的公路路口标线示例

# 附录 E 隔离栅一般构造图

**E.1** 钢板网隔离栅一般构造示例如图 E.1。

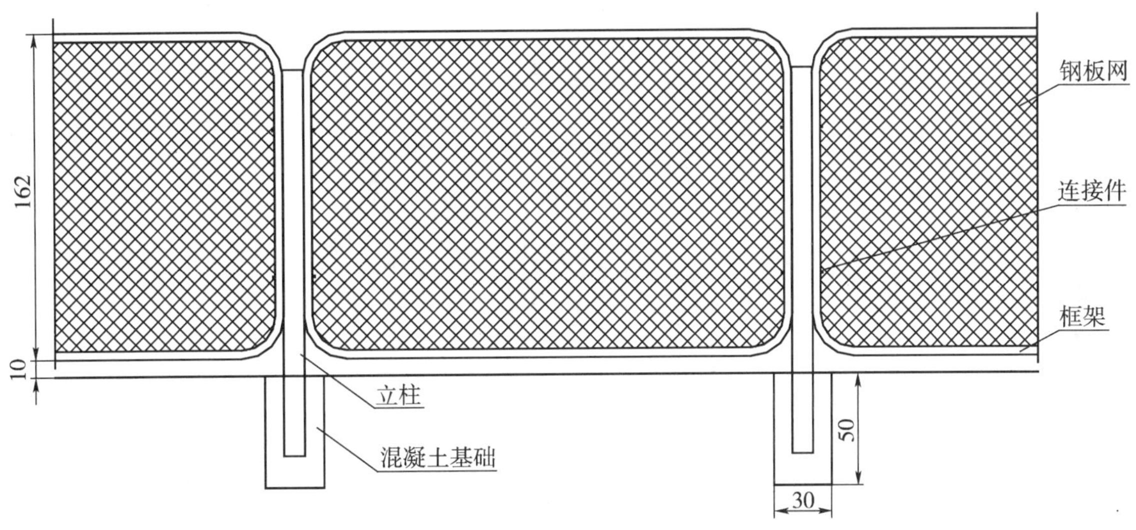


图 E.1 钢板网隔离栅一般构造示例(尺寸单位:cm)

**E.2** 圈状端头电焊网一般构造示例如图 E.2。

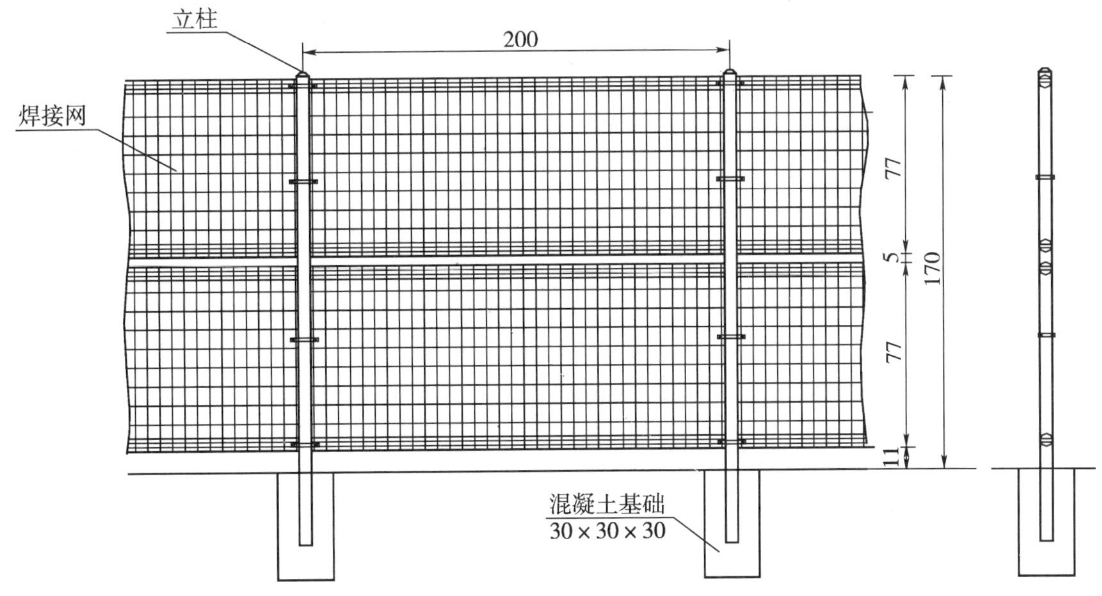


图 E.2 圈状端头电焊网一般构造示例(尺寸单位:cm)

**E.3** 编织网加刺钢丝隔离栅一般构造示例如图 E.3。

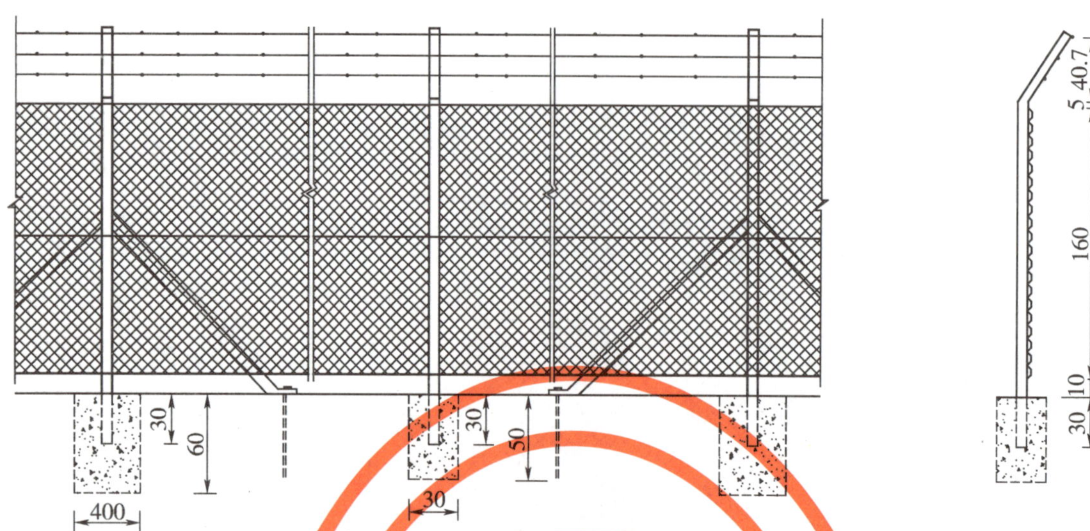


图 E.3 编织网加刺钢丝隔离栅一般构造示例(尺寸单位:cm)

**E.4** 刺钢丝隔离栅一般构造示例如图 E.4。

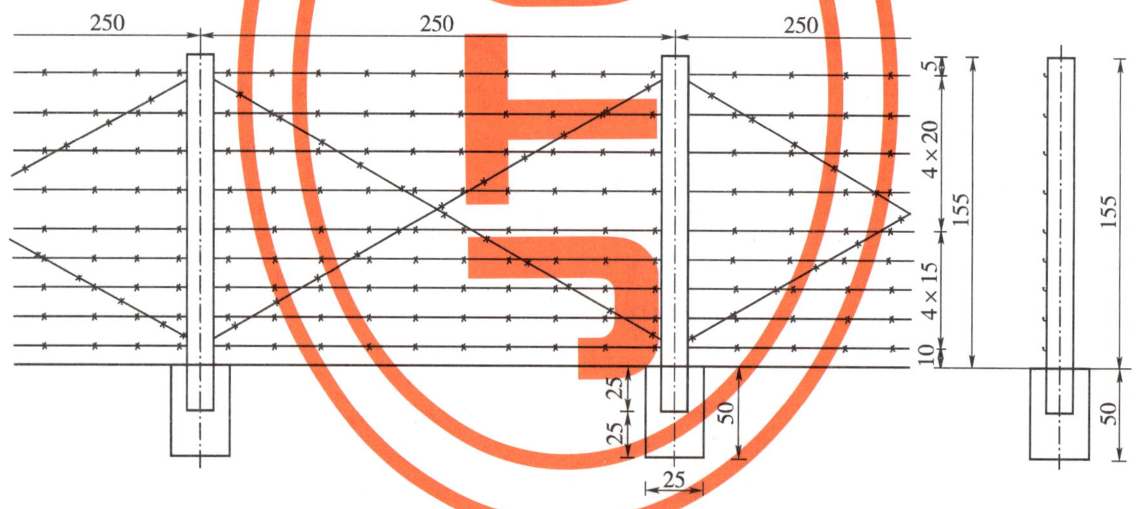


图 E.4 刺钢丝隔离栅一般构造示例(尺寸单位:cm)

# 本细则用词说明

本细则按执行的严格程度，对各项技术指标的规定，在条文用词上采用了以下写法，请使用者充分考虑工程项目所处自然条件、交通特点和工程特性等具体情况，灵活运用。

细则条文用词：

1　表示很严格，非这样做不可的用词：

正面词采用“必须”；反面词采用“严禁”。

2　表示严格，在正常情况下应这样做的用词：

正面词采用“应”；反面词采用“不应”或“不得”。

3　表示允许有选择，有条件时首先应这样做的用词：

正面词采用“宜”；反面词采用“不宜”。

4　表示允许有选择的用词：

正面词采用“可”。

附件

# 公路交通安全设施设计细则

（JTG/T D81—2006）

## 条　文　说　明

# 1 总则

**1.0.1** 交通行业标准《高速公路交通安全设施设计及施工技术规范》(JTJ 074—94,下简称《94版规范》)自交通部1994年1月发布,1994年6月实施以来,至今已达十余年。这十多年来,是我国公路建设飞速发展时期,交通安全设施的建设取得了很大成绩。《94版规范》对我国高速公路交通安全设施的建设起到了积极的指导和推动作用,深受公路界的好评。但与国外交通安全设施先进水平相比,与广大公路出行者对交通安全、交通服务的期望和需求相比,《94版规范》还存在着很多不适应之处。

由于《94版规范》是在1988~1992年期间制定的,属于我国高速公路早期建设的成果体现,限于当时的条件和高速公路建设的有限经验,交通安全设施的建设以经济、实用为原则。近年来我国公路建设有了长足的发展,高速公路、等级公路总里程数由1994年底的500余公里、86.14万公里分别增至2005年底的4.1万公里、159.18万公里。各地在使用《94版规范》的过程中,积累了不少设计、施工的宝贵经验和教训,涌现了一批新的研究成果和结构型式,新材料、新工艺得到了广泛的应用,如新型三波波形梁护栏、新型混凝土护栏结构、新型标线材料、新型材料的防眩板、新型突起路标和轮廓标等,这些成果均反映在新修订和制定的《道路交通标志和标线》(GB 5768—1999)、《公路三波形梁钢护栏》(JT/T 457—2001)、《隔离栅技术条件》(JT/T 374—1998)、《公路防眩设施技术条件》(JT/T 333—1997)、《塑料防眩板》(JT/T 598—2004)、《公路用玻璃纤维增强塑料产品 第4部分:防眩板》(JT/T 599.4—2004)、《突起路标》(JT/T 390—1999)、《轮廓标技术条件》(JT/T 388—1999)等一批技术标准中,《94版规范》与上述标准已不匹配,修订《94版规范》已非常迫切了。

此次修订就是要针对我国公路建设的发展水平,结合我国的经济技术条件,因地制宜、实事求是地作出规定,以使我国公路交通安全设施的设计安全合理、技术先进、确保质量、经济实用,并在国家公路基本设施建设中,起到积极地规范和质量控制的作用。

**1.0.2** 本细则此次为修订。我国目前公路交通安全设施设计及施工的实施均按《94版规范》执行,但该规范仅适用于高速公路和汽车专用一级公路,对一般公路的交通安全设施没有规定。考虑到其他等级的公路在我国公路通车里程中占有很大比重,交通安全形势也很严峻,另外现行《公路工程技术标准》(JTG B01—2003)重新划分了公路等级,所以本细则适用范围扩大到新建和改建公路。对于改建公路,因公路条件受限制时,本细则规定的个别条款,经过经济技术比较后,可作合理改动。

**1.0.3** 公路交通安全设施为满足公路使用者安全行车的需要,应该具有四类使用功能:①主动引导;②被动防护;③全时保障;④隔离封闭。本细则包含的护栏、交通标志、交通标线、隔离栅和桥梁护网、防眩设施、轮廓标和活动护栏可以实现上述功能。根据各类设施的不同特点,本细则分别规定了设计指导思想、设置原则、型式选择、构造要求、材料要求等内容。

**1.0.4** 公路全路段交通安全设施的设计不但要考虑道路条件、交通条件,而且还要考虑周边路网条件和环境条件,进行总体设计,这样才能从公路使用者的角度出发,更好地为其提供优质服务。同一条公路交通安全设施设计采用的设置原则、方案和风格宜保持一致,以与驾驶人员的期望值相吻合。这里"同一条公路"首先是指同次需要完成的设计项目,对分阶段实施的公路项目来说,在可能条件下宜统一全线的设计标准,分路段参照执行。

交通安全设施之间、交通安全设施与公路主体工程和其他设施之间应相互协调、配合使用。如交通标志与交通标线之间的含义不得相互矛盾,交通标志与监控外场设备之间不应相互影响,不同型式护栏之间应进行过渡处理,公路上设置减速丘设施时应设置相应的交通标志、标线等。

**1.0.5** 公路交通安全设施设计应坚持"安全、环保、舒适、和谐"的理念,采用合理的、能体现驾驶员及其他公路使用者需要的交通安全设施,对公路出行的安全性、方便性有重要作用,同时也能美化路容,增加出行的愉悦性、舒适性。

**1.0.6** 公路路面加铺、罩面后,部分交通安全设施,如护栏的高度、交通标志的高度均会受到一定程度的影响。这种情况下,在设计时可考虑采取一定的措施,如适当增加交通标志的高度;混凝土护栏可适当加高并采用单坡型;波形梁或缆索护栏立柱适当加长并预留连接孔,也可采用迫紧器抽换式混凝土基础来安装立柱,迫紧器可由铸钢材料制作。$\phi$140 规格的迫紧器抽换式混凝土基础如图 1-1。

**1.0.7** 公路的运营环境随着时间的推移会发生一些变化,如交通量、车型构成等的变化,各类交通安全设施应随着交通量的增长、运营需求与技术发展状况等逐步补充、完善。

**1.0.8** 本条中所指的路侧安全净区是指公路行车方向最右侧车行道以外、相对平坦、无障碍物、可供失控车辆重新返回正常行驶路线的带状区域,如图 1-2。国内外统计数据表明,造成人员伤亡的交通事故中 30%左右是由于车辆驶出路外造成的,因此应对路侧安全净区内的障碍物进行必要的处理,以减少类似事故的发生。

欧洲一些国家对路侧安全净区均有明确规定,如表 1-1、表 1-2。

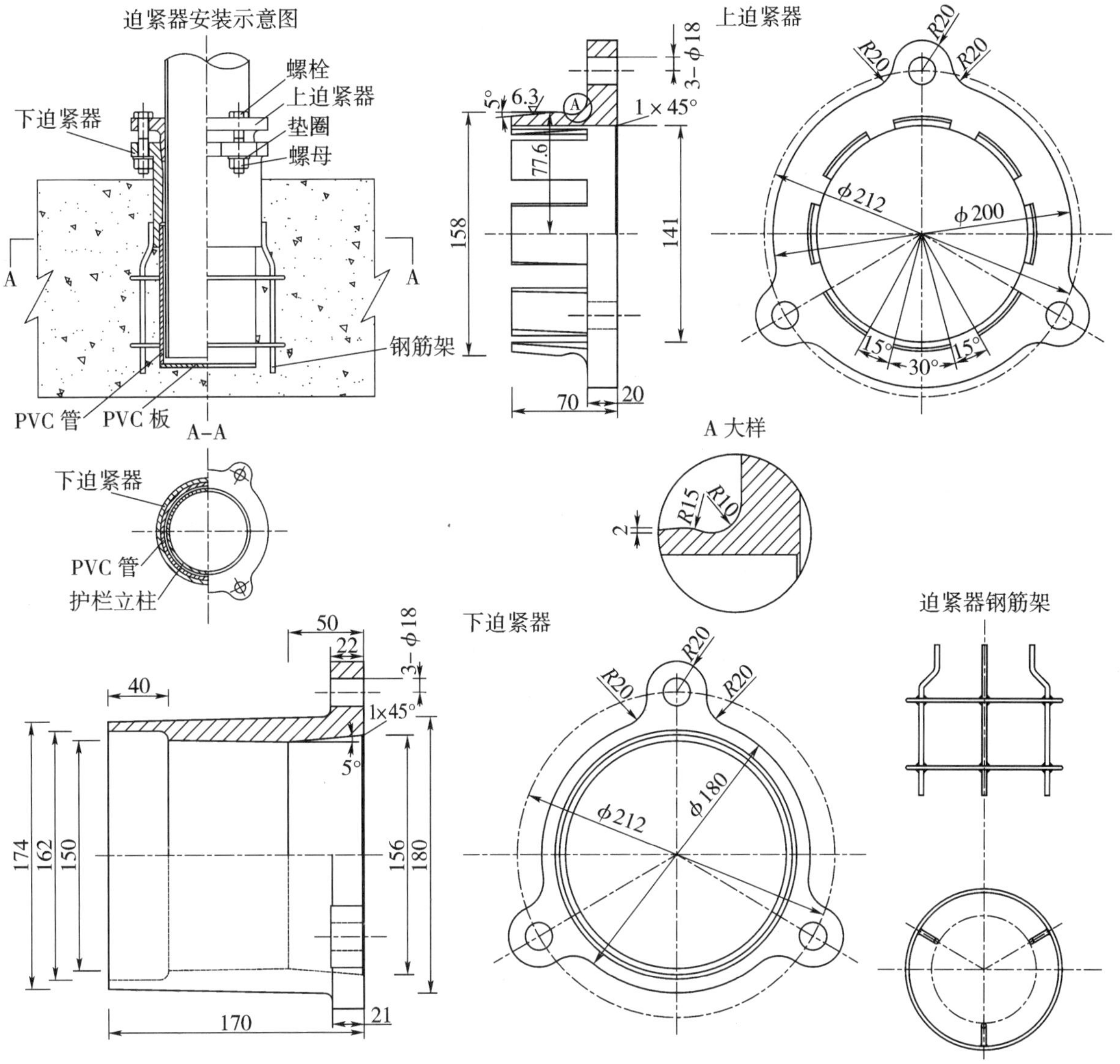

图 1-1 迫紧器抽换式混凝土基础示意图(ϕ140 规格)(尺寸单位:mm)

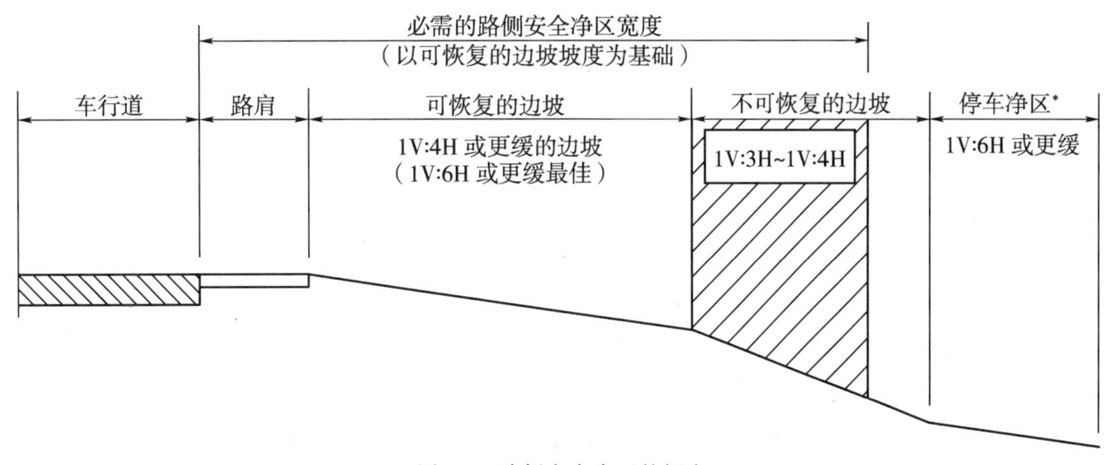


图 1-2 路侧安全净区的概念

注:由于必需的路侧安全净区内有一部分为不可恢复的边坡(图中阴影部分),因此需要附加的停车净区,其宽度等于阴影部分的宽度。

**表 1-1　一些国家对路侧安全净区宽度的规定**

| 国别 | 路侧安全净区宽度值(m) | 国别 | 路侧安全净区宽度值(m) |
|---|---|---|---|
| 比利时 | 3.5 | 波兰 | 3.5 |
| 捷克 | 4.5 | 葡萄牙 | 2.0 |
| 丹麦 | 3.0~9.0 | 德国 | 见表 1-2 的规定 |
| 法国(高速公路) | 10 | 英国 | 4.5 |
| 匈牙利 | 2.5 | 瑞士 | 10 |
| 荷兰 | 10 | | |

**表 1-2　德国高速公路路侧安全净区的规定**

| 路段特征 | 边坡的坡度 | 障碍物离行车道边缘的距离(m) | |
|---|---|---|---|
| | | $A_1$ | $A_2$ |
| 直线段<br>$R>1\ 500$m 的曲线外侧<br>曲线内侧 | 缓坡 1:∞~1:8 | 10.0 | 6.0 |
| | 中坡 1:8~1:5 | 12.0 | 8.0 |
| | 陡坡 >1:5 | 14.0 | 10.0 |
| $R<1\ 500$m 的曲线外侧 | 缓坡 1:∞~1:8 | 12.0 | 10.0 |
| | 中坡 1:8~1:5 | 14.0 | 12.0 |
| | 陡坡 >1:5 | 16.0 | 14.0 |

注:$A_1$-车辆偏离车行道时对第三方造成危害或造成严重事故后果的间距;

$A_2$-与障碍物的间距。

美国通过对路侧安全性的长期研究,提出路侧安全净区与现场条件(边坡坡度、填方或挖方高度)、设计速度、公路所在地区(城市还是农村)和实践经验有关,并编制了计算图、表,如表 1-3。对于位于事故多发路段的平曲线路段还提供了调整系数表。

**表 1-3　美国路侧安全净区的计算表**

| 设计速度 | 设计平均每日交通量(辆/天) | 填方边坡 | | | 挖方边坡 | | |
|---|---|---|---|---|---|---|---|
| | | 1V:6H 或更缓 | 1V:5H~1V:4H | 1V:3H | 1V:3H | 1V:5H~1V:4H | 1V:6H 或更缓 |
| 60km/h 或以下 | 750 以下 | 2.0~3.0 | 2.0~3.0 | ** | 2.0~3.0 | 2.0~3.0 | 2.0~3.0 |
| | 750~1 500 | 3.0~3.5 | 3.5~4.5 | ** | 3.0~3.5 | 3.0~3.5 | 3.0~3.5 |
| | 1 500~6 000 | 3.5~4.5 | 4.5~5.0 | ** | 3.5~4.5 | 3.5~4.5 | 3.5~4.5 |
| | 6 000 以上 | 4.5~5.0 | 5.0~5.5 | ** | 4.5~5.0 | 4.5~5.0 | 4.5~5.0 |
| 70~80km/h | 750 以下 | 3.0~3.5 | 3.5~4.5 | ** | 2.5~3.0 | 2.5~3.0 | 3.0~3.5 |
| | 750~1 500 | 4.5~5.0 | 5.0~6.0 | ** | 3.0~3.5 | 3.5~4.5 | 4.5~5.0 |
| | 1 500~6 000 | 5.0~5.5 | 6.0~8.0 | ** | 3.5~4.5 | 4.5~5.0 | 5.0~5.5 |
| | 6 000 以上 | 6.0~6.5 | 7.5~8.5 | ** | 4.5~5.0 | 5.5~6.0 | 6.0~6.5 |
| 90km/h | 750 以下 | 3.5~4.5 | 4.5~5.5 | ** | 2.5~3.0 | 3.0~3.5 | 3.0~3.5 |
| | 750~1 500 | 5.0~5.5 | 6.0~7.5 | ** | 3.0~3.5 | 4.5~5.0 | 5.0~5.5 |
| | 1 500~6 000 | 6.0~6.5 | 7.5~9.0 | ** | 4.5~5.0 | 5.0~5.5 | 6.0~6.5 |
| | 6 000 以上 | 6.5~7.5 | 8.0~10.0* | ** | 5.0~5.5 | 6.0~6.5 | 6.5~7.5 |

续上表

| 设计速度 | 设计平均每日交通量（辆/天） | 填方边坡 | | | 挖方边坡 | | |
|---|---|---|---|---|---|---|---|
| | | 1V:6H或更缓 | 1V:5H～1V:4H | 1V:3H | 1V:3H | 1V:5H～1V:4H | 1V:6H或更缓 |
| 100km/h | 750以下 | 5.0～5.5 | 6.0～7.5 | ** | 3.0～3.5 | 3.5～4.5 | 4.5～5.0 |
| | 750～1 500 | 6.0～7.5 | 8.0～10.0* | ** | 3.5～4.5 | 5.0～5.5 | 6.0～6.5 |
| | 1 500～6 000 | 8.0～9.0 | 10.0～12.0* | ** | 4.5～5.5 | 5.5～6.5 | 7.5～8.0 |
| | 6 000以上 | 9.0～10.0* | 11.0～13.5* | ** | 6.0～6.5 | 7.5～8.0 | 8.0～8.5 |
| 110km/h | 750以下 | 5.5～6.0 | 6.0～8.0 | ** | 3.0～3.5 | 4.5～5.0 | 4.5～5.0 |
| | 750～1 500 | 7.5～8.0 | 8.5～11.0* | ** | 3.5～5.0 | 5.5～6.0 | 6.0～6.5 |
| | 1 500～6 000 | 8.5～10.0* | 10.5～13.0* | ** | 5.0～6.0 | 6.5～7.5 | 8.0～8.5 |
| | 6 000以上 | 9.0～10.5* | 11.5～14.0* | ** | 6.5～7.5 | 8.0～9.0 | 8.0～9.5 |

注：* 当调查研究或历史数据表明某些路段连续发生交通事故的频率较高时，设计人员所提供的路侧安全净区宽度可高于本表的规定。从实用的角度出发，路侧安全净区可控制在9m。

** 由于车辆在可穿越的未防护1V:3H的边坡上恢复正常行驶的可能性不大，因此在这种边坡坡底处不应存在固定障碍物。确定边坡坡底处恢复区的宽度应考虑路权、环境、经济、安全及事故的历史数据等因素。此外，车行道边缘与1V:3H边坡开始点之间的距离也会影响坡底处的恢复区宽度。由于受几个因素的制约，图1-2绘出了可用以确定理想的最大恢复区宽度的填方边坡参数。

我国目前正在开展路侧安全净区的定量化研究，上述数据可供设计参考。当公路路侧安全净区内设置有交通标志、可变信息标志、照明灯、摄像机等，又不能采取能使车辆安全穿越的措施（如去除、将障碍物设计成车辆可安全穿越的设施、移位或采用解体消能结构等）时，则应按护栏设置条件设置路侧护栏。

**1.0.9** 近年来，国内外公路交通安全设施领域的新技术、新材料、新工艺、新产品不断出现，在设计中采用时，应注意以下几个方面的因素：

任何新技术、新材料、新工艺、新产品首先必须要满足安全和使用功能方面的要求，并应通过有关权威机构的试验验证，符合相关标准、规范的要求。如护栏方面的产品可按照《高速公路护栏安全性能评价标准》（JTG/T F83-01）的规定，确定该产品能否达到相应的防撞性能；标线涂料、防眩板能否满足相关规范中规定的功能要求等。

其次还要考虑耐久性、建设成本、养护成本、美观、防盗性等因素。

在必要的条件下，应经过现场试验段的检验。

经上述充分论证后才可以采用公路交通安全设施的新技术、新材料、新工艺和新产品。

**1.0.10** 改建公路工程完成后，各种道路条件、交通条件、环境条件往往会发生很大变化，应结合改建后的公路（包括公路等级、设计速度等）、交通、环境条件进行交通安全设施的重新设计。

**1.0.11** 本条中所指标准、规范主要包括:

(1)《公路工程技术标准》(JTG B01);

(2)《道路交通标志和标线》(GB 5768);

(3)《公路桥涵设计通用规范》(JTG D60);

(4)《公路钢筋混凝土及预应力混凝土桥涵设计规范》(JTG D62);

(5)《高速公路护栏安全性能评价标准》(JTG/T F83-01)。

# 3 护栏防撞性能

**3.0.1** 公路上的护栏,应实现以下功能:①阻止车辆越出路外或穿越中央分隔带闯入对向车道;②防止车辆从护栏板下钻出,或将护栏板冲断;③护栏应能使车辆回复到正常行驶方向;④发生碰撞时,对乘客的损伤程度最小;⑤能诱导驾驶员的视线。

要实现上述功能,则需要护栏既要有相当高的力学强度和刚度来抵挡车辆的冲撞力,又要使其刚度不要太大,以免使乘客受到严重的伤害,因此进行护栏设计的要旨就是解决这一矛盾。本次修订首先对《94 版规范》的护栏碰撞条件进行了评价,然后分析研究了欧、美、日等发达国家护栏碰撞条件的发展趋势。在此基础上,提出了确定我国护栏碰撞条件的原则,通过对碰撞条件参数的调查,最终确定了我国公路护栏的碰撞条件。

(1)对《94 版规范》护栏碰撞条件的评价

①《94 版规范》中将路基护栏和桥梁护栏分为两种不同的碰撞条件,如表 3-1 和表 3-2。

**表 3-1 路基护栏碰撞条件**

| 防撞等级 | 碰撞速度(km/h) | 车辆质量(t) | 碰撞角度(°) | 碰撞能量(kJ) |
|---|---|---|---|---|
| A | 60 | 10 | 15 | 93 |
| S | 80 | 10 | 15 | 165 |

**表 3-2 桥梁护栏碰撞条件**

| 防撞等级 | 碰撞速度(km/h) | 车辆质量(t) | 碰撞角度(°) | 碰撞能量(kJ) |
|---|---|---|---|---|
| $PL_1$ | 80 | 2.0 | 20 | 57.8 |
| | 50 | 10 | 15 | 64.6 |
| $PL_2$ | 70 | 10 | 15 | 126.6 |
| $PL_3$ | 80 | 14 | 15 | 231.6 |

②交通部 1996 年专题进行的波形梁护栏实车碰撞试验结果表明:《94 版规范》标准型波形梁护栏能满足 A 级碰撞条件(表 3-1)的要求。

③根据编写组对成雅、成渝、太旧三条高速公路车辆碰撞护栏事故调查统计,1998 年 1 月 ~ 2000 年 12 月三年间,共发生波形梁护栏板完全变形或被撞断、立柱严重弯曲或倒伏、拔起、基础完全破坏的事故约为 10 起(如表 3-3),占事故总数的 7%,这些事故造成了严重的人员伤亡和车辆损坏。

**表 3-3　护栏受损严重的交通事故**

| 车　型 | 护栏种类 | 次　数 |
| --- | --- | --- |
| 小客车 | 中央分隔带护栏 | 2 |
| | 抽换式护栏 | 1 |
| 大货车 | 中央分隔带护栏 | 2 |
| 中货车 | 路侧波形梁护栏 | 5 |

编写组对潍坊—莱阳、济南—青岛、京福山东段、青岛胶州湾、南京—上海、玉溪—元江、楚雄—大理、福州—泉州、广州—汕头等共752km高速公路事故统计资料表明:车辆冲撞路侧和中央分隔带的事故约各占一半,其中较严重的冲出路侧、穿越中央分隔带或进入中央分隔带的事故占1/10左右。

交通事故造成护栏严重损坏的主要原因是:车辆速度高、汽车质量大、碰撞角度大,以及护栏地基土密实度不够、立柱打入松土中、混凝土基础埋深不足、护栏立柱与土基支撑强度不够。总体而言,《94版规范》中对护栏的碰撞条件规定偏低,对护栏立柱和地基土施工质量带来的问题规定不够严密,已不能适应目前公路交通条件的需求,护栏整体强度偏弱。

(2)护栏碰撞条件的发展趋势

目前,欧、美、日等国家护栏碰撞条件的发展趋势有如下特征:

①车辆组成向小型化和大型化两极发展,大型车比例提高;

②小客车自身的被动安全措施进一步强化,如配置了安全带、气囊、ABS、防侧撞装置等,使得护栏防止二次事故发生的功能更加受到重视;

③护栏的碰撞能量普遍提高,例如日本的车辆质量从14t提高到25t,欧盟车辆质量更是提高到30t和38t;

④路基护栏和桥梁护栏采用统一的碰撞条件,但碰撞等级有区别。

日本、欧盟和美国护栏的碰撞条件分别如表3-4、表3-5、表3-6。

**表 3-4　日本护栏碰撞条件**(1998 和 2004 年版)

| 护栏防撞等级 | | | 车辆质量(t) | 碰撞速度(km/h) | 碰撞角(°) | 碰撞能量(冲击度)(kJ) |
| --- | --- | --- | --- | --- | --- | --- |
| 路侧用 | 分离带用 | 步行道界内用 | | | | |
| C | Cm | Cp | 25 | 26 以上 | 15 | 45 以上 |
| B | Bm | Bp | | 30 以上 | | 60 以上 |
| A | Am | Ap | | 45 以上 | | 130 以上 |
| SC | SCm | SCp | | 50 以上 | | 160 以上 |
| SB | SBm | SBp | | 65 以上 | | 280 以上 |
| SA | SAm | — | | 80 以上 | | 420 以上 |
| SS | SSm | — | | 100 以上 | | 650 以上 |

注:A、Am 级以上用于高速公路。

表 3-5　欧盟护栏碰撞条件(EN 1317—1998)

| 试验等级 | 碰撞速度(km/h) | 碰撞质量(t) | 碰撞角度(°) | 碰撞能量(kJ) | 车　型 |
|---|---|---|---|---|---|
| TB11 | 100 | 0.9 | 20 | 40.6 | 小客车 |
| TB21 | 80 | 1.3 | 8 | 6.21 | 小客车 |
| TB22 | 80 | 1.3 | 15 | 21.5 | 小客车 |
| TB31 | 80 | 1.5 | 20 | 43.32 | 小客车 |
| TB32 | 110 | 1.5 | 20 | 81.9 | 小客车 |
| TB41 | 70 | 10 | 8 | 36.6 | 重　货 |
| TB42 | 70 | 10 | 15 | 126.63 | 重　货 |
| TB51 | 70 | 13 | 20 | 287.48 | 公共汽车 |
| TB61 | 80 | 16 | 20 | 462.13 | 重　货 |
| TB71 | 65 | 30 | 20 | 572.0 | 重　货 |
| TB81 | 65 | 38 | 20 | 724.57 | 拖挂车 |

表 3-6　美国护栏碰撞条件(NCHRP350)

| 试验等级 | 车　种 | 质量(kg) | 车速(km/h) | 角度(°) | 碰撞能量(kJ) |
|---|---|---|---|---|---|
| 1 | 820C | 775 ± 25 | 50 | 20 | 8.7 |
| | 700C | 895 ± 25 | 50 | 20 | 10.1 |
| | 2000P | 2 000 ± 45 | 50 | 25 | 34.5 |
| 2 | 820C | 775 ± 25 | 70 | 20 | 17.1 |
| | 700C | 895 ± 25 | 70 | 20 | 19.8 |
| | 2000P | 2 000 ± 45 | 70 | 25 | 67.5 |
| 3 | 820C | 775 ± 25 | 100 | 20 | 40.4 |
| | 700C | 895 ± 25 | 100 | 20 | 35 |
| | 2000P | 2 000 ± 45 | 100 | 25 | 137.8 |
| 4 | 820C | 775 ± 25 | 100 | 20 | 40.4 |
| | 700C | 895 ± 25 | 100 | 20 | 35 |
| | 2000P | 2 000 ± 45 | 100 | 25 | 137.8 |
| | 8000S | 8 000 ± 200 | 80 | 15 | 132.3 |
| 5 | 820C | 775 ± 25 | 100 | 20 | 40.4 |
| | 700C | 895 ± 25 | 100 | 20 | 35 |
| | 2000P | 2 000 ± 45 | 100 | 25 | 137.8 |
| | 36000V | 36 000 ± 500 | 80 | 15 | 595.4 |
| 6 | 820C | 775 ± 25 | 100 | 20 | 40.4 |
| | 700C | 895 ± 25 | 100 | 20 | 35 |
| | 2000P | 2 000 ± 45 | 100 | 25 | 137.8 |
| | 36000T | 36 000 ± 500 | 80 | 15 | 595.4 |

(3)确定我国护栏碰撞条件时遵循的原则

①顺应护栏碰撞条件的发展趋势,满足我国公路交通实际情况的要求,确保85%~90%以上的失控车辆不会越出、冲断或下穿护栏;

②坚持“以人为本,安全至上”的指导思想,最大限度地降低事故严重度及减少二次事故的发生;

③车辆碰撞护栏是小概率交通事件,在确定护栏碰撞条件时应坚持经济、实用原则,应考虑我国的经济承受能力;

④满足碰撞条件的护栏结构应能通过实车碰撞试验的验证。

(4)碰撞条件参数的调研结果

编写组从2000年4月开始至2001年4月止,先后组织6批人员到16个省市33条高速公路共7 000多公里的公路上进行调研,获取了近千个碰撞事故的有效数据,勘察了400多个碰撞事故现场,拍摄近千幅照片和一部分录像资料。调研结果如下:

①碰撞角度:被调查公路的交通事故碰撞角度特征统计量汇总于表3-7。

**表3-7 碰撞角度特征统计量汇总表**

| 公路名称 | $N$(个) | $\theta_{max}$(°) | $\theta_{min}$(°) | $E(\theta)$ | $P_{15}$(%) | $P_{20}$(%) |
|---|---|---|---|---|---|---|
| 福泉厦漳高速 | 40 | 30.4 | 3.1 | 15.6 | 55 | 70 |
| 厦门大桥 | 1 | — | — | 14.3 | — | — |
| 厦门海沧大桥 | 1 | — | — | 29 | — | — |
| 沪宁高速 | 13 | 22.2 | 4.2 | 14.4 | 39 | 85 |
| 京石高速 | 71 | 43.8 | 2.9 | 13.3 | 63 | 86 |
| 石太高速 | 46 | 33.7 | 3.4 | 11.2 | 83 | 89 |
| 京福高速德州段 | 23 | 45.1 | 2.9 | 14.5 | 57 | 83 |
| 济青高速 | 59 | 29.4 | 3.7 | 12.1 | 70 | 89 |
| 京福高速天津段 | 6 | 26.9 | 6.7 | 16.4 | — | — |
| 京津塘高速 | 41 | 30.4 | 4.3 | 12.4 | 76 | 88 |
| 海南环岛高速 | 15 | 21.7 | 0.8 | 7.6 | 87 | 87 |
| 京沈高速 | 54 | 41.8 | 3.6 | 16.4 | 56 | 75 |
| 沈大高速 | 53 | 34.9 | 2.8 | 15.5 | 53 | 81 |
| 沈铁高速 | 18 | 36.4 | 3.8 | 18.4 | 39 | 61 |
| 长吉高速 | 12 | 38.9 | 6.1 | 14.9 | 53 | 93 |
| 哈大高速 | 16 | 55.4 | 4.4 | 14.4 | 69 | 88 |
| 柳桂高速 | 4 | 10.3 | 4.6 | 7.8 | — | — |
| 南北高速 | 4 | 19.9 | 5.2 | 13.1 | — | — |
| 楚大高速 | 18 | 16.1 | 2 | 6.5 | 94 | 100 |
| 玉元高速 | 14 | 28.4 | 4.6 | 10.5 | 86 | 93 |
| 成雅高速 | 43 | 60 | 9 | 24.8 | 3 | 14 |
| 成渝高速 | 29 | 40 | 10 | 26 | 10 | 28 |
| 太旧高速 | 17 | 45 | 5 | 21.8 | 14 | 28 |
| 平均 | 合计598 | 33.8 | 4.2 | 15.3 | 56 | 74 |

注:$N$-样本观测值数量;$\theta_{max}$-样本观测最大值;$\theta_{min}$-样本观测最小值;$E(\theta)$-样本观测平均值;$P_{15}$-观测值不大于15°的样本数占样本总数的比例;$P_{20}$-观测值不大于20°的样本数占样本总数的比例。

从表 3-7 中可知,平均碰撞角度为 15.3°,有 44%样本的碰撞角度大于 15°,有 26%样本的碰撞角度大于 20°。

如果将我国护栏碰撞事故的碰撞角度看作一个总体,则本次调查所得到的碰撞角度数据就可以看作是这个总体的一个样本 $X$。假定样本 $X$ 符合正态分布 $N(\mu,\sigma^2)$,我们可以通过矩阵估计法求得参数 $\mu$ 和 $\sigma$ 的估计量,并计算出 85%位碰撞角度的计算值为 $\theta_{85\%}=21.8°$,如图 3-1。

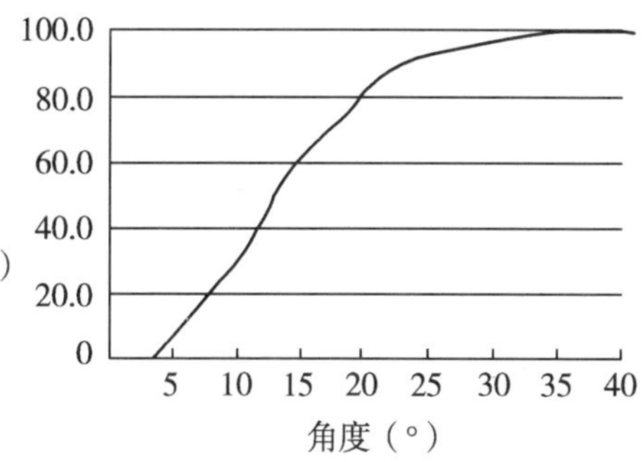

图 3-1　全部碰撞角度的累计百分比图

因此,我国护栏的碰撞角度规定为 20°。

②碰撞速度:被调查路段的平均车速见表 3-8。

**表 3-8　平均车速汇总表(km/h)**

| 公路名称 | 小型车 | | | | 中型车 | | 大型车 | | |
|---|---|---|---|---|---|---|---|---|---|
| | 小轿 | 吉普 | 小面 | 小货 | 中客 | 中货 | VOLVO | 大客 | 大货 |
| 沪宁高速 | 115 | 76 | 83 | 77 | 95 | 67 | 100 | 82 | 65 |
| 济青高速 | 114 | 108 | 81 | 73 | 92 | 70 | 101 | 84 | 62 |
| 京沪高速淮阴段 | 127 | — | 73 | 78 | 96 | 67 | 95 | 76 | 60 |
| 京石高速 | 113 | 105 | 78 | 68 | 88 | 61 | 99 | 71 | 60 |
| 石太高速 | 121 | 105 | 74 | 74 | 91 | 70 | 105 | 86 | 57 |
| 沈长高速 | 124 | 103 | 77 | 78 | 95 | 70 | — | 91 | 65 |
| 哈大高速 | 122 | 119 | 72 | 88 | 87 | 68 | — | 94 | 64 |
| 长吉高速 | 123 | 111 | 87 | 83 | 95 | 73 | — | 103 | 66 |
| 沈大高速 | 116 | 101 | 80 | 76 | 94 | 72 | — | 92 | 64 |
| 沈四高速 | 126 | 99 | — | 77 | 98 | 68 | — | 88 | 67 |
| 京沈高速 | 125 | 110 | 83 | 79 | 94 | 69 | — | 90 | 64 |
| 京昌高速 | 103 | 91 | 72 | 72 | 83 | 63 | — | 77 | 55 |
| 沈丹高速 | 113 | 98 | 75 | 77 | 92 | 68 | — | 83 | 65 |
| 福泉厦漳高速 | 107 | 108 | 79 | 84 | 95 | 70 | — | 97 | 70 |
| 长湘高速 | 104 | 102 | 80 | 77 | 94 | 69 | — | 83 | 61 |
| 柳桂高速 | 120 | 113 | 80 | 75 | 94 | 69 | — | 94 | 57 |
| 南北高速 | 119 | — | — | 71 | 93 | 75 | — | 98 | 77 |
| 京津塘高速 | 115 | 101 | 72 | 76 | 92 | 69 | — | 90 | 64 |
| 楚大高速 | 111 | 102 | 84 | 73 | 86 | 61 | — | 95 | — |
| 玉元高速 | 96 | 105 | 87 | 77 | 77 | 51 | — | 99 | — |
| 平均值 | 116 | 103 | 79 | 77 | 92 | 67 | 100 | 89 | 63 |
| 最大值 | 127 | 119 | 87 | 88 | 98 | 75 | 105 | 103 | 77 |
| 最小值 | 96 | 76 | 72 | 68 | 77 | 51 | 95 | 71 | 55 |

由表 3-8 可以看出:各条高速公路上车速最高的均为小客车;客车的平均车速大于货车的平均车速;小型车的车速高于大型车;客车车速大于同一级别的货车车速;路况好的公路车速较高。

车速统计样本只包括了调查中设计速度为 120km/h 高速公路上的所有车速数据。表 3-9 是小客车、中货车、大客车的主要统计值。碰撞速度的取值还应考虑到我国高速公路最高限速值为 120km/h。

**表 3-9　典型车型的车速统计**

| 车　型 | $E(v)$(km/h) | $v_{15\%}$(km/h) | $v_{85\%}$(km/h) | $v'$(km/h) |
|---|---|---|---|---|
| 小客车 | 116.5 | 97.6 | 134.8 | 100 |
| 中货车 | 68.9 | 56.5 | 79.5 | 60 |
| 大客车 | 90.9 | 73.8 | 107.4 | 80 |

注:$E(v)$-车速的平均值;$v_{15\%}$-15%位车速;$v_{85\%}$－85%位车速;$v'$-建议碰撞速度,当 $v_{85\%}$ 小于限制车速时,为 $v_{85\%}$ 的 0.8 倍,当 $v_{85\%}$ 大于限制车速时,为限制车速的 0.8 倍。

日本《护栏设置标准·同解说》(1998 和 2004 年版)对碰撞速度取值的解释中说明:车辆的碰撞速度主要取决于运行速度,另外碰撞时司机采取的制动措施、制动距离和路面状况的不同也会影响车辆的碰撞速度,并按运行速度的 0.8 倍取值为碰撞速度。参考此原则,我国公路护栏碰撞速度的取值规定如表 3-10。

**表 3-10　设计速度与碰撞速度(km/h)**

| 公路等级 | 高速公路、一级公路 | | | | 二～四级公路 |
|---|---|---|---|---|---|
| 设计速度 | 120 | 100 | 80 | 60 | 80、60、40、30、20 |
| 碰撞速度计算值 | 96 | 80 | 64 | 48 | |
| 碰撞速度规定值 | 100 | 80 | 60 | | 40 |

③车辆质量:

a.被调查高速公路各种车辆的占有率如表 3-11。统计结果表明小型车辆(2.5t 以下)占有率为 57.8%,中型(10t 以下)及以下车辆占有率为 88.3%,大型车辆(10t 以上)占有率为 11.7%,其中大型客车(14～18t)占有率为 4.5%。

**表 3-11　高速公路不同车型车辆占有率(%)**

| 公路名称 | 小型车辆 | | 中型车辆 | | 大型车辆 | | 合计 |
|---|---|---|---|---|---|---|---|
| | 小客 | 小货 | 中客 | 中货 | 大客 | 大货 | |
| | 2t 以下 | 2.5t 以下 | 10t 以下 | 10t 以下 | 14～18t | 10t 以上 | |
| 沪宁高速 | 55.9 | 7.9 | 12.9 | 11.7 | 8.0 | 3.6 | 100 |
| 济青高速 | 47.7 | 12.5 | 16.1 | 8.5 | 7.9 | 7.3 | 100 |
| 京沪高速淮阴段 | 28.5 | 5.3 | 5.3 | 30.4 | 2.7 | 27.8 | 100 |
| 京石高速 | 56.7 | 8.2 | 8.2 | 15.6 | 4.0 | 7.3 | 100 |
| 京津塘高速 | 68.9 | 6.2 | 11.2 | 6.7 | 2.2 | 4.8 | 100 |
| 石太高速 | 45.3 | 10.7 | 12.4 | 24.1 | 3.4 | 4.1 | 100 |

续上表

| 公路名称 | 小型车辆 | | 中型车辆 | | 大型车辆 | | 合计 |
|---|---|---|---|---|---|---|---|
| | 小客 | 小货 | 中客 | 中货 | 大客 | 大货 | |
| | 2t 以下 | 2.5t 以下 | 10t 以下 | 10t 以下 | 14～18t | 10t 以上 | |
| 沈大高速 | 43.1 | 12.6 | 8.9 | 21.4 | 4.0 | 10.0 | 100 |
| 京昌高速 | 68.6 | 1.2 | 16.9 | 3.7 | 7.8 | 1.6 | 100 |
| 沈四高速 | 41.8 | 13.0 | 8.5 | 24.8 | 2.5 | 9.5 | 100 |
| 哈大高速 | 59.1 | 12.9 | 9.0 | 11.8 | 2.1 | 5.1 | 100 |
| 长吉高速 | 60.7 | 11.1 | 6.7 | 16.0 | 2.7 | 2.7 | 100 |
| 沈长高速 | 32.0 | 7.9 | 3.2 | 37.5 | 1.1 | 18.3 | 100 |
| 京沈高速 | 46.0 | 7.2 | 5.0 | 24.3 | 0.6 | 16.9 | 100 |
| 沈丹高速 | 59.7 | 14.7 | 9.4 | 9.7 | 3.0 | 3.5 | 100 |
| 福泉厦漳高速 | 33.4 | 14.6 | 6.3 | 31.1 | 6.3 | 8.4 | 100 |
| 长湘高速 | 47.6 | 12.4 | 8.2 | 23.0 | 2.8 | 6.0 | 100 |
| 柳桂高速 | 50.0 | 7.4 | 7.4 | 23.8 | 8.9 | 2.5 | 100 |
| 南北高速 | 44.0 | 6.4 | 18.3 | 16.5 | 11.9 | 2.8 | 100 |
| 楚大高速 | 45.5 | 7.1 | 11.0 | 29.8 | 5.9 | 0.8 | 100 |
| 玉元高速 | 35.4 | 7.5 | 5.4 | 48.3 | 2.7 | 0.7 | 100 |
| 平均值 | 48.5 | 9.3 | 9.9 | 20.6 | 4.5 | 7.2 | 100 |

b.根据《2000 年国家干线公路交通量手册》,被调查干线公路各种车型车辆占有率如表 3-12。统计结果表明小型车辆(2.5t 以下)占有率为 53.5%,中型(10t 以下)及以下车辆占有率为 71.3%,大型货车(10t 以上,14t 以下)占有率为 13.0%,大型车辆(14t 以上)占有率为 15.3%。由于我国高速公路收费标准对大型车辆偏高,并且有些高速公路限制拖挂车行驶,所以在干线公路上大型车辆(14t 以上)占有率高于高速公路。

**表 3-12 干线公路不同车型车辆占有率(%)**

| 公路名称 | 小型车辆 | | 中型车辆 | 大型车辆 | | |
|---|---|---|---|---|---|---|
| | 小客 | 小货 | 中货 | 大客 | 大货 | 拖挂 |
| | 2t 以下 | 2.5t 以下 | 10t 以下 | 14～18t | 10t 以上 | 14t 以上 |
| G101 | 45.7 | 18.0 | 15.7 | 5.3 | 8.3 | 6.9 |
| G102 | 29.7 | 19.4 | 23.4 | 5.5 | 10.7 | 11.2 |
| G103 | 50.9 | 15.5 | 8.0 | 6.1 | 8.1 | 11.4 |
| G104 | 34.7 | 15.9 | 20.5 | 10.0 | 12.1 | 6.7 |
| G105 | 30.4 | 20.2 | 18.5 | 9.5 | 17.6 | 4.3 |
| G106 | 30.6 | 20.3 | 16.3 | 10.0 | 14.3 | 8.5 |
| G107 | 25.6 | 15.9 | 23.3 | 8.9 | 17.4 | 8.9 |
| G108 | 31.9 | 16.5 | 19.4 | 7.4 | 14.5 | 10.2 |

续上表

| 公路名称 | 小型车辆 | | 中型车辆 | 大型车辆 | | |
|---|---|---|---|---|---|---|
| | 小客 | 小货 | 中货 | 大客 | 大货 | 拖挂 |
| | 2t 以下 | 2.5t 以下 | 10t 以下 | 14 ~ 18t | 10t 以上 | 14t 以上 |
| G109 | 30.3 | 14.8 | 21.7 | 6.8 | 13.5 | 12.7 |
| G110 | 30.1 | 12.8 | 19.5 | 4.7 | 17.5 | 15.3 |
| G111 | 41.5 | 18.0 | 15.3 | 3.9 | 14.4 | 6.5 |
| G112 | 30.8 | 19.1 | 16.5 | 5.9 | 13.3 | 14.2 |
| G201 | 37.6 | 22.2 | 18.3 | 9.9 | 7.5 | 4.4 |
| G202 | 30.2 | 26.7 | 18.4 | 8.7 | 9.6 | 6.4 |
| G203 | 44.2 | 19.8 | 12.5 | 4.4 | 11.5 | 7.5 |
| G204 | 41.3 | 16.3 | 17.5 | 9.7 | 9.6 | 5.4 |
| G205 | 34.3 | 18.6 | 17.8 | 9.3 | 12.0 | 7.9 |
| G206 | 39.5 | 20.5 | 13.6 | 10.5 | 10.5 | 5.4 |
| G207 | 35.2 | 15.7 | 19.6 | 8.8 | 13.8 | 6.8 |
| G208 | 19.7 | 13.7 | 15.4 | 7.1 | 19.5 | 24.6 |
| G209 | 38.3 | 17.9 | 17.9 | 8.2 | 11.8 | 5.8 |
| G210 | 31.8 | 20.1 | 18.3 | 8.7 | 14.4 | 6.7 |
| G211 | 24.0 | 15.6 | 20.8 | 9.4 | 18.3 | 11.8 |
| G212 | 23.2 | 23.3 | 24.8 | 16.1 | 10.5 | 2.0 |
| G213 | 39.8 | 18.9 | 19.2 | 9.7 | 10.7 | 1.7 |
| G214 | 33.7 | 19.7 | 23.0 | 5.9 | 16.9 | 0.6 |
| G215 | 55.0 | 9.2 | 12.7 | 4.3 | 13.5 | 5.3 |
| G216 | 44.0 | 10.7 | 17.0 | 9.7 | 12.6 | 5.9 |
| G217 | 33.9 | 12.2 | 19.7 | 9.8 | 15.2 | 8.9 |
| G218 | 45.4 | 11.5 | 13.4 | 9.2 | 16.2 | 3.9 |
| G219 | 13.4 | 3.7 | 37.2 | 1.8 | 41.5 | 1.2 |
| G220 | 38.1 | 20.4 | 9.5 | 11.5 | 10.2 | 10.3 |
| G221 | 41.3 | 6.2 | 34.0 | 8.6 | 7.8 | 1.9 |
| G222 | 42.4 | 15.6 | 14.8 | 4.0 | 21.5 | 1.6 |
| G223 | 69.3 | 10.0 | 7.5 | 6.1 | 6.9 | 0.1 |
| G224 | 56.4 | 12.2 | 10.9 | 8.7 | 11.6 | 0.1 |
| G225 | 59.8 | 11.0 | 11.3 | 5.5 | 9.4 | 3.0 |
| G227 | 23.7 | 18.7 | 21.1 | 12.7 | 19.4 | 4.1 |
| G301 | 39.5 | 14.2 | 21.5 | 3.5 | 16.3 | 4.8 |
| G302 | 45.8 | 13.5 | 13.6 | 9.4 | 14.0 | 3.6 |
| G303 | 41.2 | 17.0 | 16.2 | 5.6 | 12.7 | 7.1 |

续上表

| 公路名称 | 小型车辆 | | 中型车辆 | 大型车辆 | | |
| --- | --- | --- | --- | --- | --- | --- |
| | 小客 | 小货 | 中货 | 大客 | 大货 | 拖挂 |
| | 2t 以下 | 2.5t 以下 | 10t 以下 | 14~18t | 10t 以上 | 14t 以上 |
| G304 | 37.8 | 23.1 | 18.3 | 6.0 | 7.4 | 7.5 |
| G305 | 33.8 | 20.7 | 17.5 | 5.4 | 8.7 | 13.8 |
| G306 | 23.8 | 20.4 | 21.9 | 5.4 | 13.7 | 10.1 |
| G307 | 27.5 | 15.5 | 16.6 | 5.4 | 14.9 | 20.1 |
| G308 | 38.3 | 20.5 | 10.6 | 8.3 | 10.1 | 12.2 |
| G309 | 30.3 | 21.5 | 15.2 | 6.3 | 9.3 | 17.2 |
| G310 | 37.4 | 11.9 | 17.9 | 8.0 | 16.7 | 8.0 |
| G311 | 33.5 | 14.2 | 15.3 | 8.5 | 14.0 | 14.4 |
| G312 | 29.1 | 13.9 | 20.5 | 9.9 | 19.6 | 6.9 |
| G314 | 37.5 | 9.0 | 14.6 | 8.4 | 17.9 | 12.4 |
| G315 | 50.2 | 12.3 | 10.9 | 9.8 | 10.0 | 6.6 |
| G316 | 39.5 | 15.5 | 21.6 | 7.2 | 14.4 | 1.7 |
| G317 | 40.7 | 20.1 | 17.2 | 12.1 | 8.6 | 1.3 |
| G318 | 43.1 | 17.9 | 19.5 | 9.7 | 7.9 | 1.8 |
| G319 | 41.8 | 15.2 | 17.8 | 9.7 | 13.6 | 1.9 |
| G320 | 36.7 | 16.9 | 21.5 | 9.5 | 13.4 | 2.0 |
| G321 | 34.2 | 18.7 | 19.2 | 14.4 | 11.9 | 1.6 |
| G322 | 38.9 | 13.6 | 21.7 | 10.9 | 11.8 | 3.0 |
| G323 | 35.8 | 18.7 | 20.8 | 9.6 | 12.9 | 2.1 |
| G324 | 38.4 | 15.4 | 19.0 | 10.5 | 13.2 | 3.4 |
| G325 | 23.7 | 21.5 | 19.1 | 13.2 | 18.6 | 3.9 |
| G326 | 35.0 | 19.3 | 26.1 | 7.6 | 10.7 | 1.0 |
| G327 | 45.8 | 19.1 | 11.1 | 10.9 | 3.0 | 10.1 |
| G328 | 36.0 | 19.0 | 13.3 | 14.0 | 12.9 | 4.7 |
| G329 | 46.4 | 15.0 | 20.2 | 10.7 | 4.4 | 3.3 |
| G330 | 29.6 | 14.1 | 25.2 | 10.4 | 7.5 | 13.2 |
| 平均值 | 37.0 | 16.5 | 18.0 | 8.4 | 13.0 | 6.9 |

c.碰撞车辆质量的确定：

——在车辆碰撞护栏的试验中,小客车主要用于评价发生碰撞时乘员所承受的加速度值,以验证乘员的安全性。从理论上分析,小客车的质量越小,其加速度值越大,对乘员安全性的影响也越大,所以选用 1.5t 小客车作为评价最大加速度的碰撞车型,是偏安全的。

——从高速公路和国家干线公路交通量统计分析结果可以看出,80%左右的车辆是10t 以下的中型车辆(包含小型车),考虑与《94 版规范》的延续性,仍选用 10t 的中型车辆作为碰撞条件之一。

——大型车辆的碰撞条件分别选择 14t 的大货车(延续《94 版规范》标准)和 18t 大客车,确保特大桥和路侧特别危险路段的护栏能防止大客车越出,减少重大恶性交通事故发生。

——大货(客)车碰撞试验着重验证护栏应有不被冲破的强度。

(5)我国公路护栏的碰撞条件及护栏的防撞性能

综上分析,确定我国公路各等级护栏的碰撞条件如表 3-13。

**表 3-13 公路护栏碰撞条件**

| 防撞等级 | 碰撞条件 | | | | 碰撞能量(kJ) | 护栏性能评价条件 |
|---|---|---|---|---|---|---|
| | 碰撞速度(km/h) | 车辆质量(t) | 碰撞角度(°) | 碰撞加速度*(m/s²) | | |
| B | 100 | 1.5 | 20 | ≤200 | | 乘员安全性 |
| | 40 | 10 | 20 | | 70 | 护栏强度 |
| A、Am | 100 | 1.5 | 20 | ≤200 | | 乘员安全性 |
| | 60 | 10 | 20 | | 160 | 护栏强度 |
| SB、SBm | 100 | 1.5 | 20 | ≤200 | | 乘员安全性 |
| | 80 | 10 | 20 | | 280 | 护栏强度 |
| SA、SAm | 100 | 1.5 | 20 | ≤200 | | 乘员安全性 |
| | 80 | 14 | 20 | | 400 | 护栏强度 |
| SS | 100 | 1.5 | 20 | ≤200 | | 乘员安全性 |
| | 80 | 18 | 20 | | 520 | |

注:* 指碰撞过程中,车辆重心处所受冲击加速度 10ms 间隔平均值的最大值,为车体纵向、横向和铅直加速度的合成值。

**3.0.2** 在综合分析公路线形、设计速度、运行速度、交通量和车辆构成等因素的基础上,需要采用的护栏碰撞能量低于 70kJ 或高于 520kJ 时,应进行特殊设计。

(1)需要采用的护栏碰撞能量低于 70kJ 时,如一些低等级公路或部分农村公路,应进行特殊设计,如设置护柱、石砌护墩、石垛、城墙式混凝土挡块等设施,但应进行适当的基础处理,并根据需要配置必要的钢筋,如图 3-2。

(2)需要采用的护栏碰撞能量高于 520kJ 时,如连续长下坡路段或陡坡加小半径曲线路段,车辆的运行速度往往高于设计速度,或者发生交通事故时,车辆的碰撞角度较大,或

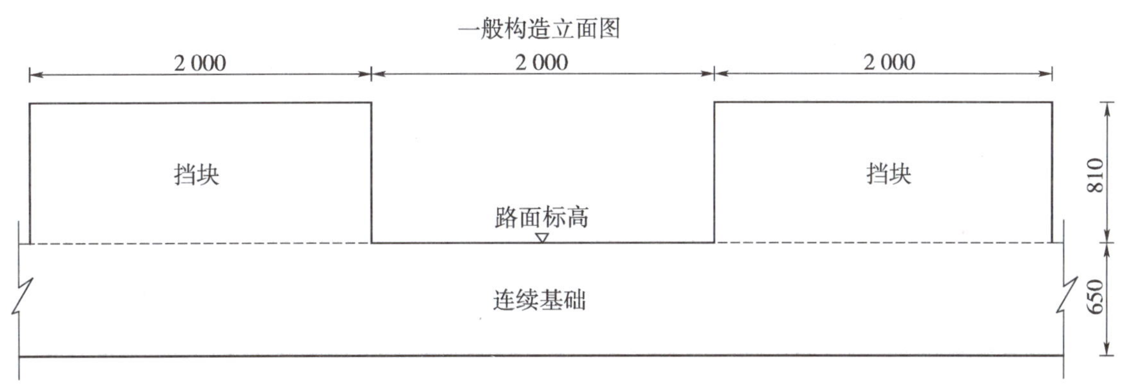


图 3-2　经基础处理的城墙式混凝土挡块(尺寸单位:mm)

者车型构成中,大型车辆所占比例很大,在这些路段,经过综合分析,应进行特殊设计,如增加护栏高度和断面尺寸、提高材料强度等。

(3)特殊设计的护栏应经过试验验证或通过主管部门组织的审查后才能使用。

# 4 路基护栏

## 4.1 一般规定

**4.1.1** 设计指导思想

(1)~(2)公路上产生交通事故的原因很多,如①驾驶员疲劳、超速、酒后驾车、躲避事故;②车辆失控或器件失效;③路面结冰、积雪;④雨、雾天气或驾驶员视线受限等。所谓宽容设计理念就是强调驾驶员的过错不应该以生命为代价,通过合理的设计将因上述原因造成的事故影响降至最低,消除那些可能产生致命后果的因素,但这并不是说护栏设置得越多越好、强度越高越好,因护栏本身也是一种障碍物。第1.0.7条的条文说明已经指出,保证一定宽度的路侧安全净区可以使绝大多数失控车辆恢复正常行驶。按照宽容设计理念,对位于路侧安全净区内的各类行车障碍物,应按下列顺序进行处理:

①去除行车净区内的障碍物;

②重新设计障碍物,使车辆能安全穿越;

③将障碍物移至不易受撞击的位置;

④通过采用解体消能设施减少车辆撞击的严重程度;

⑤采用纵向护栏保护障碍物或在障碍物前设置防撞缓冲设施;

⑥如因条件限制不能实施上述方案,则应对障碍物加以视线诱导。

在前4种措施不能实施而失控车辆越出路外产生的事故严重度高于碰撞护栏的严重度时,才考虑设置护栏。

(3)国内调查结果和国外专项研究成果均表明,不同类型的护栏如混凝土护栏、波形梁护栏、缆索护栏等之间的连接过渡,或不同构造型式的路基护栏与桥梁护栏的连接过渡,如处理不当,则对安全和美观都有重大影响。因此,应根据不同刚度、强度护栏的连接要求作特殊设计,这种设计称为护栏的过渡设计。有关过渡段的设计问题,可详见本细则第5章桥梁护栏的有关内容。

## 4.2 设置原则

**4.2.1** 路侧护栏

(1)~(4)路侧护栏根据防护对象的不同主要分为路堤护栏和障碍物护栏两大类。

①路堤护栏:

决定是否设置路堤护栏的关键因素是路堤高度和边坡坡度,一般可根据越出路堤事故的严重度指数,画出路堤高度和坡度与设置护栏的关系图。很多国家根据本国条件建立了这种关系图,作为是否设置路堤护栏的依据。当边坡坡度较缓,或者填土高度较低时,即使重心较高的车辆越出路外,翻车的可能性也很小,因为车辆能顺着坡面下滑,一般认为没有必要设置护栏。至于填土高度和边坡坡度与设置护栏的具体规定各国不完全一致,有些国家把 1:4 或 1:3 的边坡、路堤高 3~5m 作为设置护栏的起点,必要性不是很大,因为 1:3 或 1:4 的边坡车辆越出路外,如果速度不是很高,不会有什么太大危险。美国 2002 年版《路侧设计指南》认为 1:4 或更缓的边坡车辆可以穿越,对行车不构成威胁。大多数国家将 1:2 的边坡、填土高度 4m;1:1.5 的边坡、填土高度为 3m;1:1 的边坡、填土高度为 2m 作为设置护栏的起点。

编写组在确定边坡坡度、路堤高度与设置护栏的关系时,根据我国公路交通的实际情况和经济承受能力水平,将边坡坡度、路堤高度划分为三个区域,条文中用图 4.2.1 表示。二级及以上等级的公路:位于图中方格区(I 区)范围内的路段,必须设置路侧护栏;位于斜线阴影(II 区)范围内的路段,应设置路侧护栏;位于虚线(III 区)以上区域内的路段,宜设置路侧护栏。三、四级公路考虑到运行速度、经济条件、交通量等因素做出了不同规定。

②障碍物护栏:

开阔、平坦、无障碍物的路侧条件是设计者所希望的,当公路路侧安全净区范围内不能提供安全行车的条件时,则需要设置护栏来保护障碍物。路侧障碍物可分为:不能穿越的危险物和不能移走的障碍物,这些路侧危险障碍物是造成每年交通事故死亡人数 30% 的直接原因。如按照宽容设计理念不能对这些危险障碍物进行安全处理时,则要设置护栏加以隔离或保护。

为路侧障碍物设置护栏的主要依据是障碍物的特征和路侧安全净区能否得到满足。当障碍物距车行道边缘的距离小于路侧安全净区的宽度值时,经论证需要设置相应防撞等级的护栏。

③以路堤、障碍物及其他危险条件为基础,根据车辆驶出路外可能造成的事故严重程度,本条将设置护栏的条件分为三类:

a.除车辆本身外,有可能造成第二方人员伤亡、财产损失的特大事故的严重危险路段。因此类情形很难定量化,故第(1)款中未列举具体路段。铁道部、交通部联合下发的《关于在公路与铁路并行路段设置防护栏的通知》(铁运函[2005]978 号)中要求"凡公路与铁路等高或公路高于铁路的并行路段,均应设置防止汽车冲入或坠入铁路的防护设施"可作为参考,与此类似的情形还包括"与高速公路并行,路侧有房屋、输电线塔、危险品储藏仓库等"。应结合间距、公路线形、交通量等因素综合确定。发生交通事故极其严重的,归为本类,次之的归为下一类。

b.有可能造成车辆本身人员伤亡、财产损失的特大事故和二次重大事故的严重危险路段。

c.有可能造成一般、重大事故的较严重危险路段。第(4)款第②、③、⑤项还应结合路堤边坡和障碍物的分布来确定,如互通式立体交叉的三角地带处,如已填平或进行了边坡处理,路侧安全净区的宽度又满足要求,则没有必要设置护栏。

这里,对车辆驶出路外可能造成的后果严重程度借鉴了我国公安部目前的分类方法,并据此规定了路基护栏防撞等级的适用条件。公安部对道路交通事故的等级分为四类:轻微事故,是指一次造成轻伤1至2人,或者财产损失机动车事故不足1 000元,非机动车事故不足200元的事故。一般事故,是指一次造成重伤1至2人,或者轻伤3人以上,或者财产损失不足3万元的事故。重大事故,是指一次造成死亡1至2人,或者重伤3人以上10人以下,或者财产损失3万元以上不足6万元的事故。特大事故,是指一次造成死亡3人以上,或者重伤11人以上,或者死亡1人,同时重伤8人以上,或者死亡2人,同时重伤5人以上,或者财产损失6万元以上的事故。

本条主要通过此方法对路侧的危险程度进行分类,以更准确地从公路条件本身确定需要设置护栏的防撞能力,与交通事故实际发生的伤亡人数和财产损失并无必然联系。在具体使用时应注意具体问题具体分析。

(5)条文表4.2.1-1在确定路基护栏防撞等级适用条件时,考虑了公路等级、设计速度和路侧危险程度。设计速度和路侧危险程度相同时,等级高的公路选用的护栏防撞等级有可能高一些,主要是考虑到等级高的公路承担的交通量更大,导致的交通事故有可能更多。在使用该表时,应结合具体条款的说明,当公路线形、运行速度、填土高度、交通量和车辆构成等使产生的交通事故后果更严重时,应在该表的基础上提高护栏的防撞等级。

(6)路侧护栏的最小设置长度,主要考虑护栏的整体作用,只有当护栏作为连续梁能很好发挥整体效果,护栏才是有效的。如果护栏设置长度较短,不但影响美观,而且不能发挥护栏的导向功能,增加碰撞的危险性。碰撞试验、仿真分析以及实地调查结果表明:高速公路、一级公路上设置的波形梁护栏最小设置长度不宜小于70m;二级公路时,其最小设置长度不宜小于48m;三、四级公路时,其最小设置长度不宜小于28m。混凝土护栏自重大,整体性好,在高速公路、一级公路上设置时,其最小长度不宜小于36m;二级公路时,其最小设置长度不宜小于24m;三、四级公路时,其最小设置长度不宜小于12m。缆索护栏设置短了不经济,缆索护栏需要张拉、靠端部结构和中间端部结构来支撑。高速公路、一级公路时,其最小设置长度不宜小于300m;二、三、四级公路时,其最小设置长度不宜小于120m。上文所说的护栏最小设置长度是指护栏的标准段、渐变段和端头所构成的总长度。如果相邻两段路侧护栏的间距小于规定的最小长度时,宜将两段护栏连接起来。

### 4.2.2 中央分隔带护栏

日本高速公路交通事故统计数据表明,车辆与中央分隔带护栏接触、冲撞、爬上护栏、个别冲断护栏的事故,约占事故总数的22% ~ 25%。也就是说,在高速公路上发生的交通事故,有1/4与中央分隔带有关,因此,在中央分隔带设置护栏是非常必要的。中央分隔带护栏就是为了防止车辆越过中央分隔带闯入对向车道而设置的。因为这种事故一旦发生其后果是非常严重的。各国在规定中央分隔带护栏设置标准时,往往以中央分隔带的宽度、交通量为依据,如表4-1。交通量较低时,车辆横越中央分隔带的概率就低,但是,在交通量较低时,车辆的速度就会相对提高,因此,一旦发生横越中央分隔带的情况,就可能产生严重的后果。因此,对于交通量的规定各国有较大差别,各国都把中央分隔带的宽度看成是否设置中央分隔带护栏的重要依据。比较宽的中央分隔带,车辆横越的概率也相对低。美国的传统做法是中央分隔带宽度超过 10m 时可以不设置护栏。考虑到一些公路交通量较大、车速高、横越事故多,一些州已提高了这一标准,如佛罗里达州规定宽度 19.5m 以下、加利福尼亚州规定宽度 23m、每日交通量 60 000 辆以上的中央分隔带应考虑设置护栏。《94 版规范》规定“中央分隔带宽度大于 10m 时,可不设中央分隔带护栏”。参考现行《公路工程技术标准》(JTG B01)的条文说明,并结合国内已通车高速公路的运营状况,本规范规定:当整体式断面中间带宽度小于等于 12m 时,必须设置中央分隔带护栏;大于 12m 时,应综合考虑公路线形、运行速度、中央分隔带的宽度、交通量及车型构成等因素,分路段确定是否设置中央分隔带护栏。

**表 4-1　部分国家设置中央分隔带护栏的标准**

| 国别 | 中央分隔带的宽度(m) | 交通量(辆/日) | 道路等级 | 国别 | 中央分隔带的宽度(m) | 交通量(辆/日) | 道路等级 |
|---|---|---|---|---|---|---|---|
| 比利时 | 0 | 5 000 | | | 2 | | |
| | 4 | 10 000 | | 英国 | | 10 500 | |
| | 6 | 15 000 | | | | | |
| | 8 | 20 000 | | 捷克、芬兰 | | | |
| 丹麦 | 3 | 5 000 | | 奥地利、德国、匈牙利、荷兰、日本 | | | 快速道路、汽车专用公路一律设置中央分隔带护栏 |
| | 6 | 10 000 | | | | | |
| | 8 | 20 000 | | | | | |
| 波兰 | 4 | | | 阿尔及利亚 | 4.5 | | |
| | 6 | 20 000 | | | 4.5~6 | 4 000 | |
| 葡萄牙 | 4 | 10 000 | | 罗马尼亚 | 中央带有障碍物时需设置护栏 | | |
| | 5 | 20 000 | | | | | |
| | 6 | 30 000 | | 法国 | 4.5m 或中央分隔带有障碍物时,需设置护栏 | | |
| 瑞典 | | 15 000 | | | | | |

## 4.3　型式选择

**4.3.1**　本条中提到的钢背木护栏外观比较赏心悦目,它通过在实木梁、柱内设置钢板或型钢材料来增加抗拉强度。所有材料均应经过严格的防腐处理。目前国外一些钢背木护栏产品已经通过了护栏碰撞试验。三种类型的护栏相比,刚性护栏几乎不变形,但当车辆与护栏的碰撞角度较大时,对车辆和乘员的伤害较大;半刚性护栏刚柔相兼,具有较强的吸收碰撞能量的能力,对车辆和乘员的伤害相对较小;柔性护栏在受到碰撞后,由于变形较大,因此对车辆和乘员的伤害最小。

**4.3.2**　在选择护栏型式时,需要综合考虑的因素如表 4-2。

**表 4-2 选择护栏型式时应考虑的因素**

| 序号 | 考虑因素 | | 说明 |
|---|---|---|---|
| 1 | 防撞等级的选择 | | 护栏在结构上必须能阻挡并使设计车辆转向。<br>选择防撞等级时,应综合考虑道路条件(平纵线形、中央分隔带宽度、边坡坡度、路侧障碍物等)和交通条件(车型构成、交通量、运行车速等) |
| 2 | 变形量 | | 护栏的变形量不应超过容许的变形距离;柔性护栏变形最大,刚性护栏变形最小,半刚性护栏变形居中。<br>如果护栏与被保护物体间距较大,则可选择对车辆和乘员产生冲击力最小的方案。如障碍物正好临近护栏,则只能选择半刚性或刚性护栏。大多数护栏可通过增加立柱或增加板的强度来提高整体强度。<br>4.5m 以下宽度的中央分隔带不宜设置柔性护栏 |
| 3 | 现场条件 | | 边坡的坡度、与行车道的距离可能会限制某些护栏的使用:<br>在边坡上设置护栏时,如边坡坡度陡于 1:10,应采用柔性或半刚性护栏;如边坡坡度陡于 1:6,则任何护栏均不应在边坡上设置。<br>如土路肩较窄,则立柱所受土压力减少,则需要增加埋深、缩短柱距或土中增加钢板 |
| 4 | 通用性 | | 护栏的型式及其端头处理、与其他型式护栏的过渡处理应尽量标准化,中央分隔带护栏型式还应考虑与其他设施(如灯柱、标志立柱和桥墩等)的协调性。<br>当采用标准护栏不能满足现场要求时,才需要考虑非标准或特殊护栏的设计 |
| 5 | 全寿命周期成本 | | 在最终确定设计方案时,考虑最多的可能是各种方案的初期建设成本和将来的养护成本。一般情况下,护栏的初期建设成本会随着防撞等级的增加而增加,但养护成本会减少。相反,初期建设成本低,则随后的养护成本会大大增加。发生事故后,柔性或半刚性护栏比刚性或高强度护栏需要更多的养护。交通量大、事故频发的路段,事故养护成本将成为必须考虑的因素,刚性护栏是较好的选择方案 |
| 6 | 养护 | (1)常规养护 | 各种护栏均不需要大量的常规养护 |
| | | (2)事故养护 | 一般情况下,事故后柔性或半刚性护栏比刚性或高强度护栏需要更多的养护。<br>在交通量相当大、事故频率较高处,事故养护成本可能会变为最需要考虑的因素,这种情况通常发生在城市高速公路沿线。在这种位置处,刚性护栏(如混凝土护栏)通常作为选择方案 |
| | | (3)材料储备 | 种类越少,所需要的库存类别和存储需求越少 |
| | | (4)方便性 | 设计越简单,成本越低,且越便于现场人员准确修复 |
| 7 | 美观、环境因素 | | 美观通常不是选择护栏型式的控制因素,但旅游公路或对景观要求高的公路除外。这种情况下,可选择外观自然、能与周边环境融为一体而又具有相应防撞等级的护栏型式。<br>护栏的选择还要考虑沿线的环境腐蚀程度、气象条件和其对视距的影响等,如积雪地区应考虑除雪的方便性 |
| 8 | 实践经验 | | 应对现有护栏的性能和养护需求进行监测,以确定是否需要通过改变护栏型式来减少或消除已发现的问题 |

**4.3.3** 因设置护栏对提升公路景观没有任何作用,因此旅游公路或对景观要求高的公路,应尽量寻找可以替代护栏的措施,如设置浅碟型边沟或挖方路段边沟上设置盖板等。经论证需要设置护栏时,护栏型式应能体现地区特性和景观特点,外观力求简洁、减少装饰并充分考虑通透性,护栏色彩应与构造物及周边环境相协调。采用刚性护栏时,应采取措施尽量降低刚性护栏的存在感。任何情况下,护栏防撞等级不得降低。

## 4.4 缆索护栏

**4.4.1** 缆索护栏一般情况下适用于公路路侧,这是本次修订版不同于《94 版规范》之处。主要出于两点考虑:①缆索是承受初拉力和失控车辆冲击力的主要构件,护栏缆索受拉,在弹性范围内工作,可以重复使用、容易修复,但冲击力太大时不易挡住;②缆索护栏的横向动态变形较大,而我国高速公路、一级公路的中央分隔带都较窄,即使碰撞车辆未冲断护栏也有可能影响到对向行车的安全。因此,4.5m 以下宽度的中央分隔带不宜设置缆索护栏。

考虑到车辆碰撞缆索时产生的最大位移应满足规定值(110cm)的要求,B 级采用 5 根缆索,A 级采用 6 根缆索。B 级和 A 级缆索的初拉力采用 20kN,缆索采用具有较高强度和抗腐性能优良的 3×7 镀锌、右拧的构造。

**4.4.2** 缆索护栏的端部立柱系承受缆索张拉力和失控车辆碰撞力的主要结构,由三角形支架、底板和混凝土基础组成。缆索护栏的装配如图 4-1,端部立柱如图 4-2,各部构造和尺寸如条文表 4.4.2。

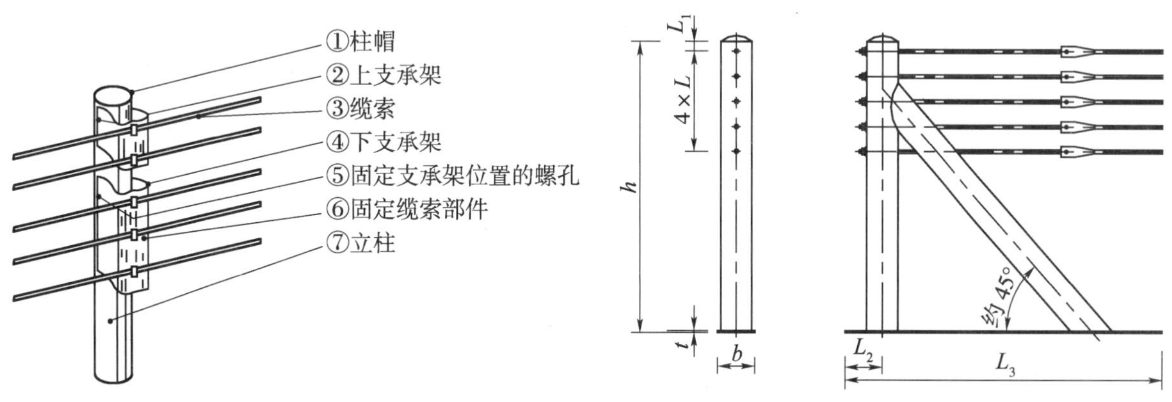


图 4-1 缆索护栏装配图(B 级)

图 4-2 缆索护栏端部结构图(B 级)

注:$h$、$L_3$ 根据端部结构的地上高度来确定。

缆索和托架离地的高度,主要考虑与碰撞车辆的作用位置。缆索的高度既不致使大型车辆越出路外,又要防止小型车辆钻入缆索的下面,失控车辆在与缆索护栏作用过程中,希望通过护栏的吸能和导向,使碰撞车辆逐步恢复到正常行驶方向。根据日本利用普通客车和 8t 载重汽车进行实车碰撞试验的结果表明,最下端的缆索高度接近 44cm,托架最下端的高度为30cm,最上端的缆索离路面高度接近950cm比较理想。因此,在本细则中采用了与其相近的数值,如表4-3。

**表4-3　端部结构各部尺寸**

| 种　类 | 项　　目 | B级 | A级 |
|---|---|---|---|
| $L$ | 孔间隔(mm) | 130 | 130 |
| $L_1$ | 离柱顶距离(mm) | 50 | 50 |
| $L_2$ | 立柱位置(mm) | 200 | 220 |
| $b$ | 宽度(mm) | 200 | 250 |
| $t$ | 板厚(mm) | 9 | 9 |

立柱表面至缆索外表的距离,由托架的宽度来保证。托架的作用,首先在于固定缆索的位置,其次就是能把缆索从立柱面横向悬出一定距离,来防止碰撞车辆在立柱处受绊阻。在细则中立柱至缆索外边的距离定为110mm,就是考虑了上述因素。

缆索与缆索之间的距离,主要从碰撞力均匀分布入手,根据车型、冲出角度等因素,既要使缆索间隔构成一定的高度,防止车辆越出和钻入,又要使尽可能多的缆索共同承受碰撞力,避免冲击力过分集中在少数几根缆索上,缆索间距定为130mm比较合适。

端部结构可以采用埋入式和装配式两类。埋入式端部结构是与混凝土基础连成一体的,端部立柱的埋入深度根据不同的类别从400~500mm不等。三角形支架的斜立桩与地面成45°角,底部焊接一块钢板,一方面可以使三角形支架构成稳定的框架,另一方面,通过底部的钢板可以大大增加与基础混凝土的粘结力,通过钢板也易于控制各部分标高。装配式端部结构通过预埋件与混凝土基础连成一体,端部结构的预埋件因不同的结构、不同的类别而有差别。B级三角形支架采用6根$\phi28\times600$mm预埋地脚螺栓,6根地脚螺栓与钢板、角钢焊接成框架,一方面定位地脚螺栓的位置,另一方面可以大大加强与混凝土的粘结强度。考虑到施工的方便性和实际使用效果,本次修订推荐了埋入式端部结构。

端部结构安装在缆索护栏起终点位置。为了保持缆索的初拉力和简化安装施工时的张拉设备,维持一定的缆索水平度,防止挠度的产生,一般把缆索的安装长度定为300~500m,也就是说每根缆索的长度不宜超过500m,这里也考虑了方便维修养护的因素。

**4.4.3**　缆索护栏的安装长度受缆索搬运、施工、维修等的限制,机械施工时缆索长度可达500m,人工施工时长度则以300m为限。当护栏的安装长度超过300~500m时,在设计上应采用中间端部结构。

中间端部结构为三角形,需要成对地安装。也就是说,从缆索护栏的起点设置端部结构开始,通过中间立柱把缆索一跨一跨地延伸出去,直到缆索长度(300~500m)的另一端设置中间端部结构。由于缆索护栏的长度还要继续延伸出去,作为另一根缆索的起点,即一对中间端部结构中的另一个,则需要倒退12~21m(三跨)再设置。这样,两段缆索护栏通过中间端部结构形成交替,在两个中间端部结构之间设置两根中间立柱。弓形中间端部结构适用于保护非机动车和行人的缆索护栏,不需要成对地安装。也就是说,可以通过一个弓形中间端部结构把两段缆索护栏连接起来。因此,中间端部结构可以作为护栏长度延伸的中间过渡结构，一旦设置后，其作用实际和端部立柱一样要承受缆索初拉力和失控车辆的冲击力，因此，保证其强度和稳定性也是非常重要的。

**4.4.4** 中间立柱可采用焊接钢管，B 级和 A 级承受的冲击力较大，钢管外径为 140mm。埋入土中或埋入混凝土中的立柱，因其埋设条件不同而有不同的深度。埋入土中的立柱由于与公路边缘的距离较近，边坡附近的土压力较小，为保证缆索护栏的强度，应保证 165cm 的埋置深度。埋置于混凝土中的立柱，考虑到混凝土结构物对立柱的锁结作用，埋置深度定为 40cm。

立柱上安装的托架，通过贯通孔用螺栓定位，最上端的孔位应距柱顶 50mm。

立柱间隔与缆索根数、立柱直径、埋入深度有密切的关系。虽然间隔越大越经济，但从使用效果角度考虑，最大值定为 7m。不过，若是立柱埋设在混凝土中时，则可与波形梁护栏一样采用 4m 为最大值。若在曲线部分设置缆索护栏时，为保证缆索在曲线部分的圆滑过渡，确保曲线段护栏发挥正常的功能，应按公路曲线半径和缆索护栏的类别来确定立柱的间隔。

缆索护栏的中间立柱是端部立柱之间或中间端部立柱之间的支承结构，它除了有埋置于土中、埋置于混凝土中的安装方式外，还有一种套管式结构，这种结构拆装方便，适用于寒冷多雪地区，为便于除雪而设计。

**4.4.5** 缆索护栏的托架根据不同的防撞等级而采用不同的组合。B 级采用 I 号和 II 号托架，A 级采用 III 号和 II 号托架，以保证规定的缆索间隔和缆索护栏的功能要求。托架为圆筒状，用螺栓固定于立柱上。托架的作用是可以把缆索固定住，同时，把缆索悬置于立柱外，防止失控车辆在立柱处绊阻，以利车辆的导向。

**4.4.6** 缆索和索端锚具是护栏的重要部件。缆索采用具有一定刚度，且具有优良耐腐蚀性的镀锌钢丝制造，构造为 3×7 右拧。缆索的外径由于强度的需要而采用 18mm。缆索的外径指的是横断面的外接圆直径。

索端锚具是缆索与端部立柱(或中间端部立柱)连接的部件，包括锚头、拉杆、紧固件等。首先应把缆索在锚头中固定，采用的方法有铸入合金法和打入楔子法，可根据施工条件选择采用。然后，可用拉杆螺栓固定在立柱上。

**4.4.7** 缆索护栏沿公路横断面设置的位置

(1)路侧缆索护栏位置的规定原则同第 4.5.4 条，详见该条说明。

(2)中央分隔带宽度大于 4.5m 需要设置缆索护栏时，考虑到强度、运营养护的方便性和绿化、地下管线的设置等，护栏以分设型设置为好。考虑到美观的需要，一般应对称布设，缆索的外缘面至中央分隔带边缘的距离应满足公路建筑限界的要求。

**4.4.8** 详见第 4.5.12 条的条文说明。

## 4.5 波形梁护栏

**4.5.1** 根据波形梁护栏的防撞性能、变形特点、养护成本和美观性等因素，一般情况下，路侧和中央分隔带可以采用波形梁护栏的型式。路侧护栏应设置在公路两侧的土路肩上，当土路肩宽度为50cm而路侧又有必要设置护栏时，建议对土路肩加宽25cm以上，以满足公路建筑限界和护栏安装的需要。按照现行《公路工程技术标准》(JTG B01—2003)的规定，高速公路、一级公路整体式断面必须设置中间带。根据中央分隔带的危险程度，常用的中央分隔带护栏按防撞等级可分为Am、SBm和SAm三级，位于分离式断面内侧的护栏按路侧护栏处理。

如何利用新的护栏碰撞条件，选用适合我国公路特点的波形梁护栏结构型式是本次细则修订的重点。编写组在确定护栏结构型式时，考虑了下列因素：

(1)尽量吸收当代国外成熟的护栏结构型式作为参考标准，课题组收集了日本、美国、德国等发达国家的最新护栏标准设计图；

(2)充分考虑我国的公路条件和车辆条件，依据现行的《公路工程技术标准》(JTG B01—2003)确定公路几何参数；

(3)借鉴最新的科研成果，如针对中央分隔带土质较疏松的特点，护栏立柱的处理方式等；

(4)国内护栏足尺碰撞试验成果；

(5)现有护栏使用情况调研结果，改进原有一些处理不当的设计；

(6)经济条件。

国外发达国家大多根据足尺碰撞试验的结果来确定护栏的结构型式。由于受到经济条件的制约，本次细则以参考公路条件与我国较接近的日本《车辆用护栏标准图·同解说》(1999和2004年版)为主，经考虑我国的公路条件、材料规格等因素后，确定了我国波形梁护栏的结构型式。条件允许时，编写组也将进行一系列的足尺碰撞试验，以进一步对护栏的结构型式进行优化和调整。

**4.5.2** 路侧波形梁护栏的构造

(1)路侧波形梁护栏B级可吸收的碰撞能量为70kJ，其结构来自于《94版规范》中强度最弱的A级无防阻块、立柱为$\phi$114mm×4.5mm规格的路侧护栏。本细则规定B级护栏主要适用于二~四级公路，但在进行护栏横断面布置时，由于现行《公路工程技术标准》(JTG B01—2003)规定“二、三、四级公路的侧向宽度为路肩宽度减去0.25m”，因此如设置护栏，需要将土路肩宽度增加25cm，才能不侵占原有公路建筑限界。

(2)路侧波形梁护栏A级可吸收的碰撞能量为160kJ，其结构来自于《94版规范》中强度最高的A级有防阻块、立柱为$\phi$140mm×4.5mm规格的路侧护栏，并将护栏板的厚度由3mm提高到4mm，防阻块的厚度由3mm提高到4.5mm。我国的A级护栏最大碰撞能量相当于日本《车辆用护栏标准图·同解说》(1999和2004年版)中的SC级。日本SC级护栏由三波梁板(500mm × 85mm × 4mm)、托架(300mm × 35mm × 6mm)和立柱(φ139.8mm × 4.5mm)组成,考虑到防阻块的功能,编写组认为两种结构强度大抵相当。A 级护栏将是我国高速公路、一级公路中使用最普遍的护栏型式。

(3)路侧波形梁护栏 SB 级可吸收的碰撞能量为 280kJ,与日本的 SB 级护栏能量相当。日本 SB 级护栏由三波梁板(500mm × 85mm × 4mm)、防阻块(300mm × 200mm × 290mm × 4.5mm)和方管立柱(□125mm × 125mm × 6mm)组成。本细则所采用的 SB 级护栏结构与日本相比,变化如下:

①三波形梁采用符合我国现行《公路三波形梁钢护栏》(JT/T 457—2001)中的梁板形式,规格为 506mm × 85mm × 4mm;

②立柱采用□130mm × 130mm × 6mm 规格,符合现行《结构用冷弯空心型钢尺寸、外形、重量及允许偏差》(GB/T 6728—2002)的规定(我国 GB/T 6728 标准中无□125mm × 125mm × 6mm 规格);

③防阻块采用 300mm × 200mm × 290mm × 4.5mm 规格,根据采用的三波形梁护栏、立柱的型式进行了适当的调整。

(4)路侧波形梁护栏 SA 级可吸收的碰撞能量为 400kJ,与日本的 SA 级护栏能量(420kJ)相当。日本 SA 级护栏由三波梁板(500mm × 85mm × 4mm)、横梁(φ89.1mm × 5.5mm)、防阻块(300mm × 200mm × 290mm × 4.5mm)和方管立柱(□125mm × 125mm × 6mm)、圆管立柱(φ101.6mm × 4.2mm)组成。本细则所采用的 SA 级护栏结构与日本相比,变化如下:

①三波形梁采用符合我国现行《公路三波形梁钢护栏》(JT/T 457—2001)中的梁板形式,规格为 506mm × 85mm × 4mm;

②横梁、套管采用我国标准中规定的 φ89mm × 5.5mm 和 φ73mm × 6.0mm 规格的热轧无缝钢管,上段立柱采用 φ102mm × 4.5mm 规格的普通碳素结构钢焊接钢管;

③下段立柱采用□130mm × 130mm × 6mm 规格,符合现行《结构用冷弯空心型钢尺寸、外形、重量及允许偏差》(GB/T 6728—2002)的规定(我国 GB/T 6728 标准中无□125mm × 125mm × 6mm 规格);

④防阻块采用 300mm × 200mm × 290mm × 4.5mm 规格,根据采用的三波形梁护栏、立柱的型式进行了适当的调整。

(5)路侧波形梁护栏 SS 级可吸收的碰撞能量为 520kJ,比日本 SS 级护栏碰撞能量(650kJ)低 1/4 左右。日本 SS 级护栏由三波梁板(500mm × 85mm × 4mm)、横梁(φ89.1mm × 5.5mm)、防阻块(400mm × 200mm × 290mm × 4.5mm)和方管立柱(□125mm × 125mm × 6mm)、圆管立柱(φ101.6mm × 4.2mm)组成。本细则所采用的 SS 级护栏结构与日本相比,变化如下:

①三波形梁采用符合我国现行《公路三波形梁钢护栏》(JT/T 457—2001)中的梁板形式,规格为 506mm × 85mm × 4mm;

②横梁、套管采用我国标准中规定的 φ89mm × 5.5mm 和 φ73mm × 6.0mm 规格的热轧无缝钢管,上段立柱采用 φ102mm × 4.5mm 规格的普通碳素结构钢焊接钢管;

③下段立柱采用□130mm×130mm×6mm规格,符合现行《结构用冷弯空心型钢尺寸、外形、重量及允许偏差》(GB/T 6728—2002)的规定(我国GB/T 6728标准中无□125mm×125mm×6mm规格);

④防阻块采用350mm×200mm×290mm×4.5mm规格,长度比日本规格短50mm,主要考虑到碰撞能量、我国公路土路肩宽度、三波形梁护栏和立柱的型式等因素作了相应调整。

**4.5.3** 中央分隔带波形梁护栏的构造

(1)中央分隔带波形梁护栏从构造上可分为分设型和组合型两种。中央分隔带宽度大于等于2m,中央分隔带内构造物较多,或在中央分隔带下埋设有管线的路段,可采用分设型护栏;中央分隔带宽度小于2m,中央分隔带内构造物不多或埋设管线较少的路段,可采用组合型护栏。

(2)~(5)防撞等级为Am、SBm和SAm的分设型中央分隔带护栏的构造型式与A、SB和SA的路侧护栏基本相同。组合型波形梁护栏适用于中央分隔带宽度小于2m的路段,通过横隔梁将两个方向的护栏板连接起来。

**4.5.4** 波形梁护栏沿公路横断面设置的位置

(1)路侧护栏在公路横断面上设置位置的确定主要考虑两个因素:①路侧护栏不应侵入现行《公路工程技术标准》(JTG B01—2003)规定的公路建筑限界以内;②应考虑到护栏立柱在受到撞击后的变形范围,使车辆的外侧车轮能停止在土路肩以内。基于上述原因,本款规定护栏面可与土路肩左侧边缘线或路缘石左侧立面重合,如因公路线形等原因,护栏的横向设置位置可适当外移,但立柱外侧土路肩保护层宽度应大于25cm。如遇到与桥梁护栏过渡或采用外展式端头时,可通过设置混凝土基础、加深立柱或立柱上焊接钢板等措施加强护栏的整体强度。

(2)中央分隔带波形梁护栏的横断面布设,一般首先根据中央分隔带的宽度和地下管线的布设位置来确定。

现行《公路工程技术标准》(JTG B01—2003)中,对中央分隔带宽度规定的一般值为3m和2m,考虑到强度、运营养护的方便性和绿化、地下管线的设置等,护栏以分设型设置为好。如中央分隔带采用1m的最小值时,则应设置组合型护栏或其他型式的护栏,如混凝土护栏等。

中央分隔带护栏在中间带内一般应对称布设,波形梁护栏板的外缘至中央分隔带边缘的距离应满足公路建筑限界的要求。

组合型波形梁护栏,原则上应沿公路中心线布设。当公路中心线位置内有构造物、地下管线时,护栏立柱的中心线可以向一侧偏移,或将组合型改变成分设型,以便绕过中心线位置的构造物。

**4.5.5** 波形梁护栏横梁中心高度的确定

一旦失控车辆与护栏发生碰撞时，当然希望护栏能作用于车辆的有效部位，既不使车辆越出护栏，也不使车辆钻入护栏横梁的下面。理想的情况是通过护栏的整体作用迫使车辆逐步转向，一直恢复到正常的行驶方向。但目前世界上生产的汽车从大吨位的重型汽车到很小的微型汽车，其质量相差非常悬殊，车辆外形变化很大。现代的小轿车有向微型化发展的趋势，其质量变得越来越轻，为了减少空气阻力，前车盖更符合流线型而变低，这种车辆在与护栏相碰时，很容易钻入护栏的横梁下面而造成严重的后果。另一种情况是车辆的吨位越来越大，也就是车辆日趋大型化和重型化。这种大型车在与护栏碰撞时，可能产生跳跃问题。特别在与 W 型波形梁护栏相撞时，由于车辆的保险杠碰撞波形梁护栏的横梁顶部而可能使其拧扭成为斜面。这种情况尤其在碰撞角度很大、速度很高时危险性更大。一旦出现这种情况，就有可能使保险杠向下往后倾斜，汽车在冲撞力的作用下很容易滑上护栏的斜面，从而发生跃出护栏的事故。上面说的两种情况——车辆钻入护栏横梁下面和车辆从护栏横梁上越出，当然是不希望发生的。这就要求很好地研究确定护栏的合理安装高度。

《94 版规范》中护栏高度的确定主要参考了美国的经验：①根据大量的不同重心高度车辆与护栏的足尺碰撞试验；②投入使用中的护栏碰撞事故调查资料；③现代车辆的几何特性分析。通过这三个方面确定了护栏的安装高度。

护栏安装高度的确定实际上关系到对大部分车辆碰撞点的有效保护，因此护栏的安装高度在没有经过充分试验验证的情况下，不得随意改变。设计时可根据路侧具体情况，将碰撞中心点即连接螺栓孔中心距路面的高度控制为 600mm。若路侧或中央分隔带有路缘石、而路缘石与护栏面又不齐平时，碰撞中心点的高度应从路缘石顶面算起。对于三波形梁钢护栏，最下二波的梁板中心高度也控制为 600mm，这样可更有效地对大型车辆实施保护。对 SA(SAm)、SS 等级的护栏来说，由于要求的碰撞能量高，因此在三波梁的上部增设了横梁，这样可更有效地防止大型车辆穿越护栏并增加诱导效果。横梁与三波波形梁板板之间的净距为 305.5mm，增加了护栏的通透性并提高了护栏的美观程度。

**4.5.6** 波形梁护栏立柱埋深

波形梁护栏的强度主要决定于立柱的刚度、土的承载力及梁的抗拉强度，特别是立柱的水平承载力与位移的关系是决定立柱强度的重要因素。为此，日本土木研究所等单位对护栏立柱的强度进行了专门的试验研究。试验用护栏立柱为圆钢管，规格为 $\phi$114.3mm × 4.5mm、$\phi$139.8mm × 4.5mm，立柱长度为 1 200mm、1 500mm、1 800mm 三种。埋设条件分为：土中，纯混凝土密封，附加地锚，填焦油沥青，沥青铺装。采用两种加载方法：静载——用 25t 推土机加载，杠杆式倒链张紧器；动载——用 20t 货车，27km/h 速度行进。

(1)常磐公路柏子区静载试验结果

①荷载与位移的关系：埋于土中的立柱，加荷后的弯曲位置与柱径、埋深无关，大约位于地表下 40cm 处，该位置正好在上部路基面处。

根据荷载-位移曲线，位移在 5cm 左右之前，属地基反力发挥作用的阶段。位移在 5 ~ 50cm，正好是立柱弯曲阶段，曲线平缓，位移增加很快。

②立柱尺寸与强度的关系:立柱的强度明显受立柱直径大小的影响。位移在5~50cm之间时,立柱弯曲不断发展,反应变形增大,立柱截面系数的差别反映在强度上;相反,立柱的埋深不同而没有反映强度的差别。在三种情况下,立柱的最大弯矩都发生在地面下40cm的地方,而与埋深无关。这说明试验立柱均被埋置在具有足够强度的下部路基中,并已具有足够的立柱埋深。

③加混凝土封层后的立柱强度取决于截面系数。

④加混凝土封层的立柱,其最大力矩发生在地表处。埋入土中的立柱,其最大力矩发生在地面下40cm处。

(2)土木研究所的试验结果

①静载试验:根据荷载-位移曲线,当立柱埋深为1.8m时,位移在10cm以前,系地基承载力发挥作用阶段;位移在10~80cm之间时,立柱弯曲,其水平承载力取决于钢管的截面系数。当立柱埋深为1.5m时,立柱没有弯曲,系地基屈服所造成,说明立柱的水平承载力与地基的密实度即地基承载力有很大关系。

②动载试验:加载初期,荷载-位移曲线陡急,最大水平承载力也比静载大。另外,动载使钢材产生应变速度加快,增加了钢材的屈服点,降低了钢材的塑性和韧性,使立柱的承载力降低。

美国得克萨斯运输学院和州公路与公共运输部联合进行了一系列立柱静载试验,以确定护栏木柱和工字钢柱在埋深为18、24、30、38in和两种不同类型土壤中的性能。试验结果表明:钢柱比木柱吸收的能量小。当埋置深度为18和24in时,粘性土壤比砂性土壤消耗更多的能量。当埋置深度为30和38in时,砂性土壤吸收更多的能量。

本细则参考了日本、美国等国家的护栏标准图,规定二波波形梁护栏B级立柱埋置深度不应小于125cm,A、Am级立柱埋置深度不应小于140cm,三波波形梁SB、SBm、SA、SAm和SS级立柱埋置深度不应小于165cm;如存在路缘石时,立柱埋深还应考虑路缘石的高度。上述数据的确定充分考虑了我国土路肩较窄、立柱侧向土压力减小、土路肩填土压实度等因素。

当护栏立柱下方遇有地下管线或设置在石方路段及其他特殊情况时,立柱应设置于混凝土基础中。立柱置于混凝土基础中时,其埋深一般不应小于40cm。日本对立柱加混凝土封层和加锚的试验结果表明,埋于混凝土封层中的立柱均在地表面处产生弯曲,也就是说最大弯矩发生在地表处。所谓加混凝土封层就是把立柱埋入土中后,在地表面铺一层混凝土。所谓加锚的埋置方法就是采用混凝土封层再加$\phi$13mm×400mm圆钢锚固。当采用混凝土封层和加锚的埋置方法时,试验中立柱发生上拔力阶段,混凝土封层产生了裂纹。但这两组试验的荷载-位移曲线几乎相同。由此可见,加混凝土封层中,立柱的最大弯矩产生在地表面,其立柱强度取决于截面系数,因此细则规定在混凝土中埋深不应小于40cm是完全可以的。在设置混凝土基础的路段,通过基顶与土路肩顶面之间的土层可进行绿化、美化,以改善路容。需要指出的是,由于挡土墙的结构型式、采用的材料种类较多,位于挡土墙路段的护栏基础需进行专门设计。

当护栏立柱设置于桥梁、通道、明涵等无法打入的路段时,可采用两种方法:一种是在混凝土中预埋套筒，再用砂浆或混凝土封填；另一种是在混凝土中预埋地脚螺栓，采用法兰盘连接。

**4.5.7** 路侧波形梁护栏起、讫点的端头，在本细则中推荐了两种型式：一种叫地锚式；另一种叫圆头式。路侧下游端即护栏设置结束端一般均按圆头端梁处理。路侧上游端即护栏设置起始端可有两种处理方案：一种是采用外展地锚式，通过斜角梁逐渐伸向地面，在端部用混凝土基础锚固。地锚式端头在失控车辆正面碰撞时，车辆会沿斜置波形梁爬上而吸能并避免护栏板穿透车厢。由于采用外展式，因此发生侧面碰撞时，车辆的导向功能较好。另一种是采用外展圆头式，这种方式也适用于填挖交界处护栏起始端的设置，从而可避免车辆从填挖交界空当处冲向路外。

**4.5.8** 设置于中央分隔带起、终点及开口处的护栏应进行端头处理，否则受到失控车辆撞击时，有可能导致端梁穿刺车体造成重大伤亡事故。

失控车辆正面碰撞时，经过端头处理的防撞护栏不能带刺、产生拱起或使车辆翻滚，车辆在碰撞过程中产生的加速度不能超过要求的限度。当失控车辆在端头和标准段之间发生碰撞时，端头结构应具有与中央分隔带标准段护栏相同的改变车辆方向的性能。

本细则规定的端头形式，是按分设型和组合型护栏来考虑的，基本上是用圆头把两侧的护栏连接起来，而没有采用解体消能立柱或滑动基座，也没有采用吸能、变位等设计。因此端头的吸能效果不会很好，但这种结构制造安装容易，造价较低。

**4.5.9** 高速公路、一级公路互通式立体交叉匝道进出口及服务区、停车区进出口处的三角地带，符合护栏设置条件的，应进行特殊设计。该处的护栏构造，应与路侧波形梁护栏相一致，在布设时，靠高速公路、一级公路主线一侧的 8m 范围内，和靠匝道一侧的 8m 范围内，立柱间距应加密一倍，三角区的顶端用圆形端头把两侧护栏连接起来，这是一种最简易的处理办法。本细则条文中规定：在迎交通流方向的危险三角区范围内应设置缓冲设施，如防撞筒等，这样可有效地吸收碰撞能量，降低正面碰撞车辆速度。侧面碰撞时，能改变车辆碰撞角度，导向正确方向。缓冲设施可广泛用于交通分流的危险三角地带、上跨式桥墩的迎车面、中央分隔带混凝土护栏的起始端部，用来保护三角地带内的构造物，防止失控车辆发生正面碰撞。防撞设施的防撞能力应与相应的护栏防撞等级相当，并应设置较明显的诱导设施。

**4.5.10** 路侧设有紧急电话处，为方便事故求救者使用紧急电话，尤其对伤重者，护栏必须留有开口。但是开口处应避免直接对着紧急电话，以保护紧急电话及其使用者避免直接受到行驶车辆的碰撞，降低事故严重度，也可减少路产损失。

**4.5.11** 隧道出入口处，由于隧道内、外路面宽度、亮度等差别较大，往往成为事故多发路段，因此对隧道出入口处的护栏进行适当的端部处理十分必要。

为同时满足行车安全和隧道建筑限界的需要,应将隧道内入口处检修道或人行道作局部处理,以免车辆直接撞击检修道或人行道。

如条件允许,在隧道入口侧还应设置防撞缓冲设施。

**4.5.12** 目前国内高速公路、一级公路中央分隔带种植土和回填土的存在影响了护栏立柱承载力的充分发挥,路侧有时也存在这种情况,尤其是路侧护栏立柱外展时,往往达不到规定的土路肩保护层厚度,影响了护栏功能的发挥。本细则推荐了两种方法。一种是借鉴了有关单位的研究成果,在立柱距路缘石顶部或路面 50mm 以下的位置处焊接一块 310mm × 200mm × 10mm 的钢板,钢板放置在护栏立柱的背面并与交通车流前进方向成 0° ~ 15°角的平面内。试验表明,这种加固方法能有效地提高护栏立柱的承载能力。另一种是采用混凝土基础。对中央分隔带护栏,宜将同一断面的两个立柱基础联成整体,以增加横向稳定性。

## 4.6 混凝土护栏

**4.6.1** 详见本细则第 5.1.2 条的条文说明。

**4.6.2** 路侧混凝土护栏的构造

(1)美国在 20 世纪 70 年代中和 90 年代末曾对混凝土护栏结构型式进行了大量的实车碰撞试验,比较了 NJ 型和 F 型混凝土护栏的优缺点,并开发出单坡型的混凝土护栏。这些研究成果被欧美和日本等国家广泛采用。研究成果归纳如下:

①美国根据 NCHRP 第 350 号报告评价标准的要求,对 F 型混凝土护栏进行实车碰撞试验。评价结果表明,对碰撞车辆来说,F 型比 NJ 型有更好的车辆稳定性。

②混凝土护栏的高度是确定其防撞等级的重要因素。

③根据对混凝土护栏断面形状的对比试验,从 NJ 型、F 型、单坡型直到直墙型的试验,后几种护栏断面形状对车辆稳定性表现更好,但对乘员的响应即加速度趋向于不利。

④单坡型混凝土护栏从车辆稳定性和乘员伤害两方面的综合评价表明,它优于其他形状的混凝土护栏。

⑤单坡型混凝土护栏已通过美国 NCHRP 第 350 号报告第四级别(8t、82km/h 和 10°)的实车碰撞试验评价,并已纳入美国和日本标准。

国内对混凝土护栏也进行了许多有益的研究和试验,如深华达交通工程技术有限公司曾开展了路侧加强型护栏的研究。本细则确定的几种混凝土护栏构造型式,如 F 型、单坡型、加强型,主要参照了美国、日本和我国的研究成果及日本《车辆用护栏标准图·同解说》(1999 和 2004 年版)。

(2) ~ (3)F 型和单坡型混凝土护栏的构造是根据美国计算机模拟和足尺碰撞试验结果,参考日本《车辆用防护栅标准图·同解说》(1999 和 2004 年版)并结合我国路肩的宽度确定的。

(4)路侧加强型护栏特别适用于大型车辆占有很大比例的路段,其结构型式以 F 型护栏为基础,吸收借鉴了北京深华达交通工程技术有限公司的研究和试验成果。

(5)设计路侧混凝土护栏的基础时,需通过验算路侧混凝土护栏的抗倾覆稳定性来确定基础混凝土的尺寸。根据路侧混凝土护栏所处的位置及路堤型式、施工工序,路侧混凝土护栏的基础可选用以下两种方式:

①座椅方式:根据交通部 2001 年度西部交通建设科技项目"公路陡崖峭壁护栏的开发研究"的成果,对于修建在高挡墙、高路堤上的护栏,其安全性主要取决于护栏基础的稳定性。通过理论分析和模型试验结果,经过方案优选,确定了座椅式的基础型式。座椅式基础的腿部伸入到路面基层中,利用路面基层对基础腿部位移产生的抗力来提高护栏的抗倾覆稳定性,受力形式较为合理,如条文图 4.6.2-4、图 4.6.2-5。地基的承载力应不小于 150kN/m$^2$,基础应配置适量的构造钢筋,基础主筋应与护栏钢筋焊接,基础混凝土强度等级与护栏相同。

②桩基方式:对高填土路堤路段可采用桩基方式。在现浇路侧混凝土护栏前先打入钢管桩,或钻孔插入钢管桩,或开挖埋入钢管桩。地基的承载力应不小于 150kN/m$^2$。钢管桩的规格为 $\phi$140mm × 4.5mm,长 90 ~ 120cm。钢管桩的纵向间距为 100cm。钢管桩必须牢固埋入基座中,并与混凝土护栏连成整体。为提高钢桩的侧向土压力,可参考波形梁护栏立柱补强所采用的方法,在钢管桩下段焊接长方形钢板。

**4.6.3** 中央分隔带混凝土护栏的构造

(1)中央分隔带混凝土护栏从构造上可分为整体式和分离式两种。中央分隔带宽度较窄或中央分隔带内通信、电力管线较少的路段可采用整体式混凝土护栏;当中央分隔带较宽且需要设置监控、通信、电力管线等设施时,可采用分离式混凝土护栏。

(2)根据美国计算机模拟和足尺碰撞试验结果,并参考日本《车辆用防护栅标准图·同解说》(1999 和 2004 年版),根据我国中央分隔带的实际情况,确定了 F 型和单坡型混凝土护栏的构造型式,如条文图 4.6.3-1 和图 4.6.3-2。中央分隔带混凝土护栏的纵向中心线应与中央分隔带中心线保持一致,或适当偏移,但偏移后不应侵占公路建筑限界。

(3)为了解决中央分隔带混凝土护栏中设置监控、通信、电力管线等设施的问题,中央分隔带可采用分离式 F 型或单坡型混凝土护栏。这种分离式护栏,适于中央分隔带宽度大于 2m 时使用。因造价偏高、通透性较差,采用时应慎重。另外,设计时,应对其强度和稳定性进行验算。分离宽度可按中央分隔带的宽度计算得到。条文中推荐的护栏顶部间距值,属于最小值,实际设计宽度,可根据具体情况确定。

关于混凝土护栏侧向净空 $C$ 值的计算,有些国家规定以混凝土护栏变坡点作为限界进行计算。但是,近几年由于单坡型混凝土护栏的大量使用,对侧向净空 $C$ 值规定以混凝土护栏与路面交界点计。

伸缩缝和假缝位置处应设置素混凝土枕梁,其强度等级宜与混凝土护栏相同。

(4)在中央分隔带内有桥墩、标志立柱、照明灯柱等设施时,混凝土护栏应作特殊处理。护栏迎车行道一侧的断面保持不变,宽度应根据构造物的大小与特点确定,并满足公路建筑限界的要求。为避免车辆碰撞混凝土护栏时,将碰撞力传递到中央分隔带内的构造物,并保证混凝土护栏变形的需要,应避免将混凝土护栏与中央分隔带内的构造物浇筑成整体。为使护栏线形平顺,减少对车辆的冲击,标准段护栏与桥墩、标志立柱、照明灯柱等设施处的护栏之间应设置渐变段,渐变段的角度 $\alpha$ 宜符合条文图 4.6.3-4 的要求,条件具备时,应尽可能按下述方法计算(摘自美国俄勒冈州 1999 年混凝土护栏标准图,编号 RD535):

$$\alpha = \arctan(1.667/v)$$

式中:$v$——设计速度(km/h)。

(5)中央分隔带混凝土护栏靠自重放置在基层上,在汽车碰撞力的作用下往往会被移位,严重时甚至会危及对向车道车辆的安全。本款引用日本护栏标准的规定和国内研究成果,对于整体式混凝土护栏,基础的承载力必须达到 150kN/$m^2$ 以上,然后将混凝土护栏嵌锁在基础中,即混凝土护栏需要镶嵌在下面的基础中。在混凝土基础的下面,需先做一层厚度不小于 20cm 的半刚性基层,可按路基施工规范的有关规定控制。在基层的上面是一层厚度为 10 ~ 20cm 的混凝土基层或级配碎石层。施工时可先按规定标高铺筑混凝土基层或级配碎石层,然后吊装或现浇混凝土护栏。对于分离式混凝土护栏,应在混凝土护栏下设置枕梁,护栏之间应设置支撑块。

(6)护栏端头处属于特殊地带,因汽车在端头处碰撞时,几乎是直角正面碰撞,如果设计合理,当汽车与其碰撞时,应有利于碰撞车辆的爬高来吸收碰撞过程中的能量,从而减少车辆的损伤和车上乘员的伤亡。因此,护栏端头属于特殊结构,应作专门设计。条文中提出的两种型式是目前世界上使用较多、效果较好的两种型式,是国外通过大量的研究并在实际应用中不断改进得到的,因此,本细则直接采用。这两种混凝土护栏端头,均适用于中央分隔带混凝土护栏的起、终点和开口处。细则条文中图 4.6.3-5 的构造为斜坡式,正面碰撞车辆可以爬高吸能;图 4.6.3-6 的构造为尖头式,正面碰撞不能爬高,但侧撞会有较好的导向效果,可根据设置地点的不同进行选择。

**4.6.4** 在超高路段,中央分隔带混凝土护栏的设置会使排水受到一定影响,这取决于横坡变化的基准点(旋转轴)所处的位置。如果中央分隔带宽度范围内没有受横坡旋转的影响,则其混凝土护栏可按与直线路段同样的方法处理。如果中央分隔带受横坡变化的影响,则可有两种设置方式,即护栏的竖向中心轴垂直水平面或垂直超高面的两种方式,可根据横向排水、美观等要求选用,但混凝土护栏的功能不能削弱,中心高度和截面形状保持不变。

中央分隔带混凝土护栏应与排水设施一并考虑。当中央分隔带采用纵向排水时,一般排水沟应设置在混凝土护栏的一侧。采用横向排水时,可在护栏侧面下缘设泄水孔。考虑到我国幅员辽阔,各地降雨量差别很大,公路几何条件也有很多不同,因此,条文中没有对护栏泄水孔尺寸、间距作出详细规定。各地可根据公路排水设计的要求,结合降雨量的大小和具体的公路条件确定。

**4.6.5** 中央分隔带混凝土护栏的高度一般为 81 ~ 100cm，作为防眩设施高度不够。因此，凡需设置防眩设施的路段，在护栏顶部适当位置宜安装预埋连接件，预埋件的位置、数量应与防眩设施的结构相配合。对停车视距可能有影响的路段，应对停车视距进行验算，如达不到规范要求时，应采取相应措施，如向内移动防眩设施、采取限速措施等。

在混凝土护栏上附设轮廓标时，需根据轮廓标的设置高度、间距、轮廓标类型考虑附着于护栏上的连接方式。

**4.6.6** 考虑到美观的要求和模具制造的便利等因素，本条规定同一条公路上应采用相同的混凝土护栏构造型式。

**4.6.7** 混凝土护栏可采用预制和现浇两种方式进行施工。对预制混凝土护栏，每节的长度主要受吊装设备的制约，在曲线路段也受到曲率半径的限制。从增加混凝土护栏整体强度和稳定性的角度考虑，要求预制混凝土护栏的长度尽量长一些，但考虑到浇筑和安装的方便、伸缩缝的要求等，预制块的长度不可能做得太长，条文中规定的 4 ~ 6m，就是根据我国目前的吊装条件，同时考虑到我国护栏防撞等级有较大的提高，混凝土护栏主要依靠自重来挡阻车辆跨越，预制块长度过短会增加纵向锚固的难度等因素确定的。日本护栏标准中规定预制块最小长度为 5m。各地可根据实际条件，在规定范围内选用合适长度，并尽量采用较长的预制块。现浇混凝土护栏的纵向长度是根据横缝要求提出的。横缝设计在现行《公路钢筋混凝土及预应力混凝土桥涵设计规范》(JTG D62—2004)中有明确规定，可参照执行。为减少混凝土的不均匀开裂，每隔 3 ~ 4m 应设置一道假缝。假缝可参考图 4-3 设置。

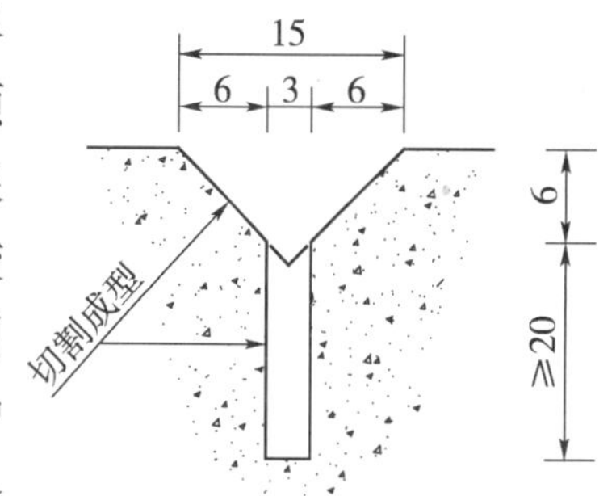


图 4-3 假缝规格参考图
(尺寸单位:mm)

**4.6.8** 混凝土护栏应根据防撞等级、吊装条件、温度应力变形、基础连接方式等要求进行配筋设计。设置在路侧构造物上的混凝土护栏，应按悬臂梁进行配筋设计；设置在中央分隔带的混凝土护栏，不论是预制还是现浇，配制一定数量的结构钢筋都是十分必要的。预制的混凝土护栏块是通过吊装就位的。吊装是施工过程中一个较重要的环节，为了能安全、方便、快速地起吊，必须合理地设计起吊孔位置，起吊孔一般设在预制块两端 1/4 护栏块长的位置上。当护栏块较长时，应验算吊装应力，以确定起吊孔位置。现浇的混凝土护栏，可根据防撞等级要求配置受力钢筋或构造钢筋。

**4.6.9** 在我国的一些公路上，混凝土护栏块的端部是平的，每节护栏与相邻护栏之间没有连接，因此护栏的纵向稳定性很差。在汽车碰撞力的作用下，护栏块会脱开、错位，失控车辆不能利用护栏进行顺利的导向，因而，失去了护栏应有的功能。为了克服上述不足，根据防撞等级，预制混凝土护栏有两种纵向连接方法：①纵向企口连接法适用于 A、

Am 防撞等级,按条文图 4.6.9-1 做成企槽,以便在安装后相互咬住共同受力,企口槽应从护栏顶开到底。企口连接接触面处需配置一定数量的钢筋,以抵抗碰撞时产生的剪切和扭转。②纵向连接栓方式,适用于防撞等级 A 和 Am 以外的其他防撞等级混凝土护栏,如条文图 4.6.9-2。具体设计时,还可采用其他能保证整体强度、护栏受撞击后不产生过大变形的连接方式。

# 5 桥梁护栏

## 5.1 一般规定

**5.1.1** 一般情况下，车辆越出桥外的事故严重度比越出路基外的事故严重度高，桥梁应选择比路基段高的防撞等级的护栏，有些国家建立了路基护栏和桥梁护栏两套防撞等级体系。但从护栏体系而言，路基护栏和桥梁护栏对某些种类的护栏而言是通用的。

混凝土墙式桥梁护栏作为永久性构造物，一方面受气候变化的影响，另一方面车辆碰撞的摩擦，常使表面剥落，使护栏表面的摩擦系数值增大，降低其改变失控车辆方向的能力，并且影响美观。近几年的工程实践中，特别是有冻融的地区，混凝土护栏表面发生啃边和脱皮的现象较为严重，因此本细则规定，高速公路、一级公路桥梁护栏的混凝土强度等级不应低于C30，其他公路桥梁护栏的混凝土强度等级不应低于C20。

**5.1.2** 桥梁护栏碰撞荷载的确定：

(0)碰撞力的大小和分布

车辆碰撞护栏是十分复杂的过程，到目前为止尚没有精确计算方法来进行描述。车辆碰撞护栏常用的数学模型见图5-1，该数学模型是建立在基本假设的基础上。

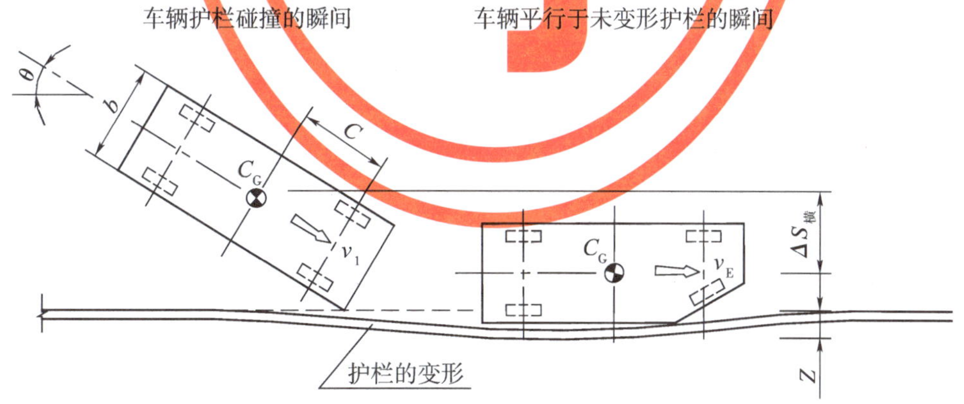


图5-1 车辆与护栏碰撞的数学模型

①基本假设

——从车辆碰撞护栏起到车辆改变方向平行于护栏止，车辆的纵向和横向加速度不变；

——车辆的竖向加速度和转动加速度忽略不计；

——车辆改变方向平行于护栏时车辆的横向速度分量为0；

——车辆在改变方向时不发生绊阻；

——车辆碰撞护栏期间容许车辆发生变形,但车辆的重心位置不变;

——车辆近似为质点运动;

——刚性护栏的变形值 $Z=0$,柔性护栏的变形值 $Z>0$;

——车辆与护栏、车轮与公路的摩擦力忽略不计;

——护栏连续设置。

②公式推导

设车辆的横向位移 $\Delta S_{横}$:

$$\Delta S_{横}=C\sin\theta-b(1-\cos\theta)+Z$$

车辆横向位移 $\Delta S_{横}$ 所需的时间 $\Delta t$:

$$\Delta t=\frac{\Delta S_{横}}{横向平均速度}$$

又∵横向平均速度 $=1/2\{v_1\sin\theta+0\}$

∴
$$\Delta t=\frac{C\sin\theta-b(1-\cos\theta)+Z}{v_1\sin\theta/2}$$

又∵车辆横向平均加速度 $G_{横}$

$$G_{横}=a_{横}=(\Delta v)_{横}/\Delta t$$

横向速度变化 $(\Delta v)=v_1\sin\theta-0$

$$G_{横}=v_1\sin\theta/\Delta t$$

∴
$$G_{横}=\frac{v_1^2\sin^2\theta}{2[C\sin\theta-b(1-\cos\theta)+Z]}$$

又据 $F_{横}=ma_{横}$

$$F_{横}=\frac{m(v_1\sin\theta)^2}{2[C\sin\theta-b(1-\cos\theta)+Z]}$$

$F_{横}$ 单位取 kN 时,

$$F_{横}=\frac{m(v_1\sin\theta)^2}{2\,000[C\sin\theta-b(1-\cos\theta)+Z]} \tag{5-1}$$

假设车辆和护栏的刚度可理想化为线性弹簧,则碰撞力与时间的关系曲线是正弦曲线,车辆横向最大加速度 $G_{横\max}$ 为:

$$G_{横\max}=\frac{\pi}{2}\cdot G_{横}$$

$$F_{横\max}=\frac{\pi}{2}\cdot\frac{mv_1^2\sin^2\theta}{2\,000[C\sin\theta-b(1-\cos\theta)+Z]} \tag{5-2}$$

式中:$F_{横\max}$——车辆作用在护栏上的最大横向力(kN);

$m$——车辆质量(kg);

$v_1$——车辆的碰撞速度(m/s);

$\theta$——车辆的碰撞角(°);

$C$——车辆重心距前保险杠的距离(m);

$b$——车辆的宽度(m);

$Z$——护栏的横向变形(m):对混凝土护栏 $Z=0$,金属制护栏 $Z=0.3\sim0.6$m。

为验证式(5-1)和式(5-2)预测的精度,美国曾用其预测的横向碰撞力与碰撞试验实测的碰撞力相比较,得出公式的预测精度为±20%,如表5-1和图5-2。从表5-1可见,对于小汽车,式(5-1)和式(5-2)预测的碰撞力和试验的实测值很相近,英国桥梁护栏标准中护栏的设计荷载就直接采用式(5-2)的计算值,即车辆以平均运行速度碰撞护栏时的设计碰撞力。

**表5-1　刚性护栏横向碰撞力**(碰撞速度96km/h,$\theta=15°$)

| 车辆质量 | 平均力(kN) | 最大力(kN) | | |
|---|---|---|---|---|
| | 式(5-1)计算值 | 式(5-2)计算值 | 布卢姆试验值 | 布什试验值 |
| 2 043kg | 84.5 | 129.0 | 133.4 | 124.5 |
| 9 080kg | 155.7 | 244.6 | 311.4 | 373.6 |
| 18 160kg | 258.0 | 404.8 | 667.2 | 667.2 |
| 31 780kg | — | — | 1 112.0 | — |
| 32 688kg | 404.8 | 636.1 | — | — |

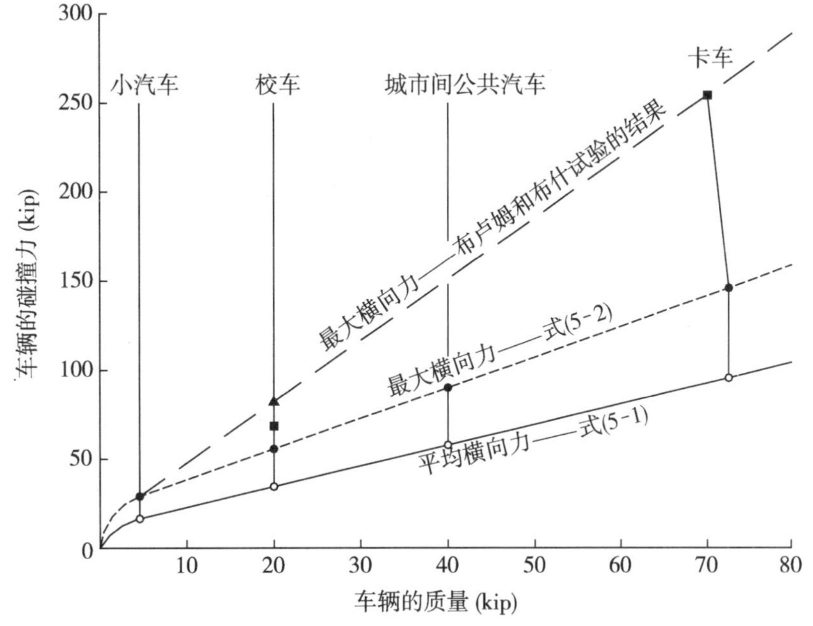


图5-2　刚性护栏碰撞力($v=60$mph,$\theta=15°$)

注:1kip=4.445kN;1mph=1.609km/h。

日本现行车辆用刚性护栏碰撞力如表5-2。

**表5-2　日本刚性护栏碰撞力**

| 碰撞条件 | 碰撞能量(kJ) | 碰撞力(kN) | | |
|---|---|---|---|---|
| | | 单坡型 | F型 | 直墙型 |
| 25t,50km/h,15° | 160 | 34 | 35 | 43 |
| 25t,65km/h,15° | 280 | 57 | 58 | 72 |
| 25t,80km/h,15° | 420 | 86 | 88 | 109 |
| 25t,100km/h,15° | 650 | 135 | 138 | 170 |

我国桥梁护栏试验中理论碰撞力与实测碰撞力的比较结果如表5-3。

**表5-3 中国刚性护栏碰撞力的比较**

| 试验次序 | 碰撞条件 | | | 计算最大碰撞力(kN) | 实测值(kN) |
|---|---|---|---|---|---|
| | 碰撞角(°) | 车重(t) | 车速(km/h) | | |
| 1 | 21.6 | 2 | 91.5 | 183.9 | 192.4 |
| 2 | 21.1 | 18 | 81 | 563.2 | 589.1 |
| 3 | 20.4 | 18 | 84 | 688.0 | 719.6 |
| 4 | 19.2 | 2 | 95 | 168.7 | 176.4 |
| 5 | 20.5 | 20 | 64 | 423.7 | 443.2 |
| 6 | 21.1 | 20 | 86 | 762.5 | 797.6 |

通过不同国家刚性护栏碰撞力的比较可知,中国实测的护栏碰撞力最大,英国和日本最小,美国居中。考虑到碰撞力在护栏上的分布模型仍采用美国桥规的有关规定,所以我国护栏碰撞力采用与美国桥规的规定相近似的数值。

③碰撞力的分布

车辆碰撞护栏时,碰撞力是沿着护栏碰撞面移动的,并随时间而变化。一般假设车辆与护栏碰撞时,其平均力达到最大值时,车辆与护栏的接触长度就是碰撞力的作用范围。对于大型拖挂车,最大碰撞力有可能在失控车辆改变方向后,车辆的尾部与护栏相撞时产生。但由于车辆已改变了行驶方向,车辆越出路外的危险性降低了。所以,设计时,取初始的最大碰撞力。日本金属制桥梁护栏碰撞试验的结果如表5-4。美国对钢筋混凝土墙式护栏碰撞试验的结果如图5-3、图5-4和表5-5,美国推荐的设计荷载分布如图5-5和表5-6。

**表5-4 日本金属制护栏试验条件和结果**

| 序号 | 护栏等级 | 碰撞条件 | | | 车体接触长度(m) |
|---|---|---|---|---|---|
| | | 车重(t) | 速度(km/h) | 碰撞角(°) | |
| 1 | A | 1.3 | 60.6 | 15 | 3.7 |
| 2 | A | 13.87 | 60.6 | 15 | 11.2 |
| 3 | B | 1.41 | 40.4 | 15 | 2.8 |
| 4 | B | 14.0 | 40.4 | 15 | 3.7 |
| 5 | A | 14.02 | 60.6 | 15 | 9.15 |
| 6 | A | 14.01 | 60.6 | 15 | 8.8 |
| 7 | A | 1.64 | 60.6 | 15 | 3.4 |
| 8 | B | 13.84 | 40.4 | 15 | 4.1 |
| 9 | B | 13.95 | 40.4 | 15 | 4.81 |
| 10 | SB | 1.1 | 80 | 15 | 2.90 |
| 11 | SB | 14.0 | 80 | 15 | 13.35 |

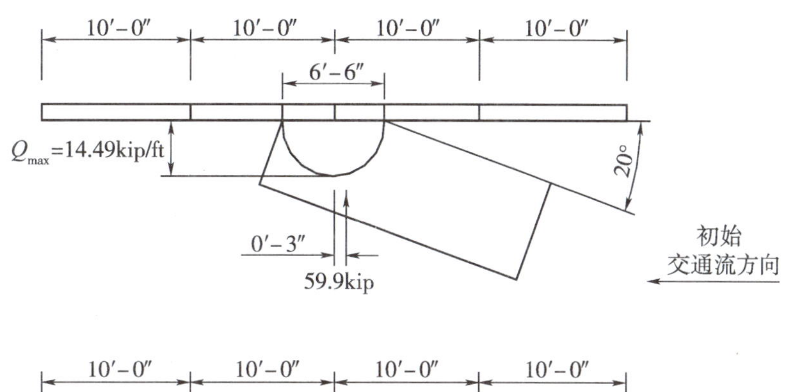


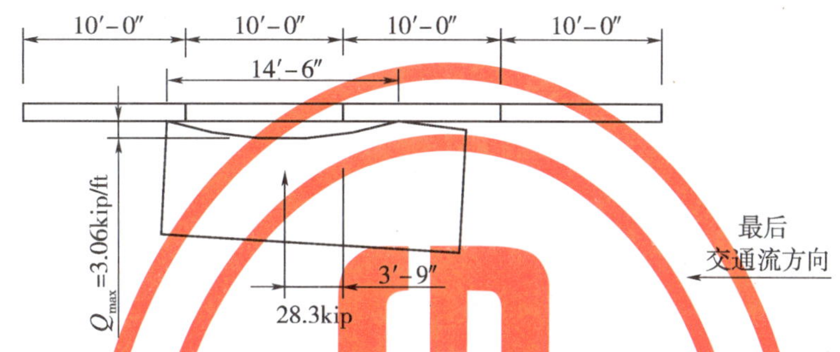


图 5-3 美国混凝土墙式护栏的碰撞过程

（碰撞条件：$m = 4\ 740\text{lb}$；$v = 59.9\text{mph}$；$\theta = 24°$）

注：1lb = 453.592g；1kip = 4.445kN；1mph = 1.609km/h；1kip/ft = 1.458kN/m；1′ = 0.305m；1″ = 2.45cm。

**表 5-5 美国混凝土墙式护栏碰撞试验结果**

| 试验条件 | | | 碰撞状态 | 合力 | | | | 最大力 | |
|---|---|---|---|---|---|---|---|---|---|
| 重量（lb） | 速度（mph） | 角度（°） | | 高度（in） | 大小（kip） | 接触高度（ft） | 接触长度（ft） | 单位面积（kip/ft$^2$） | 单位长度（kip/ft） |
| 2 050 | 59.0 | 15.5 | 始 | 17.0 | 18.4 | 2.33 | 5.0 | 3.89 | 5.76 |
| | | | 终 | 18.7 | 8.4 | 2.58 | 7.6 | 1.11 | 1.82 |
| 2 090 | 58.5 | 21.0 | 始 | 19.0 | 21.1 | 2.67 | 6.0 | 3.25 | 5.52 |
| | | | 终 | 20.7 | 13.1 | 3.00 | 8.0 | 1.35 | 2.58 |
| 2 800 | 58.3 | 15.0 | 始 | 18.1 | 18.5 | 2.50 | 5.0 | 3.85 | 5.81 |
| | | | 终 | 15.3 | 13.9 | 2.08 | 10.8 | 1.82 | 2.01 |
| 2 830 | 56.0 | 18.5 | 始 | 19.3 | 22.0 | 2.92 | 4.8 | 3.65 | 7.61 |
| | | | 终 | 21.3 | 22.5 | 3.00 | 10.2 | 1.52 | 3.48 |
| 4 680 | 52.9 | 15.0 | 始 | 21.4 | 52.5 | 3.08 | 7.3 | 5.73 | 11.24 |
| | | | 终 | 24.0 | 28.3 | 3.25 | 10.7 | 2.01 | 4.16 |
| 4 740 | 59.9 | 24.0 | 始 | 21.8 | 59.5 | 3.17 | 6.5 | 7.18 | 14.49 |
| | | | 终 | 22.5 | 28.3 | 3.25 | 14.5 | 1.48 | 3.06 |
| 20 030 | 57.6 | 15.0 | 始 | 29.0 | 63.7 | 2.17 | 12.3 | 5.88 | 21.20 |
| | | | 终 | 32.7 | 73.8 | 1.58 | 25.5 | 4.51 | 4.54 |
| 32 020 | 60.0 | 15.0 | 始 | 26.3 | 85.0 | 2.58 | 6.3 | 12.90 | 21.20 |
| | | | 终 | 28.4 | 11.0 | 2.25 | 15.0 | 15.40 | 22.10 |

**表 5-6 美国刚性护栏推荐的极限设计荷载**

| 设计试验条件 | 最大设计荷载(kN/m) | 设计荷载分布长度(m) | 有效高度(m) |
|---|---|---|---|
| 2 043kg,96km/h,$\theta$ = 15° | 15.2 | 2.3 | 0.6 |
| 20 43kg,96km/h,$\theta$ = 25° | 19.7 | 2.0 | 0.6 |
| 9 080kg,96km/h,$\theta$ = 15° | 11.0 | 3.8 | 0.85 |
| 14 528kg,96km/h,$\theta$ = 15° | 30 | 4.6 | 0.75 |

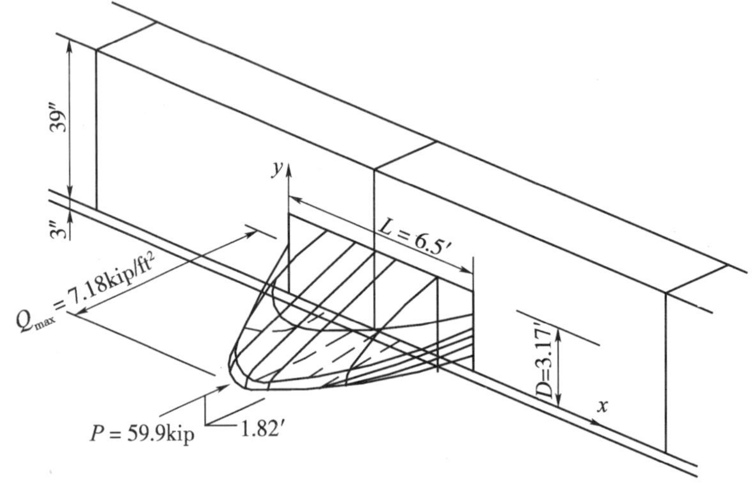


图 5-4 接触应力的分布

注:1kip = 4.445kN;1mph = 1.609km/h;1kip/ft = 1.458kN/m;1′ = 0.305m;1″ = 2.45cm。

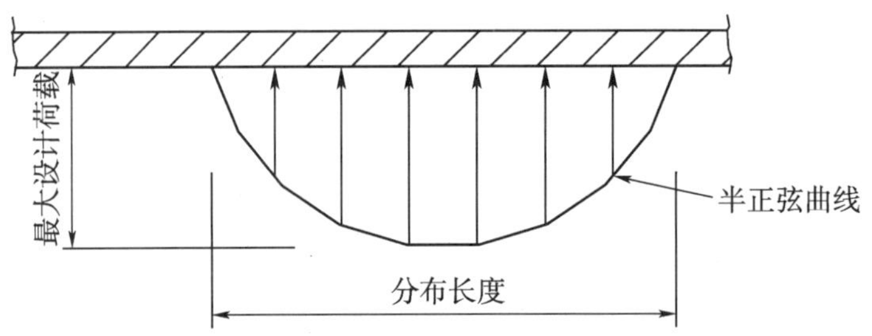


图 5-5 美国刚性护栏推荐的极限设计荷载

为提高护栏的防撞性能,减少乘客伤亡和车辆损坏,应尽量使碰撞车辆与护栏的接触长度长些,从而延长碰撞时间,降低车辆的加速度。对于金属制桥梁护栏,本细则考虑车辆碰撞护栏总的接触长度为 12m。

(1)为了简化计算,本细则根据美国桥规,考虑桥梁护栏的碰撞设计荷载作用在横梁的跨中和立柱上时,横梁的弯矩为 $PL/6$。由于车辆碰撞桥梁护栏横梁后,横梁发生弯曲变形,吸收碰撞能量,所以,立柱承受的设计荷载不等于碰撞荷载。根据欧美和日本等国的试验结果和实际使用经验,立柱的设计荷载一般取护栏承受碰撞力的 1/4。

(2)对于钢筋混凝土墙式护栏和组合式护栏,其荷载分布范围根据德国标准 DIN1072 和条文表 4.6.1 确定;同时,为了计算方便,分布荷载 $q$ 取平均值,即 A、SB 和 Am、SBm 级 $q = P/4.0$(kN/m),SA、SS 和 SAm 级 $q = P/5.0$(kN/m)。

(3)桥梁护栏强度验算

①一般情况下，桥梁护栏的主要受力构件的强度或配筋计算，仅考虑车辆的碰撞荷载，不考虑风载和人群荷载；辅助构件的强度计算则仅考虑风载和人群荷载，而不考虑车辆碰撞荷载的作用。

a.风载的计算方法可参阅现行《公路桥涵设计通用规范》（JTG D60—2004）的规定。当大面积实体板块如隔音板、标志板安装在护栏上时，而桥梁护栏又位于特别暴露的风口处（如沿海地区）时，则风载对护栏构件的作用可能比车辆的撞击力更大，此时需要验算风载对护栏结构的影响。

b.栏杆是以防止行人和非机动车掉入桥下为目的而设置的，作用于栏杆顶部的水平设计荷载应考虑行人等将身子探出栏杆、倚靠栏杆或将重物放置在栏杆上。车辆碰撞桥梁护栏时，辅助构件应能与桥梁护栏受力构件同时发生变形，不应产生辅助构件先于桥梁护栏的主要构件破坏的现象。

c.桥梁护栏的结构重力计算，可参阅现行《公路桥涵设计通用规范》（JTG D60—2004）的规定。

②金属桥梁护栏可结合所用材料的规格、力学性能，参考现行《钢结构设计规范》（GB 50017—2003）的规定进行承载能力极限状态、正常使用极限状态的设计计算。

③钢筋混凝土墙式护栏可参考现行《公路钢筋混凝土及预应力混凝土桥涵设计规范》（JTG D62—2004）中悬臂梁的计算方法进行计算。

（4）桥面板的强度验算

梁柱式桥梁护栏是由护栏的反力及变形共同作用抵抗车辆的碰撞。所以，立柱最下端产生的弯矩，并不完全由车辆的碰撞荷载及碰撞高度所决定，护栏本身的截面尺寸也有影响，因此，为计算方便起见，将立柱最下端断面所承受的抵抗弯矩作为端力矩作用在桥面板上。

对于钢筋混凝土墙式护栏，车辆的碰撞几乎不发生变形，所以设计时，一般都将汽车碰撞荷载换算成护栏底部端力矩，作用在桥面板上。

**5.1.3** 现行《公路工程技术标准》（JTG B01—2003）规定的公路建筑限界为强制性条文，应严格遵守。

**5.1.4** 中央分隔带与路基段同宽的分离式桥梁，中央分隔带如设置有干线通信管线，车辆越出桥外除会发生严重的交通事故（即小型车掉入桥下）、大型车绊阻在中央分隔带内外，还将破坏干线通信管线。当中央分隔带宽度大于路基段时，显然按路侧桥梁护栏进行设置最为合理。

## 5.2 设置原则

**5.2.1~5.2.5** 一般情况下，桥梁路侧危险程度明显比路基段高，车辆越出桥外往往会造成车毁人亡的重大恶性交通事故。考虑到公路的运行速度、交通量、投资费用等因素，根据公路等级及现行《公路工程技术标准》(JTG B01—2003)的要求,作出了上述规定。

对设置有人行道的公路,一般认为,可不必考虑车辆掉下桥梁的可能性。但是,为预防从桥上掉下的车辆造成二次事故并考虑到在公路桥梁上设置人行道,车辆和行人处于同一平面上,对交通量大、车速高的桥梁段,车辆碰撞行人和非机动车的事故严重度增大,为保护行人和非机动车,同时把机动车和非机动车在平面上分隔开,提高车辆与行人的安全性,按实际需要在人行道与车行道分界处设置汽车、行人分隔护栏是适当的。

## 5.3 型式选择

**5.3.2** 选择桥梁护栏型式时,应考虑下列因素:

(1)桥梁护栏的防撞性能:主要从公路等级、桥梁护栏外侧的危险物特征等方面加以考虑。

①公路等级

设置桥梁护栏时,原则上应根据公路等级并结合交通量、运行速度和投资费用等因素选择相应防撞等级的桥梁护栏。但是,对于大型车辆混入率高、桥下净空高等危险性较高的特殊路段,就要求设置防撞等级更高的桥梁护栏。

②路侧危险物特征

桥梁邻近(平行)或跨越公路、铁路,车辆越出有可能发生二次事故时;桥梁邻近或跨越江、河、湖、海、沼泽路段,车辆越出会发生沉没的重大事故时,要求在这些路段设置更高等级的桥梁护栏。

如果单排桥梁护栏不能达到设计要求的防撞等级,可采用增加桥面宽度、设置双排桥梁护栏的方法。双排桥梁护栏的防撞等级选择可参照设置有人行道桥梁护栏的设置原则。

③小桥、通道、明涵由于跨径较短,如根据本细则的要求设置桥梁护栏,一般不能满足桥梁护栏结构上所需的最短长度,并且要在很短的桥梁护栏上进行两次过渡段处理,造成短距离内桥梁护栏强度的不连续,整个护栏也不美观,所以,在不降低桥梁路段安全性的前提下,对小桥、通道、明涵的护栏可按路基段护栏的要求设置。

(2)~(7)桥梁护栏的防撞等级确定后,可主要从容许变形程度、美观、经济性和养护维修等方面确定适当的护栏型式。虽然桥梁护栏的建造成本只占桥梁总建造费用的很小一部分,但是型式的选择对其在安全、美观、耐用性、养护等方面仍具有很大的影响,桥梁护栏应与桥梁型式、桥梁周围的自然景观相协调,起到美化桥梁建筑的作用。条件成熟时,可采用新型结构和轻型材料,以提高桥梁护栏的防撞性能、减少桥梁的自重。

## 5.4 构造要求

**5.4.1** 本条主要参考英国和日本桥梁护栏规范以及美国的有关研究成果。

(1)~(3)护栏高度及横梁设置位置

①护轮安全带(缘石)对行车的影响

国外就缘石的防撞性能进行了大量试验研究,美国的 Graham 对设有护栏的缘石进行的碰撞试验结果如表 5-7。

**表 5-7 设有护栏的缘石碰撞试验结果**

| 试验编号 | 撞击试验条件 | | 缘石尺寸(in) | | 评 注 |
|---|---|---|---|---|---|
| | 速度(mph) | 角度(°) | A | b | |
| 10 | 61 | 27 | 10 | 60 | 当车通过 5ft 宽的人行道时,没有跳车。10in 高的缘石损坏了驾驶系统 |
| 11 | 51 | 28 | 10 | 20 | 10in 高的缘石损坏了驾驶系统 |
| 16 | 29 | 22 | 10 | 20 | (11 000lb 绞车)前轮登上缘石…… |
| 29 | 45 | 35 | 10 | 18 | 驾驶系统受到 10in 高缘石的严重损坏…… |
| 30 | 55 | 25 | 10 | 18 | |
| 31<br>32 | 60<br>61 | 25<br>25 | 10<br>10 | 20<br>20 | 由于前轮的损坏,当车离开栏杆后,在 31 号试验中车轮转离栏杆,在 32 号试验中车轮朝向栏杆 |
| 44<br>45 | 31<br>53 | 7<br>7 | 6<br>6 | 6<br>6 | 车辆的损坏是轻微的,所以两个试验(44 和 45)用同一个车,并在第二个试验后,车还是可驾驶的 |
| 47 | 40 | 25 | 6 | 6 | ……使用前已损坏的汽车,然而驾驶部分没有进一步损坏,而且试验后车被开走了 |

注:1mph = 1.609km/h;1ft = 0.305m;1in = 2.54cm;1lb = 0.453 6kg。

从该试验可得出如下结论:当缘石偏离护栏正面时,25.4cm 高的缘石对驾驶员造成相当严重的伤害,并导致"跳车";但当缘石只有 15.2cm 高、并靠近护栏的正面,不会发生"跳车"时,此时缘石对车辆与护栏碰撞没有造成值得注意的影响。一般情况下,缘石不要和护栏一起使用,如果由于其他原因必须一起使用,如排水的需要,则应把缘石设在护栏的正面或缘石的正面与护栏正面成一直线,并且缘石的高度尽可能低。这时,在确定护栏横梁距桥面的竖向净空时,应忽略缘石的高度。

英国桥梁护栏标准规定缘石的高度为 50~100mm,并且缘石的正面与护栏正面在立面上成一直线(垂直于桥面)。

②桥梁护栏的有效高度

a.桥梁护栏不但要有足够的高度阻挡车辆越过,而且应阻止车辆向护栏方向倾翻或下穿。过去认为护栏的有效高度就是护栏最顶面的高度,但是,在梁柱式护栏系统和组合式护栏系统中,护栏的抗力 $R$ 通常不是位于护栏的最顶面,而是略低处。桥梁护栏的有效高度定为护栏抵抗力 $R$ 距桥面的高度。因此,在考虑护栏高度对车辆倾覆的影响时,护栏的有效高度比护栏总高度更为重要。美国从车辆碰撞护栏的事故中发现,很多护栏被车辆突破翻越,不是护栏强度不足,而是护栏的有效高度不够。

桥梁护栏的有效高度与设计车型直接相关。世界各国生产的汽车五花八门,从大吨位的重型汽车到重量很小的微型汽车,其质量相差非常悬殊,车辆外型变化很大,但对某一种具体车型,如小汽车或货车,各国对其外形尺寸都有一定的限制。并且,随着各国市场的对外开放和国际标准化,各国对车型的规定也将大致相近。所以国外对桥梁护栏有效高度的规定我们可以参考。

美国根据车辆与护栏碰撞试验分析和野外统计调查得出护栏的有效高度如表 5-8 和表 5-9。英国规定桥梁护栏的最小高度为 100cm,主要纵向有效构件(有效高度)的范围是 53.5 ~ 68.5cm,次要纵向有效构件的最大高度为 38.5cm。日本桥梁护栏标准规定主要横梁的中心高度范围是 60 ~ 80cm,一般取值均大于 70cm,主要横梁下面的次要横梁的高度为 25 ~ 55cm。日本是以货车为主的国家,欧美国家则小汽车占绝对多数(日本的小汽车保有量占 40%,货车占 60%,欧美国家小汽车保有量占 85% ~ 93%),但从桥梁护栏的高度应同时适合小汽车和货车的碰撞条件出发,各国对桥梁护栏有效高度的规定是相近的。

**表 5-8 防撞等级与有效高度的关系**

| 防撞等级 | B | A | SB、SA | SA、SS |
|---|---|---|---|---|
| 有效高度(m) | <0.68 | 0.68 ~ 0.86 | >0.86 | >0.86 |

**表 5-9 阻止车辆倾翻所要求的护栏有效高度**

| 车型 | 碰撞条件 | 最小有效高度(cm) |
|---|---|---|
| 817 ~ 2 043kg 小汽车 | $v = 96$km/h, $\theta = 25°$ | 61.0 |
| 9 080kg 轿车 | $v = 96$km/h, $\theta = 25°$ | 86.3 |
| 14 530kg 公共汽车 | $v = 96$km/h, $\theta = 25°$ | 76.2 |

b.桥梁护栏除满足车辆碰撞的强度要求外,还应给公路使用者以心理安全感。根据我国长期以来桥梁护栏的使用经验:当桥面高出地面或水面 3m 以上时,栏杆扶手顶面应高于人体重心,即身高的 2/3 ~ 3/5 处,如以平均身高 170cm 计,重心高为 110cm 左右。所以,一般栏杆高度以不低于 110cm 为宜。驾驶员坐在驾驶室里,同样有高空恐惧感。

在桥梁护栏兼做人行栏杆,需要增加桥梁护栏的总高度时,可以采用三横梁式护栏系统或在桥梁护栏顶面增加纵向非有效构件的方法。

c.桥梁护栏的高度要适应桥面净空的要求,如天津市部分桥梁护栏的设计是按照“桥宽在 10m 以下时,栏杆高度在 1.0m 以下;桥宽在 10 ~ 30m 时,栏杆高度在 1.2m 左右”的标准进行。

d.设置横梁时,应避免失控车辆的乘员头部直接撞击护栏。

③立柱距横梁正面的距离(即横梁的突出量)和桥梁护栏竖向净空

a.横梁的突出量(立柱的退后距离)

桥梁护栏的横梁正面比立柱还靠近行车道一侧的突出式结构称为阻挡式护栏,如图 5-6。为防止车辆与护栏碰撞时车辆翻倒或被护栏绊阻,要求车辆与护栏的接触点(称为力的作用点)向下不能有太大的移动。但在图 5-6 所示的非阻挡式护栏被车辆碰撞时,随着护栏的变形,力的作用点向下方移动,所

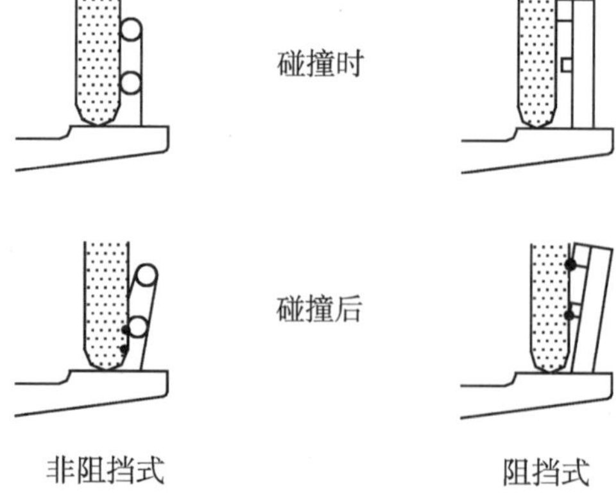

图 5-6 力作用点的变化

以认为非阻挡式护栏比阻挡式护栏翻车的可能性更大，车辆更容易被护栏立柱绊阻，其结果是车辆翻倒，并由于翻车诱发损坏立柱，或车辆被立柱绊阻，不能沿护栏面平滑地改变方向，从而降低护栏的防撞性能。由此可见，在预防翻车及车辆与立柱碰撞方面，可以说阻挡式比非阻挡式护栏性能更优良。再者为减小碰撞翻车的可能性，主要横梁宜比下段横梁略微突出，其突出时参照英国和日本的标准规定。有关横梁的突出量（即立柱的退后距离）规定参见桥梁护栏竖向净空的说明。

b.桥梁护栏的竖向净空

在梁柱式桥梁护栏系统中，竖向净空设计不合适常引起车辆绊阻。绊阻的类型有前轮绊阻、保险杠绊阻、车前盖绊阻。引起车辆绊阻的护栏构件有立柱和横梁。影响车辆绊阻的因素很多，包括横梁的竖向净空、横梁的突出量（即立柱的退后距离）、横梁的型式、护栏系统的刚度和碰撞条件，如图 5-7。目前还没有从理论上对车辆绊阻进行定量分析的方法，但从大量的试验资料、野外调查和车辆外形尺寸统计分析得出，车辆绊阻桥梁护栏的竖向净空和立柱的退后距离有联系。很明显，立柱的退后距离越大，横梁的竖向净空越小，车辆发生绊阻的可能性越小。美国在 1984 年的试验结果如表 5-10。英国对立柱退后距离的规定是，一般服务水平（防撞等级接近 A 级的 $PL_2$ 级）的桥梁护栏立柱退后距离最小值是 150mm，低服务水平（B 级）的桥梁护栏立柱退后距离的最小值是 100mm，最大竖向净空是 310mm。美国根据以前的试验结果提出桥梁护栏几何尺寸的新标准（2001 年版 AASHTO LRFD 桥梁设计规范图 A.13.1.1-2～3），如图 5-8。

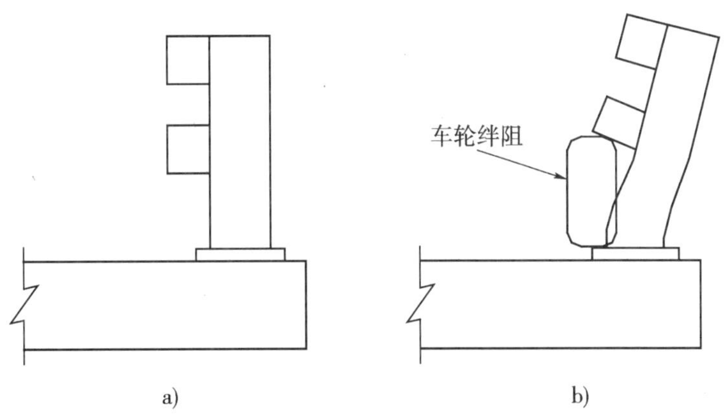


图 5-7 横梁净空过大引起车轮绊阻

a)桥梁护栏系统；b)刚性小的立柱可减少立柱退后距离

**表 5-10 没有发生绊阻的立柱退后距离**

| 车型 | 碰撞角(°) | 护栏类型 | 竖向净空(cm) | 立柱退后距离(cm) |
|---|---|---|---|---|
| Honda | 12.5 | Indiana5A | 39 | 54 |
| Honda | 20 | Indiana5A | 39 | 22.9 |
| Vega | 19.5 | Indiana5A | 39 | 12.7 |
| Honda | 19.0 | 修订的 Indiana5A | 33 | 22.9 |
| Honda | 15.0 | HPR230 | 33 | 12.7 |
| Vega | 15.0 | 7101 | 38.1 | 14.0 |
| Honda | 15.0 | 三波纹护栏 | 35.6 | 22.9 |
| Honda | 18.0 | 三波纹护栏 | 35.6 | 35.6 |
| Honda | 20.0 | 铝三波纹护栏 | 26.0 | 5.1 |

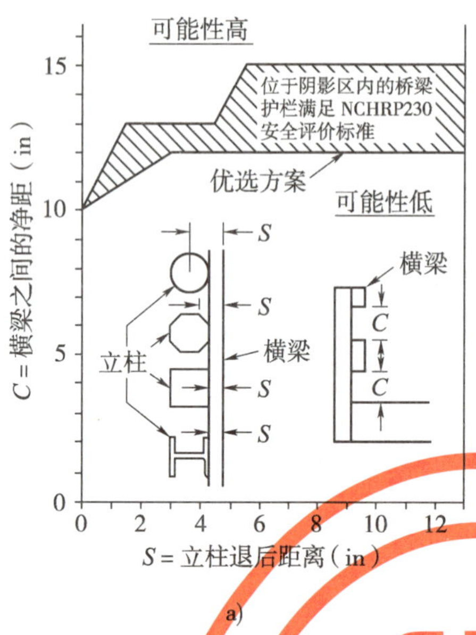


a)

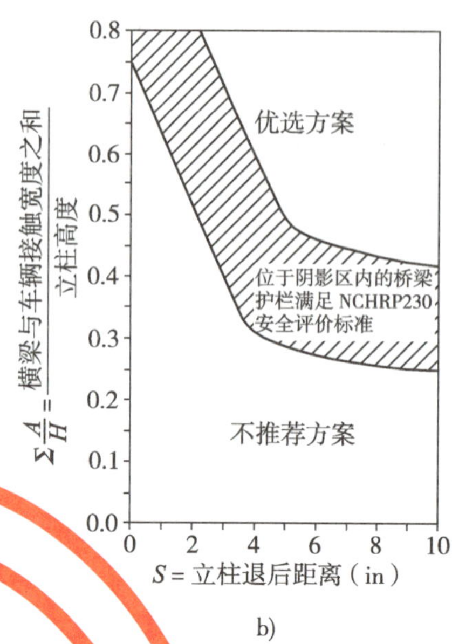


b)

图 5-8 竖向净空设计原则

a)车轮、保险杠或车前盖直接撞击立柱的可能性;b)立柱退后距离标准

(4)本款规定考虑到金属材料的刚度特征,如立柱间距过大容易导致车辆冲出桥外。

(5)规定金属制桥梁护栏构件的最小截面厚度主要从保证桥梁护栏系统具有一定的刚度考虑,使车辆碰撞桥梁护栏时不致发生过大的变形;其次是桥梁护栏的强度储备,如严格按护栏的防撞等级设计,那么 B 级桥梁护栏就不能很好地满足公路上正常行驶车辆的碰撞条件,其安全性偏低。

(6)本条引自日本护栏标准。横梁拼接处必须具有不妨碍由于横梁受温度变化引起的伸缩变形的性能,又能使横梁具有连续性,并且在护栏的碰撞面(正面)没有突出物。桥梁护栏的横梁一般是开口或闭合的空心断面形式,连接用套管必须具有在横梁变形时不脱落,并能传递横梁的弯曲应力的性能。拼接套管的最小长度是根据横梁的宽度和最小四个拼接螺栓确定的。

**5.4.2** 钢筋混凝土梁柱式桥梁护栏是由美国得克萨斯州、肯塔基州等开发,并经联邦公路局批准在美国使用。该种护栏比钢筋混凝土墙式护栏的防撞性能更好,并具有节省材料、减轻自重、外形美观等优点,但只能用于 B、A、Am 等级。

**5.4.3** 钢筋混凝土墙式桥梁护栏的型式有 NJ 型、F 型、单坡型和直墙型等。美国的碰撞试验结果表明,这些型式的护栏在具有一定高度并按照设计荷载配筋时,均能达到相应的防撞等级,如护栏高度分别为 81cm、90cm、100cm 时,其防撞等级能达到 A、SB、SA 等级;在 F 型护栏基础上开发的加强型护栏,高度为 100、110cm,强度能达到 SA、SS 等级。

根据条文说明 4.6.2 中介绍的混凝土护栏的发展趋势,桥梁混凝土护栏推荐采用 F 型、单坡型和加强型,其迎交通流方向的断面型式应与路侧混凝土护栏相同,未经试验验证,不得随意改变护栏迎撞面的截面形状,但护栏背面可根据所在位置适当调整。

钢筋混凝土护栏靠近交通流的一侧，由于经常受到车辆的碰撞和摩擦作用，使混凝土表层擦伤、破碎或脱落，造成钢筋外露、腐蚀破坏、影响外观，并且增加了碰撞车辆与护栏间的摩擦系数，影响护栏的防撞性能。解决这一问题有两种方法：首先要选择适当的材料，如在波特兰水泥中减小铝酸三钙的含量；其次，钢筋混凝土保护层厚度不宜过小，提高混凝土构件表面的质量。本细则参照美国钢筋混凝土护栏保护层厚度的一般要求，规定其最小值为4.0cm。

**5.4.4** 组合式桥梁护栏是由钢筋混凝土墙式护栏和金属制梁柱式护栏组合而成的。目前我国高速公路最常用的桥梁护栏类似组合式NJ型的护栏，在美国过去的一些特大桥、大桥也都采用组合式桥梁护栏。本细则中的组合桥梁护栏系引用美国标准。组合式桥梁护栏可做成组合式NJ型，也可做成组合式F型，建议采用F型。钢筋混凝土墙式护栏的背面可根据实际条件改变其形状。但是，靠近交通流面即护栏正面的截面形状不能改变。

**5.4.5** 本条引自英国桥梁护栏标准。桥梁护栏横梁的伸缩缝设计应与桥梁伸缩缝的位移相一致。在横梁伸缩缝处，一方面要保证桥梁能自由地伸缩变形，另一方面要考虑桥梁护栏的结构连续性。桥梁护栏在伸缩处不连续不可轻易使用。

**5.4.6** 本条引自英国桥梁护栏标准中有关辅助构件设置的规定。

(1)桥梁护栏的主要功能，一是阻挡车辆、行人、非机动车掉下桥，为公路使用者提供安全保障；二是美化桥梁建筑。为避免桥梁护栏结构型式单调、与周围景观不协调，还应根据美观和保护行人安全的需要设置不承受碰撞荷载的辅助构件。同时，辅助构件的设置不能影响桥梁护栏的防撞性能。

(2)设置辅助构件时，应考虑不影响碰撞车辆的运动。车辆碰撞护栏时辅助构件不能刺入车体内。在水平方向设置的辅助构件，不能超出纵向有效构件的投影范围；在垂直方向设置的辅助构件，不能比立柱更突出于行车道一侧。

**5.4.7** 桥梁护栏与桥面板的连接

(1)金属梁柱式护栏

①直接埋入式

由于受桥梁建筑限界的限制，埋入式立柱距桥面板外边缘较近，规定其距离在200mm以上，立柱埋入深度在300mm以上，考虑到混凝土支承力和抗剪强度不足，一般要求使用钢筋进行补强。

②地脚螺栓连接

本项直接引用美国标准图。由于梁柱式桥梁护栏的车辆碰撞荷载一般通过立柱由地脚螺栓传递给桥面板，为了使桥面板受力均匀并减小桥面板受车辆碰撞荷载作用产生的大量开裂破坏，美国联邦公路局推荐桥面板内使用锚定板，但计算地脚螺栓与桥面板的连接强度时,不考虑锚定板的作用。

如桥面板较薄(10~15cm),应验算在碰撞荷载作用下桥面板是否首先受到破坏。

(2)钢筋混凝土墙式护栏

钢筋混凝土墙式护栏可通过预埋钢筋与桥面连成整体,以提高护栏与桥面板的连接强度,可根据需要在桥面板上设置纵向沟槽或进行表面粗糙处理。

预制混凝土墙式护栏主要通过锚固螺栓与桥面连接,并在纵向将预制混凝土墙式护栏块用条文4.6.9介绍的方法形成整体。

**5.4.8** 根据美国公路交通事故统计资料,车辆碰撞路侧护栏的事故中有50%发生在路基护栏与桥梁护栏的过渡段上,车辆碰撞桥梁护栏的事故中有50%是发生在桥梁护栏端部。碰撞桥梁端部的事故中,死伤事故占29.8%,而车辆碰撞路侧护栏、中央分隔带护栏死伤事故仅占9.5%。因此,欧美等国特别重视桥梁护栏的过渡段设计。本细则按照国、内外的研究和实践成果,规定路基护栏与桥梁护栏防撞等级或刚度不同时,均应进行过渡设计,以避免护栏端部构成行车障碍物。对刚性护栏和半刚性护栏的过渡,细则中推荐了两种处理方法。

# 6 交通标志

## 6.2 设置原则

**6.2.1** 公路交通标志的设置应综合考虑下列因素：

(1)公路网的布局、作为设置对象的公路(简称“对象公路”,下同)在路网中的地位和作用决定了交通标志的设置层次和引导方向。

我国公路按行政等级可分为:国家公路、省公路、县公路和乡公路(简称为国、省、县、乡道)以及专用公路五个等级。一般把国道和省道称为干线,县道和乡道称为支线。

国道是指具有全国性政治、经济意义的主要干线公路,包括重要的国际公路,国防公路,连接首都与各省、自治区、直辖市首府的公路,连接各大经济中心、港站枢纽、商品生产基地和战略要地的公路。省道是指具有全省(自治区、直辖市)政治、经济意义,并由省(自治区、直辖市)公路主管部门负责修建、养护和管理的公路干线。县道是指具有全县(县级市)政治、经济意义,连接县城和县内主要乡(镇)、主要商品生产和集散地的公路,以及不属于国道、省道的县际间公路。乡道是指主要为乡(镇)村经济、文化、行政服务的公路,以及不属于县道以上公路的乡与乡之间及乡与外部联络的公路。专用公路是指专供或主要供厂矿、林区、农场、油田、旅游区、军事要地等与外部联系的公路。

公路的行政等级决定了公路交通标志的设置对象是长途、中途还是短途公路使用者。

公路条件、交通条件和环境条件是对象公路所特有的,交通标志的设置应能充分体现上述特点,以不熟悉周围路网体系的公路使用者为设计对象,为其以正常速度行驶时提供容易识别与理解的信息。同一条公路采用的交通标志的设置原则和标准应保持一致性,以与驾驶人员的期望值相吻合。

(2)公路交通标志是为了维护公路结构、保持公路安全和畅通不可缺少的公路交通管理和安全设施,对公路使用者来说具有指路、警告、禁止或者传达指示情报的功能。在设置交通标志时,应全面考虑各种交通标志的功能,使其能够连续提供行路信息,形成完整的标志体系。

根据功能,交通标志可分为：

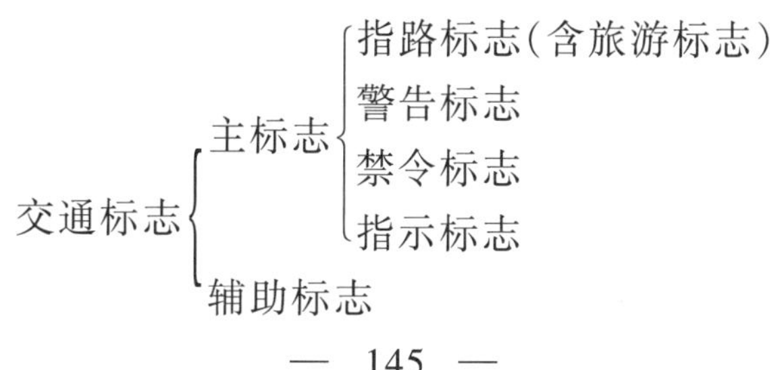

根据公路的各种运营环境分别设置各个交通标志非常重要,但作为一条路线或路网来说,如果没有统一的设置标准,要充分发挥标志的功能并不容易。因此,应根据公路的功能、技术等级、交通流量、车型构成等规定出一定的设置标准和设置的优先次序以达到统一的建设标准非常重要。

(3)交通标志的设置应考虑人的行为特征。人的行为在交通工程和道路安全中的作用主要表现在视觉信息、信息需求、信息处理等三个方面。①视觉信息:据估计,驾驶员在驾驶车辆行驶时所需要的信息中,占 90%的为视觉信息。人的视觉特征如视野的深度、宽度,眼睛的移动、色彩的识别、亮度和眩光的影响、速度的判断等,是交通标志设置的基本考虑要素。②信息需求:对公路使用者来说,几乎所有的信息都是通过视觉的传递接收的,因此设置交通标志时,应注意其显著性、易理解性、可信性和定位性。③信息处理:驾驶员的驾驶任务包括获取信息、处理信息、选择行动方案、实施行动方案,并通过重复这一过程来观察决策的结果。由于人的行为的局限性和驾驶员、车辆和公路环境之间的关系使得上述过程非常复杂。设置交通标志时,还应考虑驾驶员的预期值、反应时间和短期记忆等特征。只有充分考虑公路使用者的行为特征,交通标志的设置才具有有效性。

本条所指的"不熟悉周围路网体系的公路使用者"并不是说公路使用者对周围环境一无所知,而是指通过地图或其他查询手段,对前往的目的地和途经路线有所了解,然后借助交通标志的指引能够顺利抵达目的地。

**6.2.2** 根据我国现行《公路工程技术标准》(JTG B01—2003),公路根据功能和适应的交通量可分为高速公路、一级公路、二级公路、三级公路和四级公路五个等级。二级及以上等级的公路由于技术标准高或较高,交通量较大,公路使用者对指路标志的需求较大;其他等级的国、省道由于承担了大量的中远途运输的任务,因此对指路标志的需求也比较高。上述两种情况应优先设置指路标志。指路标志设置后,具有相似含义的警告标志可以不必设置,但对等级较低的一些公路,由于线形、路面、气象等原因,与驾驶员的预期值出入较大,需要提醒驾驶员采取减速等措施的路段经工程论证后可设置有关的警告标志。根据法律、法规设置的禁令标志应设置在其发生作用的位置或附近,并应容易被驾驶人员所识别和理解。

我国 2004 年 5 月 1 日开始实施的《道路交通安全法》及《道路交通安全法实施条例》对高速公路及各等级道路的限速值进行了规定,并要求"机动车上道路行驶,不得超过限速标志标明的最高时速","(高速公路)道路限速标志标明的车速与上述车道行驶车速的规定不一致的,按照道路限速标志标明的车速行驶"。《道路交通安全法实施条例》中还规定"在道路同方向划有 2 条以上机动车道的,左侧为快速车道,右侧为慢速车道。在快速车道行驶的机动车应当按照快速车道规定的速度行驶,未达到快速车道规定的行驶速度的,应当在慢速车道行驶。……"。因此,在设置限速标志时,应综合考虑公路的通行能力、车型构成比例、道路条件及路侧环境条件,根据不同路段的具体情况,分别采用设计速度或运行速度值,分段进行灵活设置。

**6.2.3** 作为指路标志目的地的交通标志,引导方法可分为地名指示方式和路线名称或编号指示两大类,也可将其组合使用。

目前使用较多的是地名指示方式。其优点是能适应公路网的变化。交通标志中出现的地名应尽量采用公路交通地图中的地名(如有些地名没有但又很重要,则在地图修订时应加以完善)。当路网密度很大、到达同一地点可有多种选择时,采用地名指示的方式缺点是不容易确定哪条路线更快捷。

相对地名指示方式而言,美国、德国等国家采用以公路编号为主的路径指引系统。公路编号是远程公路固定的导向特征,它定义了每条公路的地理走向,通过编号的特殊导向作用可限制交通标志上目的地指示的字数。我国高速公路以下的国、省、县道目前均已编号,高速公路的编号目前正在进行中,在选择指路信息时,应充分利用这些资源。

对于交通量较大的干线公路网,选择交通标志的版面信息时,可综合考虑一般方向和控制方向。公路编号可作为一般方向,公路沿线作为基准地区的重要城市可作为控制方向。

公路网中的地名应互相匹配并作统一考虑。互通式立交、平面交叉之间的公路主线路段与互通、平交附近的交通标志中所用的地名应互相协调。在公路使用者出行过程中地名发生变化时,不应出现指示突然中断的情况。

**6.2.4** 现行《道路交通标志和标线》(GB 5768—1999)对交通标志的纵、横向设置位置进行了较明确的规定,一般情况下应遵照执行。由于土地短缺等原因,我国公路的交通标志大多数将位于路侧安全净区内,考虑到建设费用的因素,本条对不同等级的公路提出了不同的处置方案,高速公路、一级公路路侧安全净区内的交通标志应根据标志结构规格采用解体消能结构或设置护栏加以防护,位于其他公路路侧安全净区内的交通标志宜进行必要的诱导,以保证行车安全。

**6.2.5** 公路交通标志设置净空的要求

(1)各类交通标志的横向位置任何部分均不应侵入公路建筑限界以内,其中柱式标志板的内边缘、悬臂式标志和门架式标志的立柱内边缘距土路肩边缘线的距离不应小于25cm。设置于高速公路、一级公路中央分隔带上的交通标志板或立柱与中央分隔带边缘线的间距每侧均应大于现行《公路工程技术标准》(JTG B01)中 $C$ 值的规定。设置于桥梁上的交通标志如受空间条件的限制,其立柱可以落在混凝土护栏上,但应进行必要的防护。

(2)建议各类交通标志板下缘距路面的高度如表 6-1 所示。

(3)悬臂或门架安装的标志,其设置高度应满足公路建筑限界的规定。考虑到标志构件施工误差、标志门架、横梁变形下垂、路面加厚面层等因素,标志净空高度需留 20 ~ 50cm 的余量。

(4)在积雪地区,标志净空高度应考虑历年积雪深度及除雪方法,一般情况下,净空高度应留有压实雪层厚度的余量。

**表 6-1　标志板下缘距路面的高度(cm)**

| 标志分类 | | 路侧柱式、附着式 | 悬臂式、门架式、高架附着式 |
|---|---|---|---|
| 主标志 | 警告标志 | 160 ~ 250① | 应符合公路建筑限界的要求:<br>高速公路、一、二级公路不小于 500;三、四级公路不小于 450 |
| | 禁令标志 | 160 ~ 250① | |
| | 指示标志 | 160 ~ 250① | |
| | 指路标志 | 100 ~ 250① | |
| 辅助标志② | | 应符合公路建筑限界的要求 | |

注:①选择高度值时,应根据标志是否妨碍行人活动或版面信息是否被遮挡而定。无行人活动的路侧标志可取下限,临时性标志不受此限。

②主标志的安装高度应考虑辅助标志也能满足公路建筑限界的要求。

**6.2.6**　交通标志的安装角度

(1)路侧安装时,为避免标志面眩光对驾驶员的影响,标志板面的法线应与公路中心线平行或成一定角度,禁令标志和指示标志为 0° ~ 45°,如图 6-1;指路标志和警告标志为 0° ~ 10°,如图 6-2。

图 6-1　指路标志和警告标志的安装角度　　　图 6-2　禁令标志和指示标志的安装角度

(2)采用悬臂、门架或附着式支撑结构时,标志的安装角度应与公路中心线垂直。在积雪地区,门架安装时标志板可前倾 0° ~ 10°。

## 6.3　版面设计

**6.3.1**　设计原则

交通标志版面由下列要素组成:①颜色;②文字(中文、英文或少数民族文字等);③公路编号、出口编号;④里程数字;⑤箭头符号;⑥图形符号;⑦边框等。

版面美观得体、简洁大方是交通标志获得良好的可辨性和易读性的前提。通过交通标志版面各要素的合理布置,可以保证:简单的易读性;按照公路等级提供信息;明确的交通导向关系。

**6.3.2**　从工程心理学的角度来看,交通标志应满足下面几个要求才能发挥作用:①醒目度——交通标志能在要求的认读距离以外吸引驾驶人员的注意,能在标志所处的背景中清晰地显示出来;②易读性——能在瞬间理解其含义;③公认性——容易被不同文化和语言背景的人们所理解。根据研究成果,交通标志的颜色、形状和图形符号应符合下列规定:

(1)颜色:交通标志版面上的颜色目前规定有七种,应根据不同的功能选择恰当的颜色,如表6-2所示。

**表6-2 交通标志颜色使用原则**

| 颜色 | 含义 | 主要适用范围 | 其他适用范围 |
| --- | --- | --- | --- |
| 红色 | 停止或禁止 | 用于禁令标志红圈、红杠,及部分标志的底色 | 铁道路口警告标志、注意信号灯警告标志、会车先行指示标志、国道编号指路标志、急救站识别指路标志、绕行标志、此路不通标志、高速公路终点及终点预告标志、警告性线形诱导标志、一些施工标志 |
| 黄色 | 警告 | 用于警告标志底色、警告性质告示牌底色 | 省道编号指路标志、高速公路终点提示指路标志、车距确认标志、施工安全标志 |
| 绿色 | 允许行驶、方向指导 | 用于高速公路、一级公路(全封闭)的指路标志 | 注意信号灯警告标志 |
| 蓝色 | 为公路使用者提供服务指引、行驶信息 | 用于指示标志,一级及以下等级公路的指路标志 | “禁止车辆临时或长时停放”、“禁止车辆长时停放”禁令标志,道路施工安全标志 |
| 黑色 | 交通控制 | 用于警告标志、禁令标志、辅助标志的图案或文字 | 人行横道指示标志,省道、县道编号指路标志,行驶方向指路标志,停车场标志,绕行标志,高速公路终点提示标志,紧急电话、加油站、紧急停车带标志,车距确认标志 |
| 白色 | 交通控制 | 用于禁令标志、指示标志、指路标志、旅游区标志、施工安全标志、辅助标志底色、图案或文字 | 事故易发路段警告标志 |
| 棕色 | 为休养区或文化旅游区提供指引 | 用于旅游区标志 | |

(2)形状:交通标志版面的形状应符合表6-3的要求。

**表6-3 交通标志版面的形状**

| 形 状 | 适 用 范 围 |
| --- | --- |
| 正等边三角形 | 警告标志 |
| 圆形 | 禁令标志(减速让行除外)、指示标志(大部分) |
| 倒等边三角形 | 减速让行标志 |
| 菱形 | 分、合流诱导标志 |
| 八角形 | 停车让行标志 |
| 矩形(含正方形) | 指路标志、旅游区标志、辅助标志、部分指示标志和施工标志 |

(3)图案:警告、禁令、指示标志和带有图案的指路标志(如:国、省、县道编号,行驶方向,地点识别,告示牌等)均应符合现行《道路交通标志和标线》(GB 5768)的规定,个别方

向性图案可视实际需要进行调整。

**6.3.3** 标志箭头表示前方公路行驶路线或车道的方向。水平方向的箭头应用于正交的交叉口。门架式标志或跨线桥上附着式标志的版面,如内容为指示车道的用途或行驶目的地时,则箭头应向下,并指向该车道的中心线;如在出口附近,车辆驶离直达车道,则箭头应倾斜向上,倾斜角度应能反映出口车道的线形。路侧安装的指路标志,表示直达方向的箭头应指向上方,表示转向方向的箭头应与转向车道的线形保持一致,如出现向左、向右和向上的三个箭头,则指向右侧的箭头应放置在最右侧,指向上、左的箭头应放置在最左侧。

箭头可以放置在主要标志文字的下方,或文字一侧的适当部位。

**6.3.4** 指路标志是否采用中、英文或中文、少数民族文字对照,应考虑下列因素:

(1)公路的服务对象:如果公路使用者(包括驾驶人员和乘客等)85%以上均为中国人,则指路标志应以中文为主,否则可考虑中英文对照。但国家级公路上的指路标志建议采用中、英文两种文字以解决越来越多的来华旅游、商贸洽谈的国外人员的标志认读问题,与我国相邻的日本、韩国等干线公路也大都采用当地文字与英文对照的方式。

(2)公路的使用功能:为使旅游观光地区的指路标志或其他公路上的旅游标志体现国际化与多样化,营造友好的旅游环境,可采用中英文对照的方式。

(3)公路所在的位置:少数民族自治区的交通标志,为突出民族特色,可采用中文与少数民族文字相对照的方式。如所在公路符合前两个条件,为减小版面规格、降低造价,宜采用中英文对照的方式。

(4)全线规划:公路是否采用中文与英文或少数民族文字相对应的方式,还应结合所在路线的设置标准,以体现标志设置的标准化、系统化。

(5)主管部门批准:公路是否采用中、英文或少数民族文字,由设计单位与建设单位协商确定,但应报请省级主管部门批准后实施。

**6.3.5** 本条来源于现行《道路交通标志和标线》(GB 5768)的规定。在具体使用时,应综合考虑车道宽度、车道数、标志的设置位置等因素。

**6.3.6** 地点、距离和地点、方向标志按一定顺序排列符合驾驶人员的预期值需要,方便驾驶人员的判读与理解。

**6.3.7** 运行速度是指当交通处于自由流状态,且天气良好时,在路段特征点上测定的第85个百分位上的车速。当同一路段的设计速度与运行速度之差值大于20km/h时,宜按运行速度对交通标志的版面规格及视认性加以检验。对新建公路,可按现行《公路项目安全性评价指南》(JTG/T B05—2004)的规定对运行速度加以预测。

## 6.4 支撑方式

**6.4.2** 合理选择交通标志的支撑结构是保持交通标志视认性、有效性的基础。将交通标志设置在车行道一侧、车行道上方，应视所在位置的道路、交通条件等而定。一般情况下，可将交通标志设置在路侧，采用单柱、双柱或多柱式支撑方式，既简单又经济。还可通过改善路侧安装条件(如修剪路侧种植物、清除或移开路侧障碍物等)、将交通标志安装在路侧较高位置处等方法，尽量采用柱式结构；但当符合条文第(2)款的条件时，经过工程研究可以采用悬臂式或门架式等悬空支撑方式，其中悬臂式相对经济一些，版面内容少时宜尽量使用。

如公路沿线设置有上跨天桥等构造物，路侧设置有高挡土墙、照明灯杆等，则交通标志在满足建筑限界要求的前提下，可以采用附着式支撑方式。

## 6.5 材料要求

**6.5.1** 反光材料

根据有关单位的试验结果，门架、悬臂式悬空标志如采用与路侧同样等级的反光膜材料，则其反光效果只能达到路侧的14%~17%(图6-3)。如提高反光膜等级仍达不到反光效果，则可根据现行《道路交通标志和标线》(GB 5768)的规定采用外部照明或内部照明的方式。

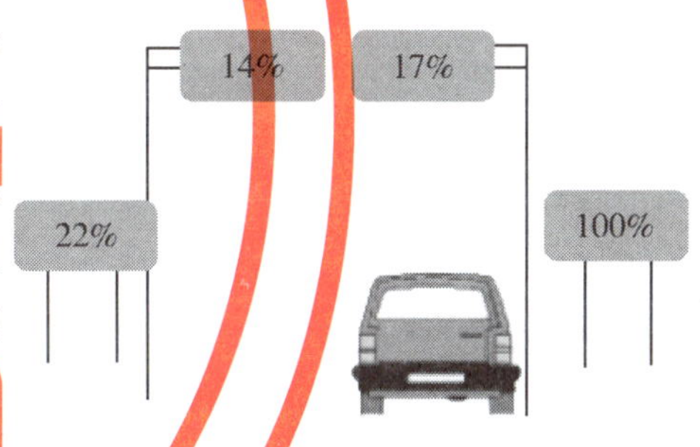

图6-3 各种支撑结构标志反光膜的反光效果

如果采用发光二极管作为字符或图案，则其颜色应与标志字符、边框或背景相一致；如果需要闪烁，则所有单元应同时以每分钟大于50次小于60次的频率闪烁。采用照明或发光二极管的方式应保持标志设计的均匀性，不得降低其昼夜的能见性、易读性，要便于驾驶员的理解。

**6.5.2** 标志板

选用交通标志板材料时，应根据公路等级、所在位置的气象条件、腐蚀程度、经济条件等因素综合确定。有些地区为减少二次被盗，采用了铝塑板材料。铝塑板与铝合金板相比，强度要低很多，而且必须对芯材外露部分采取有效处理措施。对面积在15$m^2$以上的大型标志的板面结构，为便于运输、安装及养护，宜采用挤压成型的铝合金板拼接而成，其断面如图6-4。

**6.5.3** 支撑结构

钢管、H型钢、槽钢等型钢作为标志的立柱、横梁，具有强度高、加工性能好的优点，但易腐蚀，应进行防腐处理。钢管混凝土兼具钢管和混凝土的优点，强度高、变形小，在标志

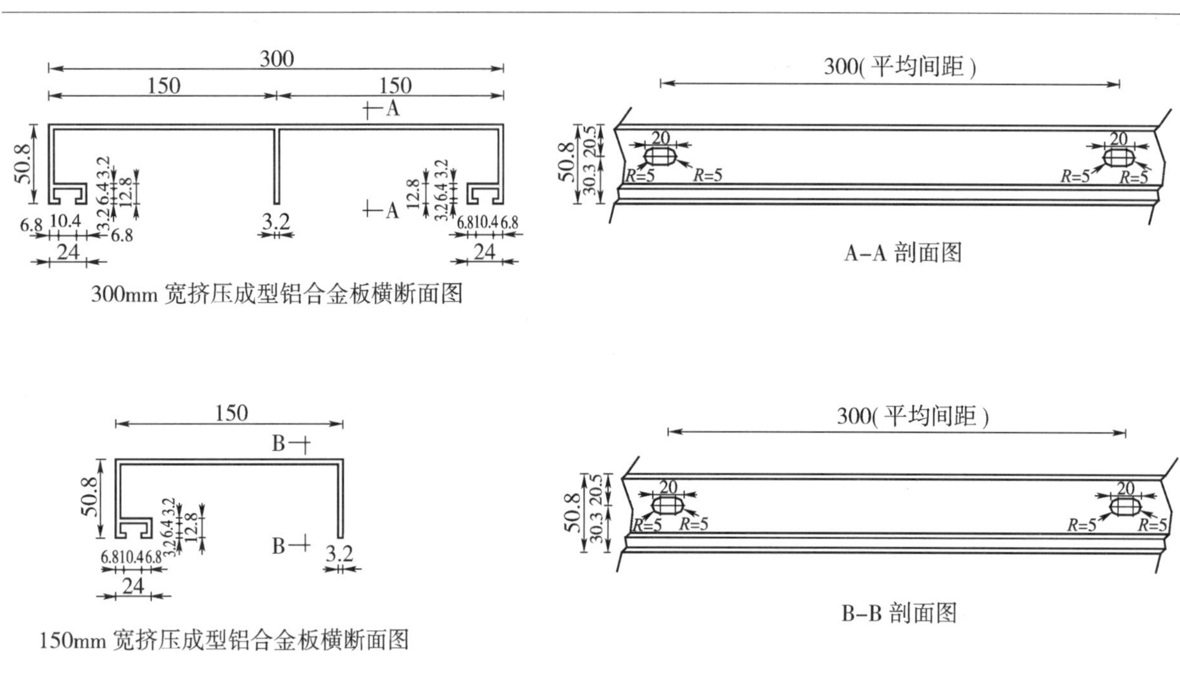


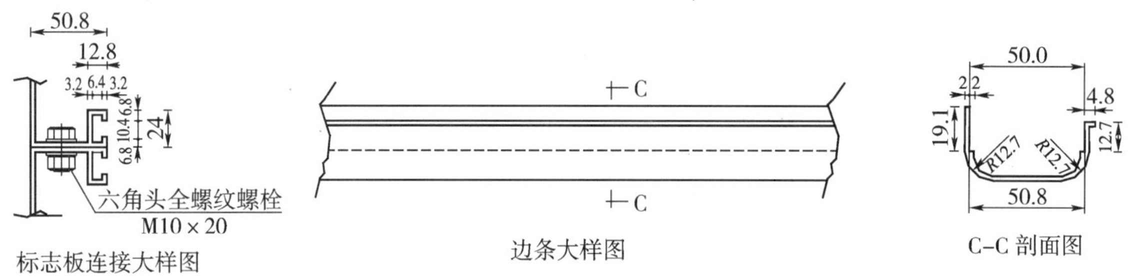


图 6-4　挤压成型标志底板断面图(尺寸单位:mm)

立柱高度大于 10m 以上时具有较大优势。

交通标志一般采用钢筋混凝土扩大基础,位于软基路段的落地式交通标志可采用桩基础,位于桥梁段的单柱式交通标志可采用钢支撑结构作为基础,附着在桥梁上。

钢构件必须经防腐处理才能使用,可采用热浸镀锌的工艺,立柱、横梁、法兰盘的镀锌量为 550g/m$^2$,紧固件为 350g/m$^2$。

## 6.6　结构设计

**6.6.1**　本条依据现行《公路工程结构可靠度设计统一标准》(GB/T 50283—1999)和《公路桥涵设计通用规范》(JTG D60—2004)制定。与现行《道路交通标志和标线》(GB 5768—1999)相比,设计基本风速的重现期由 30 年一遇改为 50 年一遇。当无风速记录时,可通过查阅《公路桥涵设计通用规范》(JTG D60—2004)得到全国各地的基本风速值。从安全和美观的角度考虑,设计基本风速不得小于 22m/s。

**6.6.2**　交通标志结构设计理论

(1)承载能力极限状态:对应于交通标志结构或其构件达到最大承载能力或出现不适

于继续承载的变形或变位的状态，计算时采用荷载设计值。

(2)正常使用极限状态：对应于交通标志结构或其构件达到正常使用或耐久性的某项限值的状态，验算时采用相应的荷载标准值。

**6.6.3** 本条参照现行《公路工程结构可靠度设计统一标准》(GB/T 50283—1999)和《公路桥涵设计通用规范》(JTG D60—2004)制定。上述标准和规范将公路工程按照结构破坏可能产生的后果的严重程度划分为三个等级，如表6-4。

**表6-4 公路工程结构的设计安全等级**

| 安全等级 | 路面结构 | 桥涵结构 |
|---|---|---|
| 一级 | 高速公路路面 | 特大桥、重要大桥 |
| 二级 | 一级公路路面 | 大桥、中桥、重要小桥 |
| 三级 | 二级公路路面 | 小桥、涵洞 |

根据交通标志结构破坏可能产生的后果，本条将交通标志结构的安全等级分为二级和三级两个等级，并确定了相应的结构重要性系数。

# 7 交通标线

## 7.1 一般规定

公路上设置的交通标线,在为公路使用者提供出行诱导和信息服务方面具有很重要的作用。在一些情况下,交通标线可用来作为交通标志、交通信号的补充。交通标线还可单独使用,来提供其他设施所无法表达的禁令、警告和指路信息。

当然交通标线也有局限性。它的可视性会受到雪、碎屑、路面积水等的限制。交通标线的耐久性受到材料特性、交通量、气象和所在位置的影响。因此在进行交通标线的设计时,应综合考虑公路条件、交通流特性、交通管理的需要和材料特点等因素,进行科学、合理的设置。

交通标线设计时,需要收集的基础资料主要包括:公路等级、设计速度、平纵曲线半径;降雨量;路基段、桥梁段和隧道段及路基宽度变化段的横断面;互通式立体交叉、平面交叉及服务区、停车区处的总体设计图及路面高程数据图;跨线构造物的立面设计图等。

路面标线尽管厚度较薄,但仍有一定的阻水作用,尤其是南方雨水较多的地区,处理不当容易导致交通事故,因此应按设计图纸的要求留出排水孔道。位于禁止超车线上的突起路标,在施划禁止超车线时,应采取措施预留突起路标的位置。

## 7.2 设置原则

### 7.2.1 一般路段的交通标线

现行《道路交通标志和标线》(GB 5768)对车行道边缘线、车行道分界线、路面中心线线宽的规定有一定范围。本细则将其与设计速度联系起来,在条文表 7.2.1 中作了规定。

图 7-1 为设计速度为 100km/h 的高速公路一般路段标线设计示例。

### 7.2.2 特殊路段的交通标线

(1)禁止变换车道线的设置。禁止变换车道线实质上就是禁止超车线,用于禁止车辆变换车道和借道超车。对于经常出现强侧向风的特大桥梁路段、宽度窄于路基的隧道路段、急弯陡坡路段、车行道宽度渐变路段,应设置与车行道分界线同宽的禁止变换车道线。一般情况下,禁止变换车道线宜与禁止超车标志同时设置。隧道洞口段禁止变换车道线示例如图 7-2。

(2)本款引自加拿大不列颠哥伦比亚省运输部 1994 年 6 月出版的《路面标线手册》,

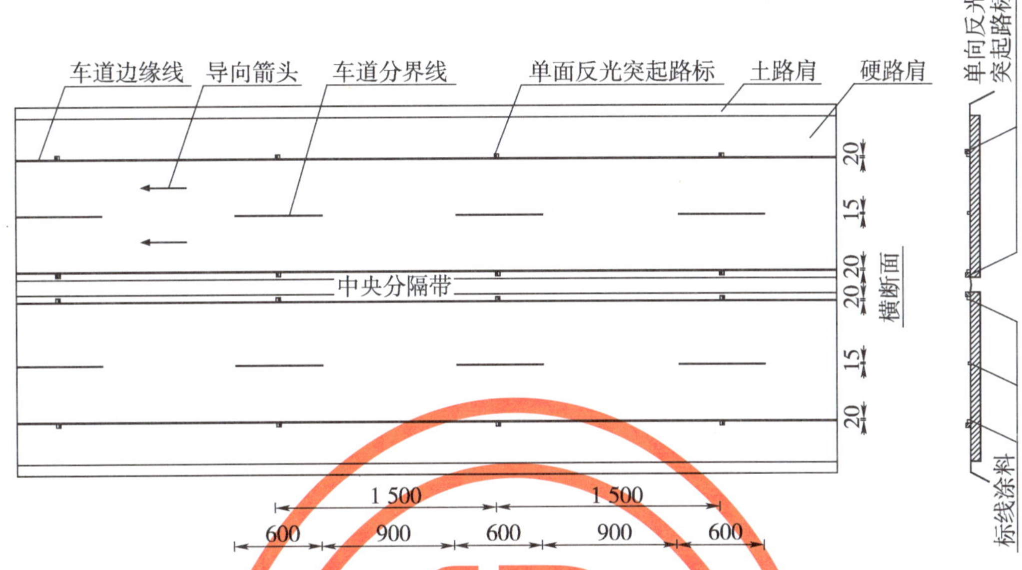


图 7-1 设计速度 100km/h 的高速公路一般路段标线设计示例(尺寸单位:cm)

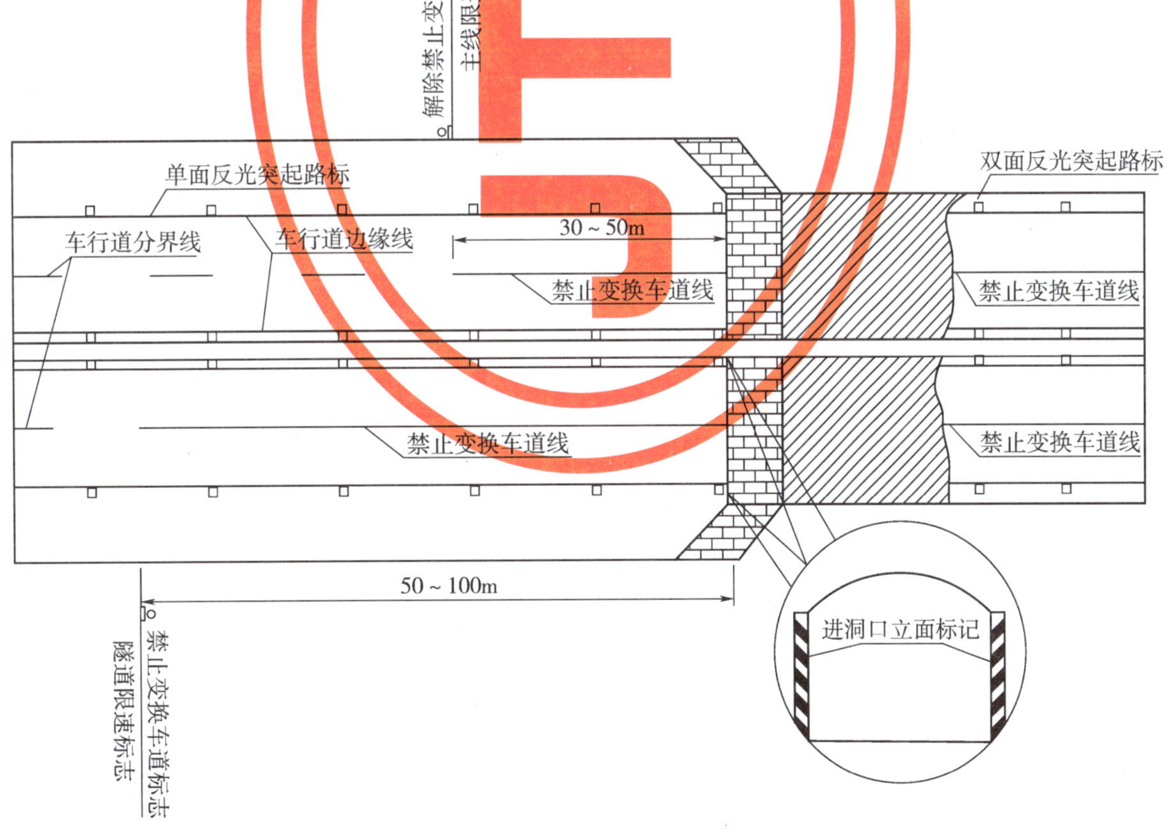


图 7-2 隧道洞口段禁止变换车道线示例

适用于二级及以下等级公路桥梁标线的设置。

(3)设计速度 120、100km/h 宽度窄于隧道入口前 50m 范围内的右侧硬路肩内应设置斜向行车方向的斑马线,其他公路在隧道入口前 30m 范围内设置,如图 7-3。

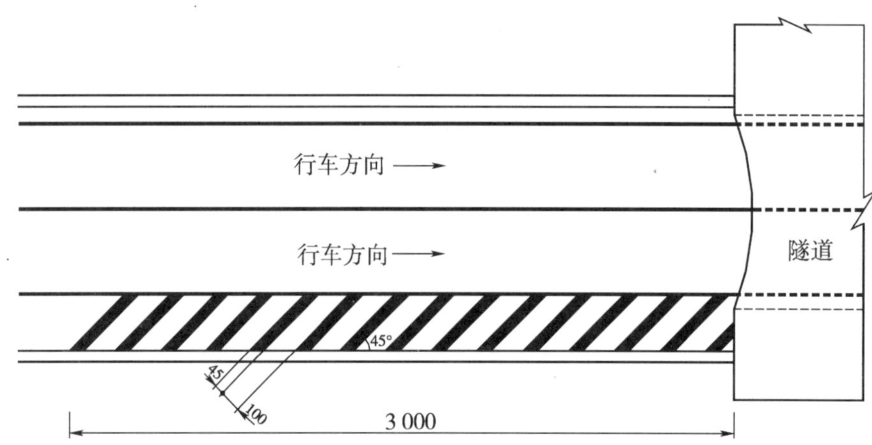


图 7-3　隧道洞口斑马线设计示例(尺寸单位:cm)

(4)爬坡车道处交通标线如图 7-4。

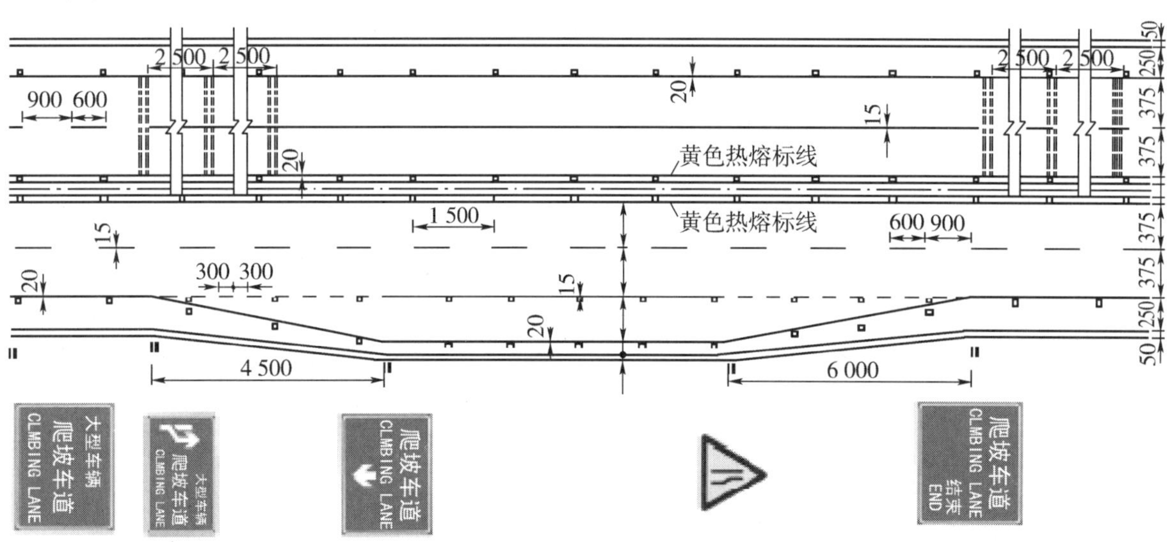


图 7-4　爬坡车道处交通标线设置示例(尺寸单位:cm)

(5)紧急停车带、公共汽车停靠站处交通标线如图 7-5。

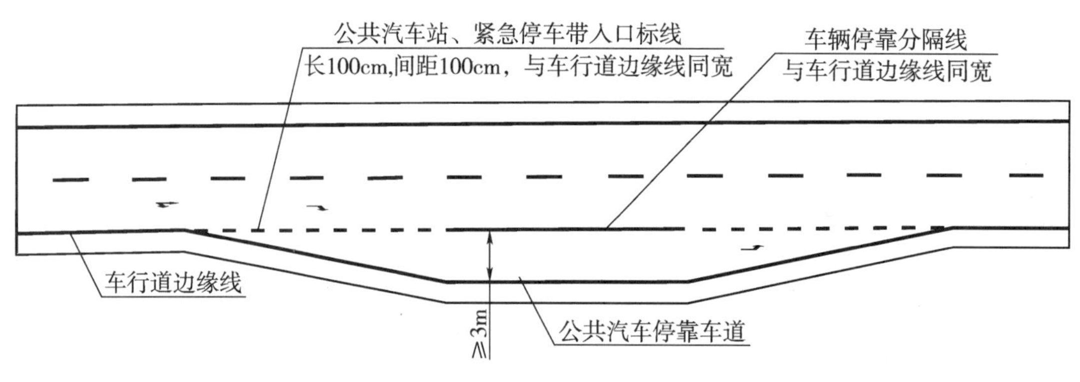


图 7-5　公共汽车停靠站标线示例

(6)路面文字标记主要是利用路面文字,指示或限制车辆行驶的标记,如最高限速、车道指示(快车道、慢车道)等。当公路同向车道数大于两条或者因地形条件等的限制无法设置交通标志时,可采用设置路面文字标记的方法。为增加视认效果,可选择上坡路段设置。考虑到交通量增加后车辆之间的互相影响,条文规定文字按由近到远的顺序排列。

(7)立面标记用于提醒驾驶人注意,在车行道或路侧有高出路面的构造物,以防止发生碰撞。立面标记宜设置为120cm高。

(8)本条引自美国联邦公路局《街道和公路均一交通控制设施手册》(2003年版)。

(9)很多交通事故是由于驾驶员超速引起的,尽管驾驶员需要承担主要责任,但对于一些需要引起驾驶员注意的路段如急弯陡坡或长直线路段等,作为公路管理部门有必要采取一定的限速或提醒设施。减速标线就是设计中经常用到的一种方法,具体设置原理可参见第7.2.5条的条文说明。

(10)上述条款中未涉及的标线应符合现行《道路交通标志和标线》(GB 5768)的有关规定。

**7.2.3** 互通式立体交叉、服务设施出入口交通标线

(1)出入口交通标线应根据互通式立体交叉、服务设施的线形按直接式、平行式两种情况设置。平行式出口交通标线如图7-6。

(2)导向箭头表示车辆的行驶方向,互通式立体交叉入口、出口处导向箭头的设置如图7-7。

**7.2.4** 平面交叉渠化标线

(1)对于较宽、不规则或行驶条件比较复杂的交叉路口,二级及以上等级的公路平面交叉应设置渠化标线,其他公路的平面交叉宜设置渠化标线,以使车辆能按规定的路线行驶。因车辆交织较多,导向箭头的重复设置次数可参考条文表7.2.3根据实际需要确定。

(2)平面交叉应根据其型式、交叉公路的优先通行权、车道宽度、各种交通流量的分析来设置渠化标线,如附录D。

**7.2.5** 收费广场交通标线

收费广场减速标线应根据驶入速度、广场长度利用牛顿第二定律进行计算(末速度可取为期望值),控制指标为车辆经过各条减速标线的时间相同,由于间距越来越密,使驾驶员误以为速度越来越快,从而主动减速。图7-8为某高速公路混合式收费广场交通标线设置示例。

**7.2.6** 突起路标的设置

突起路标是安装于路面上用于标示车道分界、边缘、分合流、弯道、危险路段、路宽变化、路面障碍物位置的反光和不反光体。当车辆偏离车行道时,突起路标可给车辆驾驶人员以振动提示,以避免交通事故的发生。反光突起路标在夜间能起到视线诱导的作用。条文中根据不同的公路条件,提出了突起路标的设置原则,如高速公路、一级公路由于车

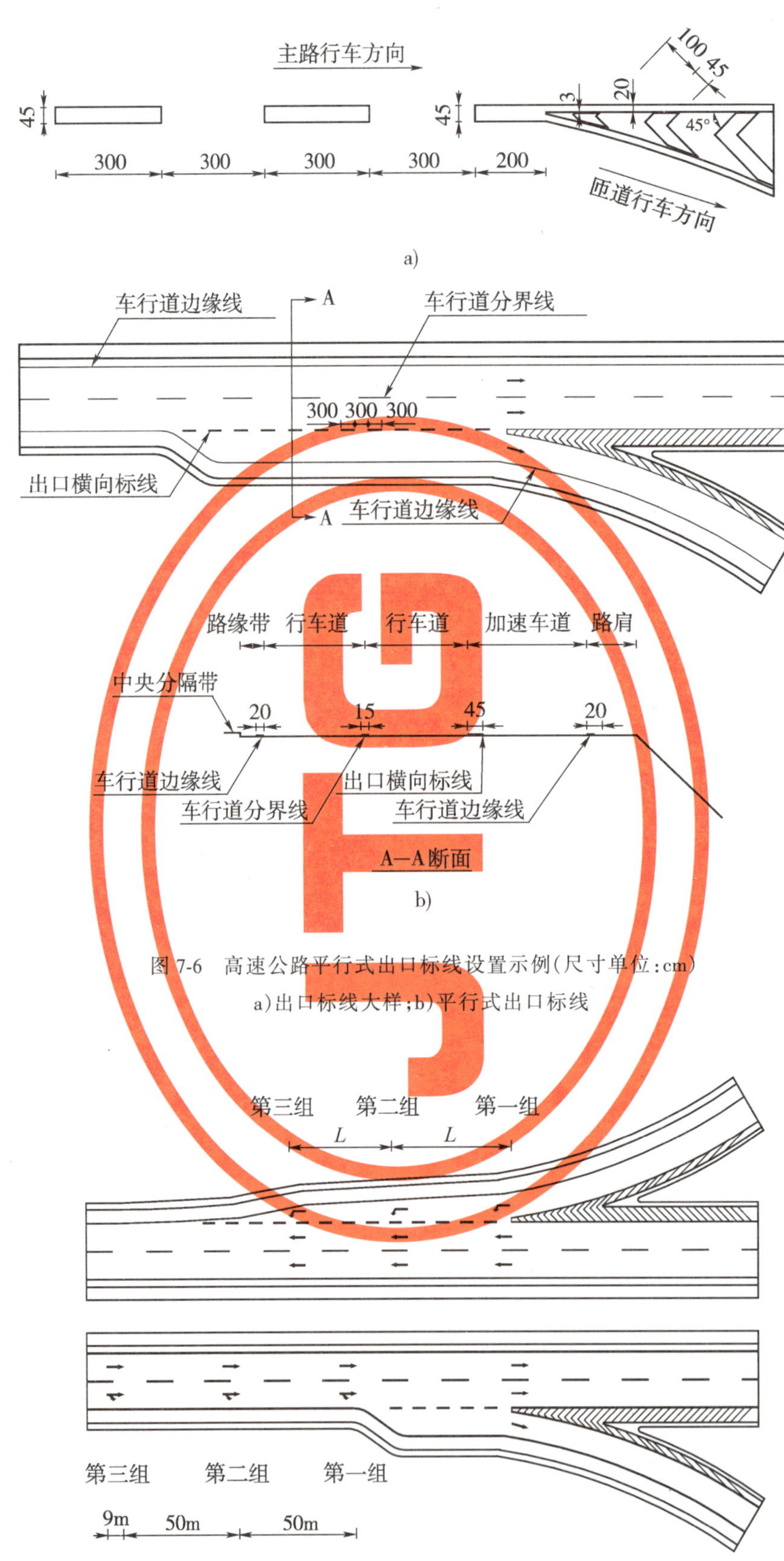


图 7-6　高速公路平行式出口标线设置示例(尺寸单位:cm)

a)出口标线大样;b)平行式出口标线

图 7-7　导向箭头设置示例

注:图中 $L$ 根据加速车道长度确定。

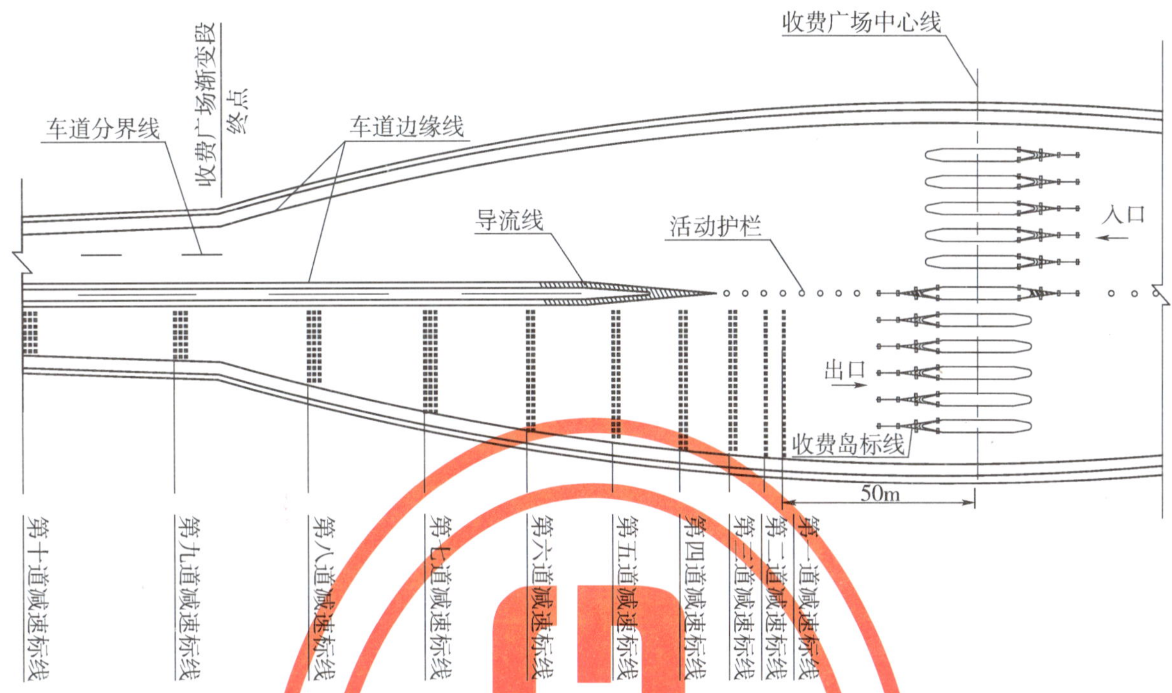


图 7-8 收费广场交通标线示例

速较高，驾驶员疲劳时易发生驶出路外的事故，故建议高速公路车行道边缘线及一级公路互通式立体交叉等处的车行道边缘线上应予以设置。

## 7.3 材料选择

**7.3.1～7.3.4** 选取标线材料时，可考虑下列因素：

(1)高速公路的车行道边缘线、斑马线等处可采用热熔喷涂型(涂层厚度 0.7～1.0mm)，能满足反光要求，且性价比最高。

(2)高速公路的车行道分界线可采用耐久性标线涂料，如热熔刮涂型(涂层厚度1.5～2.5mm)。

(3)普通公路建议采用反光标线，以预防交通事故的发生。

(4)公路事故多发路段可采用树脂防滑型涂料(图 7-9)和热熔突起型涂料(图 7-10)。

图 7-9 树脂防滑型涂料

(5)水泥路面可采用热熔喷涂型涂料,以提高性价比。

(6)德国联邦公路研究所(BAST)的标线使用性能模拟试验表明,采用双组分涂料施划的标线使用性能满意率最高。这种标线反光性能优良,使用寿命最长,缺点是价格偏高、施工要求严格。

(7)对环保要求高的公路,水性涂料将是最佳选择,同时该种标线性能价格比好、反光性能优良。

图 7-10 热熔突起型涂料

**7.3.5** 考虑到在发生交通事故、火灾等紧急事件时,隧道内有可能将变成逆向行车,故应选用双面反光型。

# 8 隔离栅和桥梁护网

## 8.1 一般规定

(1)隔离栅能阻止人、畜进入公路或其他禁入区域,防止非法侵占公路用地。它可有效地排除横向干扰,避免由此产生的交通延误或交通事故,保障公路的通行安全和效益的发挥。

公路上跨桥和人行天桥上有人向下抛扔物品,或桥上杂物被风吹落到公路上,或桥上行驶车辆装载的物品散落到公路上时,非常容易引发交通事故,因而在上述构造物的两侧设置桥梁护网是必要的。

(2)隔离栅的高度是结构设计的重要指标,该指标的取值高低直接影响着工程的材料费用和性能价格比。所以,隔离设施高度的确定必须结合实际的地域地形、沿线村镇人口的稠密程度,以及人们生产、生活流动路线等诸多因素而定。综合上述诸多方面的影响因素,可以看出,沿封闭公路两侧影响隔离设施高度的因素是个变量,是随地形和人口分布密度变化的函数。为了保证隔离栅的整体美观效果和设计施工的便利性,高度的变化只是根据特殊的地形和其他特殊因素而产生间断式的变化。一般情况下,隔离设施的高度宜尽可能统一,高度变化不宜太频繁。

隔离栅的高度主要以成人高度为参考标准,一般在1.5~1.8m之间。在城市及郊区人口密度较大的路段,特别是青少年较为集中的地方,如学校、运动场、体育馆、影(剧)院等处,隔离设施的设计高度宜取上限,并且根据实际需要可在此基础上进一步加高到使人无法攀越的程度。而在人迹稀少的山村或郊外,由于人流较小,攀登隔离设施穿越公路的可能性远远低于城市地区,其设计高度可取下限值。其实,任何设施并不能真正阻挡人们强行攀越、钻入公路界的行为。要使人们自觉地遵守交通规则,爱护公路设施,取决于社会文明程度和法制观念的提高,取决于宣传教育。

桥梁护网的设置高度宜为1.8~2.1m,在交通量大、行人密度高、临近城镇厂矿等地点可取上限,反之则取下限。桥梁护网宜与桥梁横断面比例协调,避免给人压抑感。如桥梁两侧设置混凝土护栏时,网面可从护栏顶部开始设置;如设置桥梁栏杆,则桥梁护网网面应从桥面开始设置。

(3)隔离栅和桥梁护网的结构直接关系到使用效果和寿命,在设计中应以考虑风载的影响为主,对人、畜造成的破坏作用可通过结构手段如防盗措施等加以解决。具体计算方法,可参考交通标志结构设计的有关规定。需要指出的是,交通标志结构迎风面基本以实体结构受力为主,而隔离栅和桥梁护网的迎风面为网孔结构,网孔结构的折减系数需要考虑网面孔隙率的大小。对隔离栅而言,一般有野外攀藤植物依附,维护清除又有困难,使网片的透风性降低,计算风载时,应根据所在地区攀援植物不同取不同的孔隙率值。

## 8.2 隔离栅

### 8.2.1 设置原则

(1)除条文第(2)款所述条件外,高速公路、需要控制出入的一级公路沿线两侧必须实行封闭,以防止行人、非机动车、牲畜等闯入公路及非法侵占公路用地。这是确保行车安全、排除横向干扰、充分发挥公路功能的重要措施。

(2)对于公路两侧的一些天然屏障、不必担心有人进入公路和非法侵占公路用地的路段,可以不设置隔离栅。

(3)公路两侧的封闭,一般在桥梁、通道等处为薄弱环节,人、畜等往往会从桥头锥坡处钻入。因此,在这些地点,需采取措施进行围封。在小桥桥头,隔离栅可以沿锥坡爬上,在桥头处围封,也可沿端墙围封。通道的进出口,由于过往人、畜较多,需特别注意人为破坏的可能性,应选择强度高,人、畜无法爬入的结构进行围封。

(4)对一些尺寸较小、流量不大的涵洞,隔离设施可直接跨过。但在跨越处,需作一定的围封处理,以防人、畜钻入公路内。跨越涵洞时,立柱可适当加强、加深。

(5)隔离栅的中心线,一般沿公路用地范围界线以内0.2~0.5m处设置。这主要考虑立柱的基础能落在公路界以内,避免因侵占界外用地发生纠纷。

### 8.2.2 型式选择

选择适当的隔离栅型式,应根据隔离封闭的功能要求,对其性能、造价、美观、与公路周围景观的协调、施工条件及养护维修等因素进行综合比较。

(1)造价比较:按单位造价由高到低依次排列顺序为:钢板网、电焊片网、电焊卷网、编织片网、编织卷网、刺钢丝网。

(2)后期养护维修的比较:钢板网、电焊网、刺钢丝网在网面及局部破坏后,易修补,维修费用低;编织网在局部破坏后,将影响整张网,不易修补,维修费用高。

(3)适应地形的性能比较:钢板网、片网(电焊网、编织网)爬坡性能差,一般用于平坦路段。在起伏较大的路段,如用钢板网、片网(电焊网、编织网),需将其设计成阶梯状,或将网片设计成平行四边形顺坡设置,施工较困难。卷网(电焊网、编织网)爬坡性能较好。编织网网面的柔性、电焊卷网的波纹构造均可适应起伏地形,但其施工需要专门的机械设备。刺钢丝网适应地形能力强,爬坡性能优,在地势起伏较大的地形条件下,无需特殊的施工机具,施工方便。

(4)外观比较:钢板网、电焊网、编织网结构合理、美观大方,是城镇沿线、互通区、服务区、风景旅游区等处首选的隔离栅型式。刺钢丝隔离栅单独使用美观性能较差,但在南方地区,气候温暖、湿润,树木四季常青,用刺钢丝配绿篱,可增加其美观性,在广东若干高速公路的应用效果甚佳。

(5)隔离墙隔离效果最好、坚固耐用,但造价高,影响路容、路貌,经论证可在横向干扰大、事故多的路段采用。

**8.2.3** 构造要求

(1)在实际应用中,综合考虑不利于人为攀越、结构整体的配合要求、网面的强度(绷紧程度)三个因素,金属网格的网孔尺寸一般不宜大于 150mm × 150mm;刺钢丝上下两道刺钢丝的间距不宜大于 250mm,一般以 150 ~ 200mm 为宜。网孔在保证封闭功能的要求下,在保证隔离网自身强度和刚度的条件下,网孔应尽量选大值,以减少工程费用,提高隔离栅的性能价格比。

电焊网可选用无边框的结构,在网面设置折弯结构可增加刚度,减小钢丝直径。这种网面可降低电焊网的造价。

(2)公路两侧的地形变化很大,有些地点(如陡坎、湖泊、河流、深沟等)隔离设施的设置前后不能连续,需要做好隔离栅的端部处理。

(3)编织网(卷网)、电焊网(卷网)、刺钢丝网对起伏地形适应性较强(图 8-1)。而钢板网、电焊网(片网)、编织网(卷网)较差,在起伏地形使用,需设置成阶梯状或将网片特制成平行四边形顺坡设置;如地形起伏过大,可考虑对地形进行一定的整修,尽可能使隔离栅起伏自然,避免局部地段的突然变化(图 8-2)。

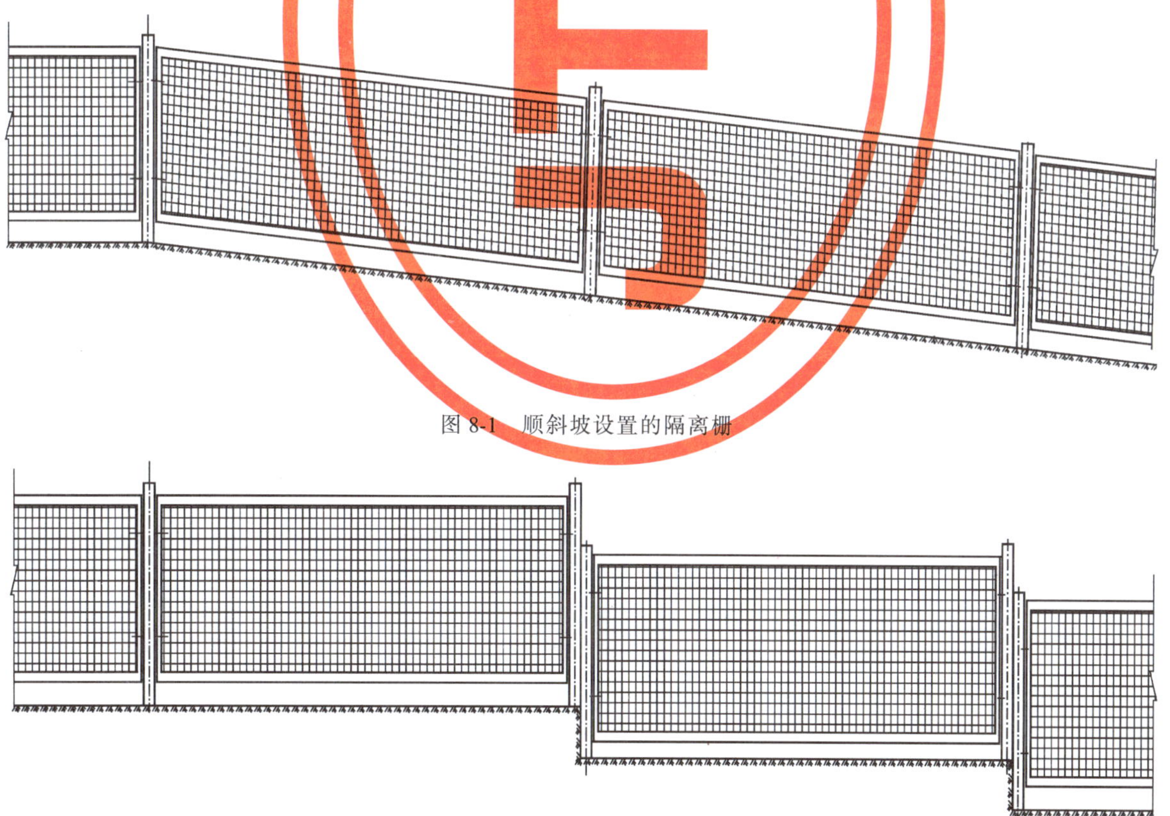

图 8-1　顺斜坡设置的隔离栅

图 8-2　阶梯状设置的隔离栅

在地势起伏较大的地区,应尽量避免采用钢板网、电焊网(片网)、编织网(片网)。这三种型式的隔离栅爬坡性能较差,且施工困难。

(4)为保证隔离栅的有效性,在每段隔离设施的起点和终点,以及因地形条件需要断开的地段,都应针对不同的情况作专门的端头围封设计,使公路外的行人或牲畜不能在隔离栅断开处进入公路。

在隔离栅需要改变方向的地点,应作专门的拐角设计。设计时应力求结构稳定、施工方便,保持立柱和隔离网规格的统一性。

(5)为便于公路的维修和养护,方便公路管理人员和养护人员以及机修设备的进出,需要在适当的位置设置隔离栅开口。开口处均需设立活动门,以利于养护工作完成后,隔离设施的继续封闭。

隔离栅活动门的规格大小,可根据进出大门的设备、人员情况进行设计,型式应力求简易、实用。大门的型式一般可分为单开门和双开门两种。单开门用于人员的出入;双开门主要为机修设备及车辆的进出而设置。单开门门宽设计尺寸不应大于1.5m,双开门总宽不应超过3.2m。因为,门框的设计强度是根据门的尺寸大小决定的,跨度大的门,对门架稳定性要求也高,这会增加不必要的工程费用。

## 8.3 桥梁护网

除基础设置方式和方法不同外,桥梁护网的结构型式与隔离栅大体相同,但由于在空旷的原野上,上跨立交桥往往是周围地物中的最高点,在桥上设置金属防护网后,则其遭雷击的危险性大大增加,因而桥梁护网应作防雷接地处理。对交通量大、临近城镇厂矿的桥梁更应引起设计者的注意。防雷接地的阻抗应小于10Ω。

# 9 防眩设施

## 9.1 一般规定

**9.1.2** 防眩设施设计指导思想

（1）防眩设施既要有效地遮挡对向车辆前照灯的眩光，也应满足横向通视好、能看到斜前方，并对驾驶员心理影响小的要求。如采用完全遮光，反而缩小了驾驶员的视野，影响巡逻管理车辆对对向车道的通视，且对驾驶行车有压迫感。同时，无论白天或黑夜，对向车道的交通状况是行车的重要参照系，其中很重要的一点是驾驶员在夜间能通过对向车前照灯的光线判断两车的纵向距离，使其注意调整行驶状态。从国外试验结果可知，相会两车非常接近（小于50m）时，光线不会影响视距，但当达到某一距离时，眩光会对视距产生较大的影响。防眩设施不需要很大的遮光角就可获得良好的遮光效果。所以，防眩设施不一定要把对向车灯的光线全部遮挡，而采用部分遮光的原理，允许部分车灯光穿过防眩设施，当然透光量不应使驾驶员感到不舒适。

（2）在曲线半径较小且中央分隔带较窄的弯道上，设置防眩设施可能会影响曲线外侧车道的视距。因此，在设置防眩设施之前应进行停车视距的分析，保证设置防眩设施后不会减小停车视距。对停车视距的影响是随中央分隔带宽度和曲线半径的减小而趋于严重，故对在弯道上设置防眩设施可能引起的视距问题应予以足够的重视。

弯道上设置的防眩设施如果经检验影响了视距，则可考虑降低防眩设施的高度。降低高度后的防眩设施可阻挡对向车前照灯的大部分眩光，且驾驶员能看见本车道前方车流中最后一辆车的顶部，这个高度值一般在1.2m左右。另外也可考虑将防眩设施的设置位置偏向曲线内侧，但此方法对于较小半径的弯道来说，效果并不明显，景观效果也不好，因而主要在较大半径的曲线路段采用。

如采取上述方法仍不能得到较好的防眩效果和景观效果，则不宜在中央分隔带上设置防眩设施。如确需设置，则可采取加宽中央分隔带的方法，使车道边缘至防眩设施之间有足够的余宽，以保证停车视距。日本东名高速公路就采取了加宽中央分隔带的方法，取得了明显的成效，使东名高速公路成为绿茵连续的优美舒适公路，这是日本东名与名神高速公路的区别之一。

（4）防眩设施在满足构造要求的前提下，一般能抵抗风载的破坏，可不进行力学计算。但在经常遭受台风袭击的沿海地区和常年风力较大、会刮倒树木或破坏道路设施的地区，在设计上应对防眩板及其连接部件或基础进行力学验算，具体计算方法可参考交通标志的内容。

## 9.3 设置原则

**9.3.1** 高速公路、一级公路设置防眩设施的条件。

(1)在公路上两车相会时,驾驶员受眩光影响的程度与两车的横向距离有很大的关系。英国道路交通研究所(TRRL)《相对两车前照灯对视距的影响》研究表明:当两车横距较大($S=15\text{m}$)时,两车纵距愈小,视距愈大,特别是两车很接近时,视距显著增加。当横距 $S=40\text{m}$ 时,视距几乎与纵距无关。

交通部公路科学研究院进行的防眩试验也表明,当相会两车横向距离达 14m 以上时,相会两车灯光不会使驾驶员眩目。这一结果和英国试验结果一致。

国内外的研究者普遍认为:提供足够的横向距离以消除对向车前照灯眩目是理想的防眩设计。国外 6 车道的高速公路,除满足日间的交通量需求外,夜间左侧车道(靠近中央分隔带的车道)上几乎没有或很少有车辆行驶,甚至中间车道的车辆也不多。这样,两车相会时有足够的横向距离,消除了对向车道前照灯的眩目影响。英国高速公路车辆行驶规则规定:不是为了超车或边车道无空时,不得使用右侧车道(英国正常行车规则为左行,右侧超车)。这样,对向车流间有足够的横向距离,因而无眩目影响,或影响甚微,可不设防眩设施。

我国 2004 年 5 月 1 日施行的《中华人民共和国道路交通安全法实施条例》规定:在道路同方向划有 2 条以上机动车道的,左侧为快速车道,右侧为慢速车道。当中央分隔带宽度为 7m 时,加上两条左侧路缘带宽 $2\times0.75=1.5\text{m}$,中间带宽度为 8.5m。如相会两车都在快速车道上行驶,其横向间距值为 12.25m($S=8.5+2\times3.75/2=12.25\text{m}$),故当中央分隔带宽度大于 9m 时,一般都能有效地降低眩光对驾驶员行车的影响,或说眩光对驾驶行为的影响可以不考虑。因而细则规定在中央分隔带宽度大于等于 9m 时,就不必设置防眩设施了。

(2)~(7)防眩设施的设置取决于很多条件,除第(1)款外,符合本条第(2)款~第(7)款条件之一者也应设置防眩设施。夜间交通量大、大型车混入率较高的路段,是设置防眩设施的主要条件。其他如平曲线路段、竖曲线路段、车辆交织运行路段、连拱隧道进出口附近等,可根据其对驾驶员眩目影响的程度确定是否设置防眩设施。当公路路基的横断面为分离式断面,上下车行道不在同一水平面时,理论计算和实践经验均表明,若上下车行道的高差小于等于 2m,会车时眩光对驾驶员的影响较大,需要设置防眩设施;在高差大于 2m 时,眩光影响较小,并且在这种情况下,一般都应在较高的车行道旁设置路侧护栏,而护栏(除缆索护栏外)也能起到部分遮光的作用,因而此时也就不必设置专门的防眩设施了。

设计防眩设施时,应根据本规范的有关规定,结合公路交通的具体情况,通过进行必要的投资效益比分析,对防眩设施的设置路段、型式作出选择。

**9.3.2** 在无封闭设施的路段上设置防眩设施,如有人翻越防眩设施或从中跳出,往往使驾驶员猝不及防。尤其在夜间,以一定间距栽植的树木在灯光的照射下就像人站立在路旁一样,使驾驶员感到紧张,而更加谨慎地行车。即使道路条件好,驾驶员也不敢将车速提高,而且本能地使车辆轨迹偏离车道,即离中央分隔带远些。许多统计资料都表明,在无封闭设施的路段设置防眩设施后,反而使该路段的事故率增加,尤其是恶性事故率上升,这与侧向通视不好致使驾驶员对前方的突发事件反应不及有关。因此,在无封闭设施的路段是否设置防眩设施、选择什么类型的防眩设施应予慎重考虑。如确需设置,则应选择好防眩设施的型式和高度,既尽量不给人、畜随意横穿的可能,又要有利于驾驶员横向通视。非控制出入的一级公路平面交叉和中央分隔带开口处有行人及车辆穿越,若连续设置防眩设施,驾驶人员在突发情况下往往反应不及,防眩设施应在路口一定范围内断开或逐渐降低防眩设施高度加以提醒。根据停车视距的要求,设计速度大于或等于 80km/h 时,靠近中央分隔带车行道行驶的车辆发现行人到完全停止的防眩设施开口长度要求为 100m 左右,设计速度为 60km/h 时,防眩设施开口长度要求为 60m 左右,故建议一级公路平面交叉、中央分隔带开口两侧一定范围内不宜设置防眩设施。考虑到车辆驾驶人员遇到平面交叉、中央分隔带开口的减速心理及外侧车道行驶等其他因素,平交路口的防眩设施断开长度可适当缩小。

**9.3.3** 在有连续照明设施的路段,车辆夜间一般都以近光灯行驶,会车时眩目影响甚微,显然在这种情况下可以不考虑设置防眩设施。

**9.3.4** 防眩设施连续设置的规定

(1)防眩设施的设置应考虑连续性,避免在两段防眩设施之间留有短距离的间隙,因为这种情况会给毫无思想准备的驾驶员造成很大的潜在眩目危险,易诱发交通事故,而且从人的视觉感受和景观上来说效果也不好。

(2)防眩板应以一定长度的独立结构段为制造和安装单元,这种结构段的长度一般小于 12m,视采用材料、工艺情况而定。防眩板设置在道路上,免不了要遭受失控车辆的冲撞而损坏。为减轻损坏的严重程度,方便更换维修,设计时应每隔一定距离使前后相互分离,使各段互不相连。这样做既有利于加工制作和运输安装,而且从防止温度应力破坏的角度来说也是必须的。防眩板每一独立段的长度可与护栏的设置间距相协调,选择 4、6、8、12m 或稍长一些都是可以的。

(3)防眩设施的设置高度原则上应全线统一。不同防眩结构的连接应注意高度的平滑过渡,不要出现突然的高低变化。设置在凹形竖曲线路段的防眩设施,其设置高度应根据竖曲线半径及纵坡情况由计算确定,并在一定长度范围(渐变段)内逐步过渡,以符合人的视觉特性。该渐变段的长度与人的视觉特性、结构尺寸和变化幅度和车辆的行驶速度(公路等级)等有关,该渐变段的长度一般宜大于 50m。但在设计中,应根据具体情况确定合适的渐变段长度。另外,防眩板板条宽度的变化幅度一般都不大,故其渐变段的长度还可小一些。

## 9.4 型式选择

**9.4.1** 除植树灌木外,在公路上设置的防眩设施有很多型式,总的来说有网格状的防眩网、栅栏式的防眩网、扇面式的防眩扇板及本细则中推荐使用的板条式防眩板等型式,制造材料方面,有金属的,也有塑料等合成材料的。经过几十年的发展和淘汰,目前在世界各国使用最广泛的主要是防眩板及防眩网两种形式。

就防眩板和防眩网而言,交通部公路科研所在“七五”国家科技攻关中就防眩设施的型式选择,通过大量的资料分析和调查研究,从下述八个方面对防眩设施的性能进行了综合比较:

(1)有效地减少对向车前照灯的眩目;

(2)对驾驶员的心理影响小(行车质量的影响、单调感);

(3)经济性;

(4)良好的景观(美观);

(5)施工简单、养护方便;

(6)对风阻力小,积雪少;

(7)有效地阻止人为破坏和车辆损坏;

(8)通视效果好。

研究结果表明(如表 9-1):防眩板是一种经济、美观、对风阻挡小、积雪少、对驾驶员心理影响小的防眩设施,尤其是适当板宽的防眩板与混凝土护栏配合使用效果更佳,从而确定防眩板是最佳的结构型式。故在本细则中主要推荐防眩板和植树两种型式作为我国公路上防眩设施的基本型式。

**表 9-1 不同防眩设施的综合性比较**

| 特点 | 植树(灌木) | | 防眩板 | 防眩网 |
|---|---|---|---|---|
| | 密集型 | 间距型 | | |
| 美观 | 好 | | 好 | 较差 |
| 对驾驶员心理影响 | 小 | 大 | 小 | 较小 |
| 对风阻力 | 大 | | 小 | 大 |
| 积雪 | 严重 | | 好 | 严重 |
| 自然景观配合 | 好 | | 好 | 不好 |
| 防眩效果 | 较好 | | 好 | 较差 |
| 经济性 | 差 | 好 | 好 | 较差 |
| 施工难易 | 较难 | | 易 | 难 |
| 养护工作量 | 大 | | 小 | 小 |
| 横向通视 | 差 | 较好 | 好 | 好 |
| 阻止行人穿越 | 较好 | 差 | 较好 | 好 |
| 景观效果 | 好 | | 好 | 差 |

**9.4.2** 就防眩板和植树(灌木)两种型式的具体设置而言,当中央分隔带宽度较小时,应以防眩板为主进行防眩;而在中央分隔带较宽、地形变化较大、需要保护自然景观并且气候条件也较适宜植树时,可采用植树(灌木)防眩。从经济、景观、养护和克服单调性等方面而言,防眩板和植树相结合是比较理想的型式。设置缆索护栏时,因缆索护栏与防眩板结合设置,会给人以"头重脚轻"之感,景观效果不好,再加之缆索护栏是柔性结构,不能很好地对防眩板起保护作用。车辆侧撞或侧擦对缆索护栏可能没有什么损伤,而防眩板却可能遭受破坏,或产生变形,修复较困难。如植树与缆索护栏结合设置,既能起到防眩的作用,也弥补了缆索护栏诱导效果不理想的缺点,景观效果极佳,故在设置缆索护栏的路段,最好采用植树防眩。需强调的是,这些规定都不是绝对的,在什么条件下需设置防眩板或植树,应从第 9.4.1 条的条文说明所列出的八个方面进行比较后,结合具体的情况而定。

**9.4.3** 植树防眩应根据中央分隔带的宽度合理选择树种,若植树需侵占道路净空时,应改为人工防眩设施防眩。

## 9.5 构造要求

**9.5.1** 防眩板的结构设计要素有:遮光角、防眩高度、板宽、板的间距等。其中遮光角和防眩高度最重要。由于防眩板的宽度,部分阻挡了对向车前照灯的眩光,也就是说,在中央分隔带连续设置一定间距、一定宽度的防眩板后,当与前照灯主光轴成一定水平夹角(遮光角)的光线照射到防眩板上,它刚好被相邻两块板条所阻挡。因此遮光角是设计的重要参数。

防眩板条的间距规定为 50 ~ 100cm,主要是为了与护栏的设置间距相吻合,同时也有利于加工制作。另外还在于按此间距计算出的板宽能很好地与护栏顶部宽度尺寸相配合。

**9.5.2** 防眩设施的高度与驾驶员的视线高度和前照灯的高度有直接关系。在公路线形设计中,我国采用的驾驶员视线高度标准值是 1.20m ,而在实际行驶的车辆群体中,由于车辆结构和驾驶员个体等因素的差别,驾驶员的视线高度变化很大。根据调查,我国汽车驾驶员视线高度建议值为小型车 1.30m,大客车 2.20m,货车 2.00m。汽车前照灯高度建议值为小型车 0.8m,大型车为 1.0m。

在凸形竖曲线路段,驾驶员可在一定范围从较低的角度看到对向车前照灯的眩光,随着两车驶近,视线上移,眩光才被防眩设施遮挡。故在凸形竖曲线路段,防眩设施的下缘应接近或接触路面或在中央分隔带上种植密集矮灌木,以消除这种眩光的影响。其设置的范围至少为凸形竖曲线顶部两侧各 120m,因平直路段感觉不到眩光的两车最小纵距即为 120m 左右,汽车远射灯光的照距一般也在 120m 左右。

在凹形竖曲线路段,驾驶员显然可从较高的角度看到对向车前照灯的眩光,因而宜根据凹形竖曲线的半径和前后纵坡度的大小,适当增加凹形竖曲线路段防眩设施的高度。一般可通过计算或计算机绘图求出凹形竖曲线内各典型路段相应的防眩设施高度值,最后取一平均值作为整个凹形竖曲线的设置高度。显然,在凹形竖曲线路段种植足够高度的树木防眩是比较理想的型式,它可为驾驶员提供优美的视觉环境。

为使防眩设施的高度能与道路的横断面比例协调,不使防眩设施受冲撞后倒伏到行车道上,及减少行驶的压迫感,防眩设施的高度一般不宜超过2m。

**9.5.3** 从我国防眩设施和中央分隔带护栏的设置原则可看出,两者设置条件考虑的基本因素多数是一致的。一般在需设置防眩设施的路段,基本上也需设置中央分隔带护栏,因而防眩设施宜与护栏配合设置。而且,防眩设施与护栏配合设置具有一定的优越性:首先,可大大降低防眩设施的投资,防眩设施与护栏配合设置就可利用护栏作为支撑结构,护栏本身可作为防眩的一个组成部分,从而节省投资降低造价;其次,护栏对防眩设施可起到保护的作用,由于防眩设施本身并不具备防撞功能,因而与护栏配合使用时,护栏就起了保护的作用,使防眩设施受冲撞破坏的几率降低,从而可节省大量的维修养护费用。实践表明:防眩设施与护栏可以互为补充,能起到增强道路景观的作用。

防眩板与中央分隔带护栏配合设置,在结构处理上可以有两种办法:

(1)防眩板与混凝土护栏相结合,这主要依赖于混凝土护栏顶上的预埋件来实现,一般采用预埋地脚螺栓连接。

(2)防眩板与波形梁护栏相结合,可在分设型护栏立柱上设置型钢横梁(如槽钢),防眩板固定在槽钢上,也可在组合型护栏立柱上固定防眩板。

**9.5.4** 本细则未对植树防眩作过多要求,主要是考虑到各地气候条件不同,代表性树种差异较大,防眩设置高度及间距也不同,故建议根据当地气候条件,选择易成活、根系发达且对埋土深度要求较浅、枝叶茂密、落叶少、养护工作量少、有成功应用经验的树种。植树防眩的高度及树丛间距应根据树冠高度及有效直径大小灵活选用。

# 10 轮廓标

## 10.1 一般规定

轮廓标是一种指示设施而不是警告设施。轮廓标的反射体与汽车前照灯及驾驶员视线的几何关系如图 10-1。驾驶员从反射器正面驶来,由远至近逐渐接近并从侧面通过。

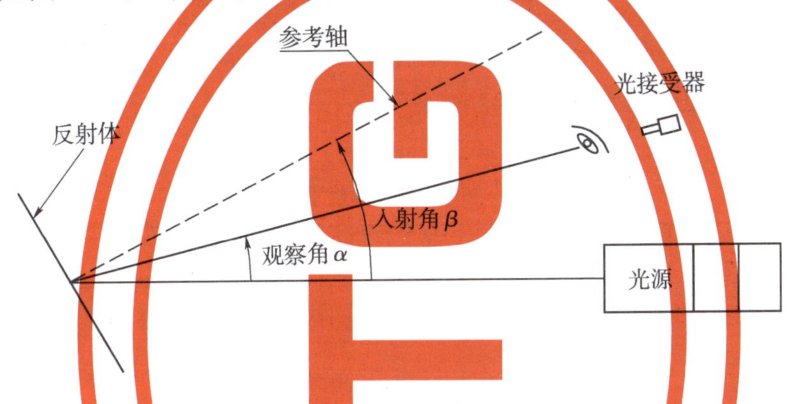


图 10-1 反射体与灯光、驾驶员视线的关系

在这个过程中,反射体的入射角由于线形的关系,有可能在很大范围内变化。相反,观察角的变化却很小。入射角的变化可以影响反射器的亮度。因此,在公路上使用的反射体必须保持均匀、恒定的亮度,不允许闪耀,也不允许当入射角在某一范围时突然变亮或变暗。保持足够的反射亮度是轮廓标反射器必须具有的光学性能。

一般在静止条件下,用行驶光束(远光灯)照射轮廓标反射体时,驾驶员能在 500m 处发现,在 300m 处能清晰地看见;用交会光束(近光灯)照射时,驾驶员可在 200m 处发现,在 100m 处能清晰地看见。

## 10.2 设置原则

**10.2.1** 高速公路、一级公路上车辆运行速度很高,为提高行车的安全性和舒适性,指示公路前方线形非常重要。连续设置轮廓标就是诱导驾驶员视线,标明公路几何线形的有效办法。驾驶员能明了前方公路线形,从而能快速、舒适地行驶,增加行车安全水平,有效地避免交通事故。在高速公路、一级公路互通式立体交叉枢纽范围内,及服务设施、停车场等进出口匝道连接线上,特别在小半径曲线上,应在公路两侧连续设置轮廓标。

高速公路、一级公路上车辆运行速度高,如只在右侧设置轮廓标,在多车道情况下,对行驶于快车道的车辆,视线诱导效果就很差。因此,左侧也设置连续的轮廓标是必要的。

轮廓标的设置间隔应根据公路线形而定,高速公路、一级公路的直线段,其设置最大间隔不应超过50m。视线诱导标连续等间距设置时,由于受到前灯照射角度的影响,在小半径曲线路段内,轮廓标的连续可视性要比直线路段差,不能保证具有圆滑曲线的诱导效果。因此,日本在曲线上设置轮廓标,其间距按式(10-1)的计算结果确定。

$$S = 1.1(R - 15)^{1/2} \tag{10-1}$$

式中:$S$——轮廓标设置间距(m);

$R$——曲线半径(m)。

日本轮廓标设置标准中,对轮廓标设置间距规定如表10-1。

**表10-1 日本轮廓标设置间距**

| 曲线半径(m) | 0~50 | 51~80 | 81~125 | 126~180 | 181~245 | 246~320 | 321~405 | 406~500 | 501~650 | 651~900 | 901~1 200 | 1 201~1 550 | 1 551~1 950 | 1 951~ |
|---|---|---|---|---|---|---|---|---|---|---|---|---|---|---|
| 设置间距(m) | 5 | 7.5 | 10 | 12.5 | 15 | 17.5 | 20 | 22.5 | 25 | 30 | 35 | 40 | 45 | 50 |

加拿大的《街道和公路均一交通控制设施手册》中,对轮廓标在曲线上的设置间距按式(10-2)计算,设置间距规定如表10-2。

$$S = 2 \times (0.3R)^{1/2} \tag{10-2}$$

**表10-2 加拿大轮廓标设置间距**

| 曲线半径(m) | 43 | 58 | 70 | 97 | 116 | 145 | 194 | 249 | 349 | 582 | 1 747 |
|---|---|---|---|---|---|---|---|---|---|---|---|
| 设置间距(m) | 5 | 7.5 | 10 | 12.5 | 15 | 17.5 | 20 | 22.5 | 25 | 30 | 35 |

美国的《街道和公路均一交通控制设施手册》中,对轮廓标在曲线上的设置间距按式(10-3)计算,设置间距规定如表10-3。

$$S = 1.7(R - 15)^{1/2} \tag{10-3}$$

**表10-3 美国轮廓标设置间距**

| 曲线半径(m) | 15 | 35 | 55 | 75 | 95 | 125 | 155 | 185 | 215 | 245 | 275 | 305 |
|---|---|---|---|---|---|---|---|---|---|---|---|---|
| 设置间距(m) | 6 | 8 | 11 | 13 | 15 | 18 | 20 | 22 | 24 | 26 | 27 | 29 |

我国对轮廓标设置间距的规定,是在充分考虑了发达国家的相关规定,并结合我国运营高速公路、一级公路的实际情况制定的。

在轮廓标布设设计时,应特别注意从直线段过渡到曲线段的路段,或由曲线段过渡到直线段的区段,要处理好轮廓标视线诱导的连续性,使其能平顺圆滑地过渡。

高速公路、一级公路的竖曲线与平曲线相比,对轮廓标设置间距的影响要小得多。德国对轮廓标在竖曲线上的设置间距也有明确的规定,如表10-4。编写组在细则条文中没有对此作出具体规定,但允许在设计中根据竖曲线的不同半径,在保持轮廓标诱导连续性的前提下,对设置间距作适当调整。

**表10-4 轮廓标在竖曲线上的设置间距**

| 竖曲线半径(m) | 设置间距(m) | 竖曲线半径(m) | 设置间距(m) |
|---|---|---|---|
| 800以下 | 5~16 | 3 000~4 000 | 47~50 |
| 800~1 500 | 16~21 | 4 000以上 | 50 |
| 1 500~3 000 | 21~31 | | |

**10.2.2** 汽车驾驶员在白天一般以路面标线及护栏作为行车指导,快速顺利地行驶。但到了晚上,上述设施的视线诱导功能显著下降,路面标线只能在汽车前灯照射的有限范

围内才能看清,护栏由于设置在道路两侧,夜间的可视距离更小。随着汽车行驶速度的增加,驾驶员极迫切需要了解公路前方的路线走向。据日本运输省对道路运输车辆的安全标准规定,汽车前灯同时打开能确认前方 100m 的障碍物。如使用近光灯,则应能确认道路前方 40m 处的障碍物。在行驶速度为 40km/h 的情况下,其制动距离为 40m,刚好能满足近光灯照射下确认前方 40m 处的障碍物。如果速度超过 40km/h 时,需要的制动距离已超过了近光灯可能看清的范围,这时,恐怕就难以弄清前方道路的状况,也就很难保证行驶的安全。因此,在日本的视线诱导标设置标准中明确规定,设计车速在 50km/h 以上的路段必须设置视线诱导设施。

车道数及车道宽度或路肩宽度发生变化,是造成交通流不稳定的重要原因,在夜间往往会引起交通安全方面的问题。在该路段设置的轮廓标能使驾驶员了解车道数或车道宽度的变化,这对顺利通过瓶颈路段防止事故发生将会十分有效。

汽车从直线段过渡到曲线段,尤其向小半径曲线行驶时,驾驶员的视线很难随公路线形急剧变化。在夜间,驾驶员更难以看清公路的线形。如果在急弯陡坡及与急弯连接的路段连续设置轮廓标,可以使驾驶员了解公路线形的急剧变化,非常清晰地显示出公路轮廓,从而能有效地预防交通事故的发生,确保交通安全。

**10.2.3** 轮廓标反射体表面法线与公路中心线成 25°角主要适用于柱式轮廓标。

**10.2.4** 波形梁护栏横梁中心线距路面的高度为 60cm 左右。以此为基准,规定轮廓标反射体中心线距路面 60~70cm。路面积雪非常厚的路段,可适当加高。其他路段有特殊需要时,也可采用其他高度。

## 10.3 型式选择

柱式轮廓标及各类附着式轮廓标分别如图 10-2~图 10-6。

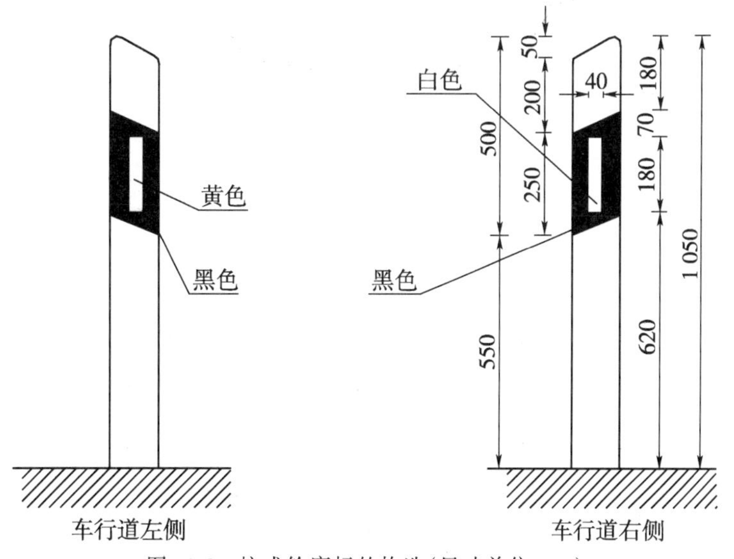


图 10-2 柱式轮廓标的构造(尺寸单位:mm)

t = 2.5~3.0
ϕ18
33
60
反光片
75
120
110
r=6
r=6
反光片
75
r=10
r=10
5
50
a)
145
35
35
45
30
18
t=2.3
105°
R38
ϕ100
ϕ100
ϕ100
b)

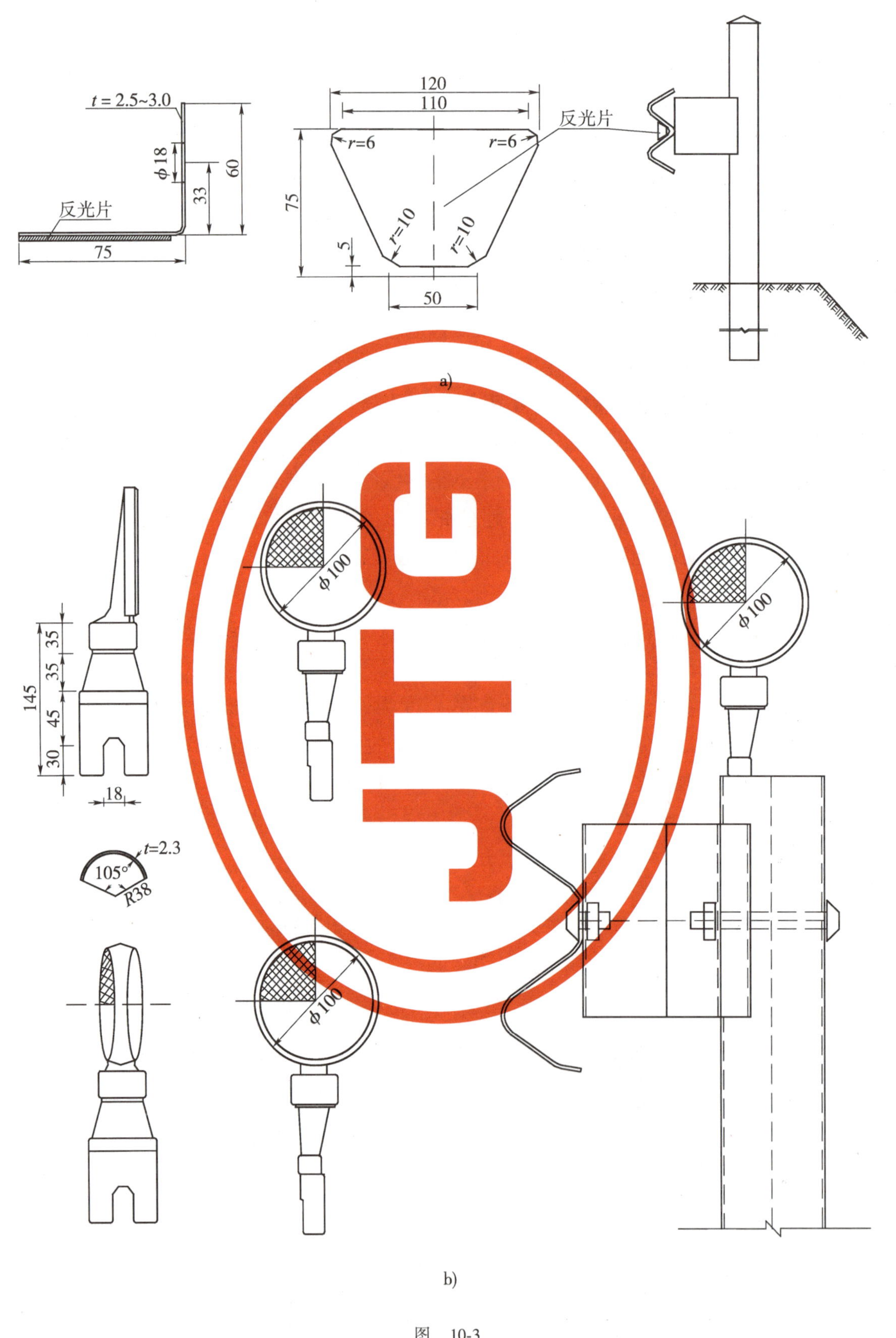

图 10-3

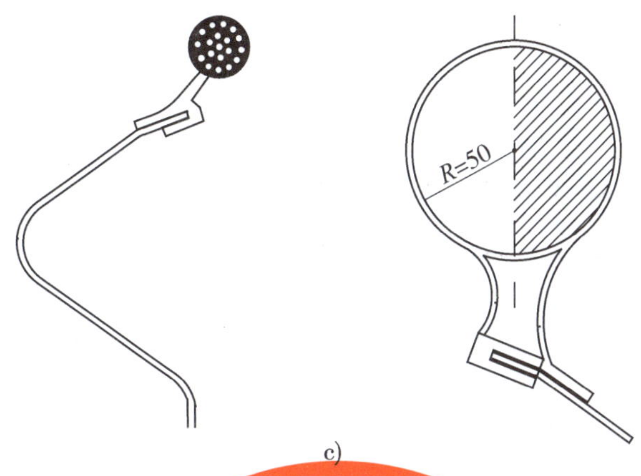


图 10-3 附着于波形梁护栏上的轮廓标(尺寸单位:mm)

a)附着于波形梁护栏凹槽中的轮廓标;b)附着于波形梁护栏立柱上的轮廓标;c)附着于波形梁护栏板上的轮廓标

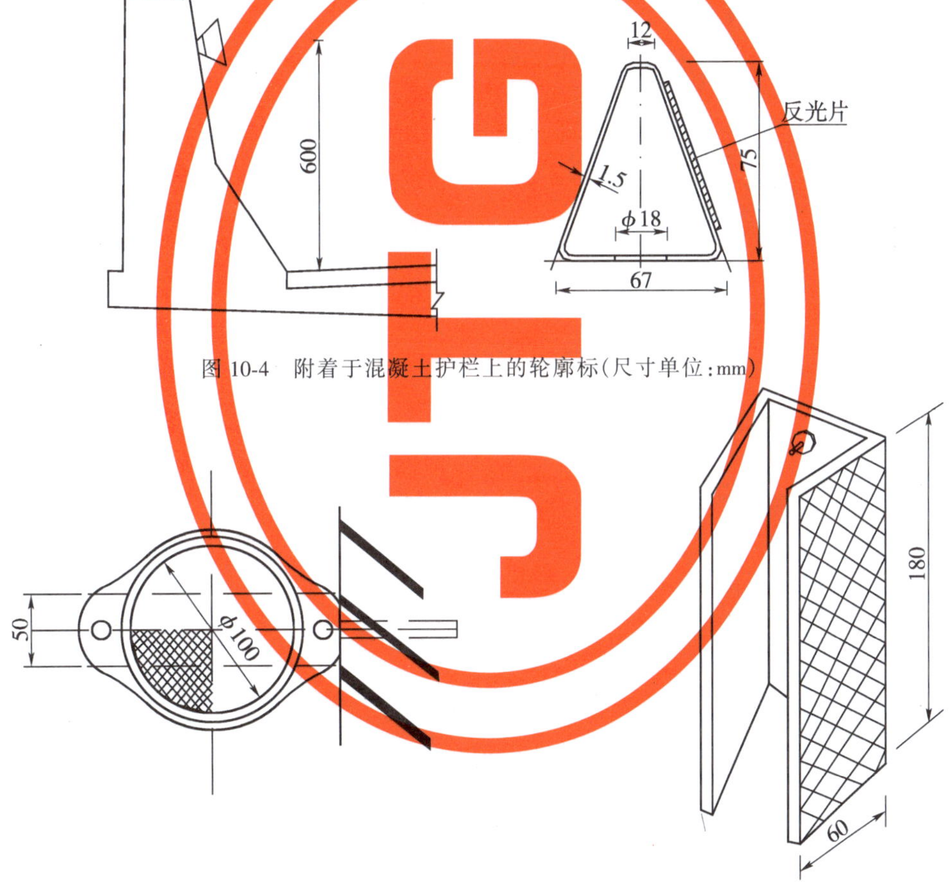


图 10-4 附着于混凝土护栏上的轮廓标(尺寸单位:mm)

图 10-5 附着于隧道侧墙上的轮廓标(尺寸单位:mm)

图 10-6 附着于缆索护栏上的轮廓标(尺寸单位:mm)

## 10.4 构造要求

在一些气候条件较恶劣的地区,如经常有雾、风沙、雨、雪天气出现,或线形条件较复杂时,为了使轮廓标更加醒目,可以采用反光性能更高、更大的反射体。

# 11 活动护栏

## 11.1 一般规定

活动护栏是设置在中央分隔带开口处,为方便特种车辆(如:交通事故处理车辆、急救车辆)在紧急情况下通行和一侧道路施工封闭时临时开启放行的活动设施。活动护栏在正常情况下要求具有一定的隔离性能,在临时开放时应能快速、灵活地移动。

## 11.2 设置原则

**11.2.1、11.2.2** 高速公路的对向交通是完全隔离的,因此高速公路的中央分隔带开口处必须设置活动护栏。设置中央分隔带的一级公路一般车速很快,不封闭的中央分隔带开口很容易导致恶性交通事故,因此规定除由于管理原因平时即允许掉头的中央分隔带开口外,其余开口应设置活动护栏。

**11.2.3** 活动护栏的长度必须能封闭中央分隔带开口才能起到分隔对向交通的目的,因此要求活动护栏的设置长度必须能有效封闭中央分隔带开口。

**11.2.4** 活动护栏是公路交通工程管理设施的一部分,它只有与公路主体和其他交通工程设施互相协调才能完全发挥交通工程设施的功能。因此,为保证中央分隔带护栏的视线诱导功能的连续、顺畅,要求活动护栏的高度应该与中央分隔带护栏的高度保持协调。

**11.2.5** 要求活动护栏上设置轮廓标或反光片是为了在夜间使活动护栏具有很好的视认性,同时使中央分隔带一侧的轮廓标不至于中断而造成驾驶员的视觉错误。条文中规定的反射体规格 4cm × 18cm 与柱式轮廓标一致,符合此规格的反光材料才能在高速行驶的条件下被驾驶员正确辨认;同时为与中央分隔带轮廓标相协调,要求设置的反射体在颜色和设置高度上与轮廓标保持一致。

**11.2.6** 当中央分隔带开口所处的路段有防眩要求时,宜在活动护栏上设置防眩设施。防眩设施的型式选择、设置间距、设置高度、遮光角等技术条件应符合本细则防眩设施相关条文的规定。

## 11.3 型式选择

国外对于活动护栏的设计有很多,不同的设计适用于不同的场所。国内目前主要采用的活动护栏形式分为三类:插拔式活动护栏、伸缩式活动护栏和充填式活动护栏。其中插拔式活动护栏在我国已经有很长的使用历史,有丰富的应用经验。伸缩式活动护栏具有使用方便、灵活的优点。但是,在实际使用中发现伸缩式活动护栏在车辆碰撞下极易破碎,且产生大量飞溅的杀伤性破片,对司乘人员不利,而且容易引发二次事故。因此本细则不推荐使用伸缩式活动护栏。充填式活动护栏是近几年出现的活动护栏新形式。这种活动护栏具有合理的截面形式,在充水或细砂后具有较大的自重(对于冬季气温低于0℃的地区,可以采用注入细砂的方法),具有较好的防撞能力;而在放水或砂后即可轻松地移动。从功能上比较,插拔式活动护栏在使用的便捷性、适用地域和造价上优于充填式活动护栏,而充填式活动护栏在安全性能上有优势。设计时可根据景观、安全、经济和建设单位的具体要求进行选择。

## 11.4 构造要求

活动护栏的移动应迅速、快捷,同时又要具有一定的强度,因此插拔式活动护栏每片护栏的尺寸应设置合理。根据国内多年的使用经验,插拔式活动护栏的每片护栏长度以2~2.5m为宜。充填式活动护栏为保证整体性和一定的防撞能力,要求每个预制充填式护栏块具有一定自重,因此要求预制充填式护栏块长度不应小于2m。

# 公路工程现行标准、规范、规程、指南一览表

（2017年3月版）

| 序号 | 类别 | | 编　号 | 书名（书号） | 定价（元） |
|---|---|---|---|---|---|
| 1 | 基础 | | JTG A02—2013 | 公路工程行业标准制修订管理导则（10544） | 15.00 |
| 2 | | | JTG A04—2013 | 公路工程标准编写导则（10538） | 20.00 |
| 3 | | | JTJ 002—87 | 公路工程名词术语（0346） | 22.00 |
| 4 | | | JTJ 003—86 | 公路自然区划标准（0348） | 16.00 |
| 5 | | | JTG B01—2014 | ★公路工程技术标准（活页夹版，11814） | 98.00 |
| 6 | | | JTG B01—2014 | ★公路工程技术标准（平装版，11829） | 68.00 |
| 7 | | | JTG B02—2013 | 公路工程抗震规范（11120） | 45.00 |
| 8 | | | JTG/T B02-01—2008 | 公路桥梁抗震设计细则（13318） | 45.00 |
| 9 | | | JTG B03—2006 | 公路建设项目环境影响评价规范（0927） | 26.00 |
| 10 | | | JTG B04—2010 | 公路环境保护设计规范（08473） | 28.00 |
| 11 | | | JTG B05—2015 | ★公路项目安全性评价规范（12806） | 45.00 |
| 12 | | | JTG B05-01—2013 | 公路护栏安全性能评价标准（10992） | 30.00 |
| 13 | | | JTG B06—2007 | 公路工程基本建设项目概算预算编制办法（06903） | 26.00 |
| 14 | | | JTG/T B06-01—2007 | ★公路工程概算定额（06901） | 110.00 |
| 15 | | | JTG/T B06-02—2007 | ★公路工程预算定额（06902） | 138.00 |
| 16 | | | JTG/T B06-03—2007 | ★公路工程机械台班费用定额（06900） | 24.00 |
| 17 | | | 交通部定额站2009版 | 公路工程施工定额（07864） | 78.00 |
| 18 | | | JTG/T B07-01—2006 | 公路工程混凝土结构防腐蚀技术规范（13592） | 30.00 |
| 19 | | | 交通部2007年第30号 | 国家高速公路网相关标志更换工作实施技术指南（1124） | 58.00 |
| 20 | | | 交通部2007年第35号 | 收费公路联网收费技术要求（1126） | 62.00 |
| 21 | | | 交通运输部2015年第40号 | ★收费公路联网收费多义性路径识别技术要求（12484） | 40.00 |
| 22 | | | JTG B10-01—2014 | 公路电子不停车收费联网运营和服务规范（11566） | 30.00 |
| 23 | | | 交通运输部2011年 | 公路工程项目建设用地指标（09402） | 36.00 |
| 24 | 勘测 | | JTG C10—2007 | ★公路勘测规范（06570） | 28.00 |
| 25 | | | JTG/T C10—2007 | ★公路勘测细则（06572） | 42.00 |
| 26 | | | JTG C20—2011 | 公路工程地质勘察规范（09507） | 65.00 |
| 27 | | | JTG/T C21-01—2005 | 公路工程地质遥感勘察规范（0839） | 17.00 |
| 28 | | | JTG/T C21-02—2014 | 公路工程卫星图像测绘技术规程（11540） | 25.00 |
| 29 | | | JTG/T C22—2009 | 公路工程物探规程（1311） | 28.00 |
| 30 | | | JTG C30—2015 | ★公路工程水文勘测设计规范（12063） | 70.00 |
| 31 | 设计 | 公路 | JTG D20—2006 | ★公路路线设计规范（0996） | 38.00 |
| 32 | | | JTG/T D21—2014 | 公路立体交叉设计细则（11761） | 60.00 |
| 33 | | | JTG D30—2015 | ★公路路基设计规范（12147） | 98.00 |
| 34 | | | JTG/T D31—2008 | 沙漠地区公路设计与施工指南（1206） | 32.00 |
| 35 | | | JTG/T D31-02—2013 | ★公路软土地基路堤设计与施工技术细则（10449） | 40.00 |
| 36 | | | JTG/T D31-03—2011 | ★采空区公路设计与施工技术细则（09181） | 40.00 |
| 37 | | | JTG/T D31-04—2012 | 多年冻土地区公路设计与施工技术细则（10260） | 40.00 |
| 38 | | | JTG/T D32—2012 | ★公路土工合成材料应用技术规范（09908） | 42.00 |
| 39 | | | JTG D40—2011 | ★公路水泥混凝土路面设计规范（09463） | 40.00 |
| 40 | | | JTG D50—2006 | ★公路沥青路面设计规范（06248） | 36.00 |
| 41 | | | JTG/T D33—2012 | 公路排水设计规范（10337） | 40.00 |
| 42 | | 桥隧 | JTG D60—2015 | ★公路桥涵设计通用规范（12506） | 40.00 |
| 43 | | | JTG/T D60-01—2004 | 公路桥梁抗风设计规范（0814） | 28.00 |
| 44 | | | JTG D61—2005 | 公路圬工桥涵设计规范（13355） | 30.00 |
| 45 | | | JTG D62—2004 | 公路钢筋混凝土及预应力混凝土桥涵设计规范（05052） | 48.00 |
| 46 | | | JTG D63—2007 | 公路桥涵地基与基础设计规范（06892） | 48.00 |
| 47 | | | JTG D64—2015 | ★公路钢结构桥梁设计规范（12507） | 80.00 |
| 48 | | | JTG D64-01—2015 | 公路钢混组合桥梁设计与施工规范（12682） | 45.00 |
| 49 | | | JTG/T D65-01—2007 | 公路斜拉桥设计细则（1125） | 28.00 |
| 50 | | | JTG/T D65-04—2007 | 公路涵洞设计细则（06628） | 26.00 |
| 51 | | | JTG/T D65-05—2015 | 公路悬索桥设计规范（12674） | 55.00 |
| 52 | | | JTG/T D65-06—2015 | 公路钢管混凝土拱桥设计规范（12514） | 40.00 |
| 53 | | | JTG D70—2004 | 公路隧道设计规范（05180） | 50.00 |
| 54 | | | JTG/T D70—2010 | ★公路隧道设计细则（08478） | 66.00 |
| 55 | | | JTG D70/2—2014 | 公路隧道设计规范　第二册　交通工程与附属设施（11543） | 50.00 |
| 56 | | | JTG/T D70/2-01—2014 | 公路隧道照明设计细则（11541） | 35.00 |
| 57 | | | JTG/T D70/2-02—2014 | 公路隧道通风设计细则（11546） | 70.00 |

续上表

| 序号 | 类别 | | 编号 | 书名(书号) | 定价(元) |
|---|---|---|---|---|---|
| 58 | 设计 | 交通工程 | JTG D80—2006 | 高速公路交通工程及沿线设施设计通用规范(0998) | 25.00 |
| 59 | | | JTG D81—2006 | ★公路交通安全设施设计规范(0977) | 25.00 |
| 60 | | | JTG/T D81—2006 | ★公路交通安全设施设计细则(12609) | 50.00 |
| 61 | | | JTG D82—2009 | 公路交通标志和标线设置规范(07947) | 116.00 |
| 62 | | 综合 | 交公路发〔2007〕358 号 | 公路工程基本建设项目设计文件编制办法(06746) | 26.00 |
| 63 | | | 交公路发〔2007〕358 号 | 公路工程基本建设项目设计文件图表示例(06770) | 600.00 |
| 64 | | | 交公路发〔2015〕69 号 | 公路工程特殊结构桥梁项目设计文件编制办法(12455) | 30.00 |
| 65 | 检测 | | JTG E20—2011 | 公路工程沥青及沥青混合料试验规程(09468) | 106.00 |
| 66 | | | JTG E30—2005 | 公路工程水泥及水泥混凝土试验规程(13319) | 55.00 |
| 67 | | | JTG E40—2007 | ★公路土工试验规程(06794) | 79.00 |
| 68 | | | JTG E41—2005 | 公路工程岩石试验规程(0828) | 18.00 |
| 69 | | | JTG E42—2005 | 公路工程集料试验规程(13353) | 50.00 |
| 70 | | | JTG E50—2006 | ★公路工程土工合成材料试验规程(0982) | 28.00 |
| 71 | | | JTG E51—2009 | 公路工程无机结合料稳定材料试验规程(08046) | 48.00 |
| 72 | | | JTG E60—2008 | 公路路基路面现场测试规程(07296) | 38.00 |
| 73 | | | JTG/T E61—2014 | 公路路面技术状况自动化检测规程(11830) | 25.00 |
| 74 | 施工 | 公路 | JTG F10—2006 | 公路路基施工技术规范(06221) | 40.00 |
| 75 | | | JTG/T F20—2015 | ★公路路面基层施工技术细则(12367) | 45.00 |
| 76 | | | JTG/T F30—2014 | 公路水泥混凝土路面施工技术细则(11244) | 60.00 |
| 77 | | | JTG/T F31—2014 | 公路水泥混凝土路面再生利用技术细则(11360) | 30.00 |
| 78 | | | JTG F40—2004 | ★公路沥青路面施工技术规范(05328) | 38.00 |
| 79 | | | JTG F41—2008 | 公路沥青路面再生技术规范(07105) | 25.00 |
| 80 | | 桥隧 | JTG/T F50—2011 | ★公路桥涵施工技术规范(09224) | 110.00 |
| 81 | | | JTG/T F81-01—2004 | 公路工程基桩动测技术规程(0783) | 20.00 |
| 82 | | | JTG F60—2009 | 公路隧道施工技术规范(07992) | 42.00 |
| 83 | | | JTG/T F60—2009 | 公路隧道施工技术细则(07991) | 58.00 |
| 84 | | 交通 | JTG F71—2006 | ★公路交通安全设施施工技术规范(0976) | 20.00 |
| 85 | | | JTG/T F72—2011 | 公路隧道交通工程与附属设施施工技术规范(09509) | 35.00 |
| 86 | 质检安全 | | JTG F80/1—2004 | 公路工程质量检验评定标准　第一册　土建工程(05327) | 46.00 |
| 87 | | | JTG F80/2—2004 | 公路工程质量检验评定标准　第二册　机电工程(05325) | 26.00 |
| 88 | | | JTG G10—2016 | 公路工程施工监理规范(13275) | 40.00 |
| 89 | | | JTG F90—2015 | ★公路工程施工安全技术规范(12138) | 68.00 |
| 90 | 养护管理 | | JTG H10—2009 | 公路养护技术规范(08071) | 49.00 |
| 91 | | | JTJ 073.1—2001 | 公路水泥混凝土路面养护技术规范(13658) | 20.00 |
| 92 | | | JTJ 073.2—2001 | 公路沥青路面养护技术规范(13677) | 20.00 |
| 93 | | | JTG H11—2004 | 公路桥涵养护规范(05025) | 30.00 |
| 94 | | | JTG H12—2015 | 公路隧道养护技术规范(12062) | 60.00 |
| 95 | | | JTG H20—2007 | 公路技术状况评定标准(13399) | 25.00 |
| 96 | | | JTG/T H21—2011 | ★公路桥梁技术状况评定标准(09324) | 46.00 |
| 97 | | | JTG H30—2015 | 公路养护安全作业规程(12234) | 90.00 |
| 98 | | | JTG H40—2002 | 公路养护工程预算编制导则(0641) | 9.00 |
| 99 | 加固设计与施工 | | JTG/T J21—2011 | 公路桥梁承载能力检测评定规程(09480) | 20.00 |
| 100 | | | JTG/T J21-01—2015 | 公路桥梁荷载试验规程(12751) | 40.00 |
| 101 | | | JTG/T J22—2008 | 公路桥梁加固设计规范(07380) | 52.00 |
| 102 | | | JTG/T J23—2008 | 公路桥梁加固施工技术规范(07378) | 30.00 |
| 103 | 改扩建 | | JTG/T L11—2014 | 高速公路改扩建设计细则(11998) | 45.00 |
| 104 | | | JTG/T L80—2014 | 高速公路改扩建交通工程及沿线设施设计细则(11999) | 30.00 |
| 105 | 造价 | | JTG M20—2011 | 公路工程基本建设项目投资估算编制办法(09557) | 30.00 |
| 106 | | | JTG/T M21—2011 | 公路工程估算指标(09531) | 110.00 |
| 1 | 技术指南 | | 交公便字〔2006〕02 号 | 公路工程水泥混凝土外加剂与掺合料应用技术指南(0925) | 50.00 |
| 2 | | | 厅公路字〔2006〕418 号 | 公路安全保障工程实施技术指南(1034) | 40.00 |
| 3 | | | 交公便字〔2009〕145 号 | 公路交通标志和标线设置手册(07990) | 165.00 |

注:JTG——公路工程行业标准体系;JTG/T——公路工程行业推荐性标准体系;JTJ——仍在执行的公路工程原行业标准体系。批发业务电话:010-59757973;零售业务电话:010-85285659(北京);网上书店电话:010-59757908;业务咨询电话:010-85285922。带"★"的表示有勘误,详见中国交通运输标准服务平台 www.yuetong.cn/bzfw。